縄文の儀器と世界観

縄文の儀器と世界観

―― 社会変動期における精神文化の様相 ――

阿部昭典著

知泉書館

目　次

————————

図版目次

縄文の儀器と世界観

──社会変動期における精神文化の様相──

序　章
研究視点と本書の構成

　本書は，縄文時代の社会変動に関わる研究成果をまとめたものであり，文化的・社会的変動期において精神文化や儀礼行為がどのような変化を示すのか，その解明を目的としている。本書は，いわゆる「第二の道具」とよばれる縄文時代の儀器と「景観論」の視点から竪穴住居跡や集落における空間構造に分析を加えたものである。縄文時代中期後半期から後期前半期（約4,800年前～約3,800年前）を対象として扱っており，当該期は日本列島内で大規模な変化が認められる時期であり，約1万年間存続する縄文時代のなかでも一大画期が存在することがわかってきている。この背景として，気候冷涼化などの環境悪化が起こったことが定説化しつつあるが，著者はそのような気候冷涼化による縄文文化の衰退という捉え方には懐疑的な立場をとる。その理由は，これが主張されるようになった1980年代の古気候や古環境を示すデータが数百年～千年単位の粗いデータであったことと，現状においても気候冷涼化を示す日本国内のデータが不足していることである。さらには，関東や中部地方だけではなく，東北地方や新潟県域の集落遺跡のデータを分析してみると，両地域の集落住居跡数などの減少期や物質文化の画期にズレが存在することからも，単純に世界規模もしくは日本列島規模での気候悪化が原因とは考え難いのである。無論，この時期の大規模な変化の背景として，近年示されてきた気候冷涼化のデータを無視するわけではない。立場としては，考古学データの一側面を捉えて，都合のいい気候冷涼化データと結びつけるのは時期尚早であり，まずは考古学の視点から客観的データの積み重ねを行うことが重要であると考えている。また，それらを相

互に比較検討しながら総合的に解釈することが，研究者としての真摯な姿勢であると思う。また，考古資料の変化とその背景にある要因は，決して一つではありえないし，それ以外にも想定しうるファクターは存在する。例えば，最近注目される「災害考古学」のように，災害を遺跡の動態や社会変化と関連づける研究もある。このような縄文時代における文化的・社会的画期の議論は，今後の先史考古学研究のなかで中心的議論の一つになると考えられることからも，多角的視点から何度も検証を重ねていくべきである。

　2008年刊行の拙稿，『縄文時代の社会変動論』では，土器編年による時間軸の設定，これに基づいた土器器種，住居形態・炉形態，集落構造，環状列石に分析を加えた。しかし，文化や社会の動態を考察するうえで重要な「精神文化」と「生業」からのアプローチが欠如していたと言える。そういった反省から，その後の研究において，精神文化や生業へのアプローチを念頭においた研究を進めてきている。本書では，縄文時代中期末葉から後期前葉にかけての文化的・社会的変化期における，精神文化の様相について検討を加えるために，精神文化の研究視点として「第二の道具」論と「景観論」という視点からアプローチを行いたいと思う。

　縄文時代の精神文化に関わる研究は，古くから土偶や埋葬施設，配石遺構などが対象とされてきた。特に，この分野の研究では，1990年代からの「土偶とその情報」研究会による全国的な土偶の集成作業と，編年による地域的・時期的様相の解明が計られたことは大きな契機となる。その後も，2009年に大英博物館において開催された縄文時代の土偶等を扱った展示『POWER OF DOGU』や，同年に東京国立博物館で行われた『国宝土偶展』に端を発する，全国的な『土偶展』ブームや，西日本における関西縄文研究会をはじめとする精神文化に関わる研究会の開催と遺物の集成研究など，縄文時代の精神文化研究が脚光を浴びてきた。近年の考古学関連書籍でも，2007年刊行の『縄文時代の考古学　心と信仰　宗教的観念と社会秩序』（同成社）や，2012年刊行の『縄文人の石神──大形石棒にみる祭儀行為』（六一書房），2014年刊行の『信仰・祭祀』（雄山閣）など，多くの縄文時代の精神文化に関する書籍が出版されるに至っている。

　このような状況のなか，個別資料の時期的・地域的様相が明らかになるとともに，社会論的視点など解釈の幅が広がったものの，実際は遺物・遺構自体の機能・用途や性格については，それほど解明が進んでいないのが実情である。さらに，研究者間での用語の不統一が目立つとともに，他分野から援用された数多くの用語や概念が氾濫している状況にある。このことは，この分野の研究が盛んになり，これから成熟していく途上にあるためであると考えられる。縄文時代の研究では，「精神文化」，「信仰」，「祭祀」，「儀礼」，「宗教」，「呪術」，「コスモロジー」，などの用語が使用されるが，その定義は研究者間で異なり，多くの場合は曖昧なままである。

　特に「祭祀」は多用されるものの，明確に定義されることは少ない。「祭祀」について，例えば「神道考古学」を提唱した大場磐雄（1963）は，「祭祀遺跡」を「神祭を行った跡」と説明し，「神祭」は「神霊というものの存在を認識して，それに自分たちの或る願いをかける」ことで，「無土器文化のなかにも，神祭」が存在したことを指摘している。また大林太良（1979）は，「祭祀」について，「狭義には特定の神あるいは精霊に対する崇拝行為を意味し，広義には宗教的儀礼一般をさす」と定義している。さらに，『現代考古学の方法と理論Ⅲ』では田中良之（2000）が，「祭祀」について「一般的には神や祖先を祭る行為を指し，当然のことながら儀礼行為を伴う。そしてこれらの行為は非日常的空間・物質文化を用いて行われることから，考古学的現象として現れるときには非生活空間と非実用品の使用というかたちで現れる」と説明している。しかし，田中が言うように，祭祀に儀礼行為が伴うであろうが，儀礼行為すべてが祭祀的性格を帯びるわけではないのも確かなことである。さらに，必ずしも非日常空間や非実用品で行われるとは限らないところが難しい点である。概して，祭祀は「神・霊・祖先を祀る行為をさし，宗教的な儀礼行為を伴う」と狭義に定義されることが多いと理解される。

　一方で，「儀礼」の定義については，例えば，「特定の機会に反復される，状況の何らかの変化を目的とする行為で，その状況の変化という移行を非日常的な時空において徴づける象徴的表現行為である」と説明される（小田 1994）。また儀礼とは，「宗教的信仰や超自然的なものを前提とした形式的・反復的行為」として定義される（小松 1978）。これら

は多くの場合，（1）年中行事（年周儀礼），（2）通過儀礼（人生儀礼），
（3）状況儀礼（危機儀礼）の3つに区分される。本書では，「儀礼」を
「祭祀」とは異なる概念で定義し，「祭祀」を前述のような「神や祖先を
祀る行為」とする狭義の定義で理解するため，本文中では「祭祀」は基
本的には使用しないこととする。

　精神文化は，一般的には学術・思想・宗教・哲学・芸術など精神活動
によって生み出される文化の総称であるが，これらが細分化していない
社会であると考えられる縄文時代研究では，信仰や宗教，儀礼，世界観
などを包括する用語として使用される。

　特に「世界観」や「コスモロジー」は，基層にある人を取り巻く世界
の見方・捉え方であり，それを基盤として個々の「信仰」や「宗教」が
形成されると考えられる。そのなかに，各種の「儀礼行為」や「呪術」
などの行為が組み込まれる。その行為に伴って使用されるのが各種の儀
器（第二の道具）であると理解される。これらを包括する概念が，「精神
文化」，「精神的側面」もしくは「心」であろう。

　本書では，主に「第二の道具」として捉えられる土製品や石製品の分
析研究と，「景観論」の視点から縄文時代の精神文化について解明を進
める。縄文時代の「第二の道具」とは，小林達雄（1977）によって提唱
された概念であり，「その形態の物理的特徴によって機能を果たしたも
のではなく，その形態に与えられた象徴的意味づけによって目的を完遂
した」ものと説明され，さらには，その機能は「第一の道具の果たしえ
ない分野を広く分担することで」，「第一の道具の働きが目に見えて効果
を確認できるのに対し，そうした可視的な働きによる因果関係とは別に，
第二の道具の働きは優れて観念的な次元で納得されるべきもの」である
と説明されている。この概念の有効性は，単に「祭祀具」や「呪術具」
として説明されていない点である。詳細は後述するが，「第一の道具」
と「第二の道具」の境界は必ずしも明瞭ではないが，概して観念的領域
で効果を発揮する道具として理解されるもので，本書でもこの概念を踏
襲して使用したい。

　一方，海外でも「心」に関わる考古学的研究が盛んに行われるように
なってきており（ミズン 1998，レンフルー 2008など），儀礼の始まりは
約2～3万年前のホモ・サピエンスによる洞窟壁画などに遡るとされる。

これに対して，日本列島では土偶や石棒などの儀器が出現するのは，縄文時代草創期終末かそれ以降とされる。しかし，縄文時代における信仰が具体的にどのようなものかは明らかではないが，カミや祖霊，精霊のような「超自然的存在（Super natural being）」が介在していたことが想定される。これらに対して，どのような儀礼行為が行われたのかを考古資料の分析から検討することは可能であると考えられる。

　次に，「景観論」であるが，小林達雄によって推進された「縄文ランドスケープ研究」（小林編 1995・2002・2005）を基礎とする。これらは重要な研究視点ではあるが，記念物と山と夏至・冬至の日出・日没の関係性のみが強調されたためか，あまり浸透していないのが現状である。しかし，「景観論」の本質は，二至二分認識を含めた遺跡周辺の景観や地形などの空間の認識，それらが投影された住居構造や集落構造などの空間分割・空間認識を解明することにあると考える（阿部 2011c）。小林の提示した「自然の社会化」というキーワードも重要な意味を持っていると考えられる。特に，科学の未発達な世界では，身の回りの諸現象や空間について，独自の世界観のなかで理解されて説明づけられていた可能性が高い。これらの解明が，「景観論」もしくは「景観考古学」の研究課題である。この分野は，これからの発展が期待される研究視点である。例えば，谷口康浩（2007）は，生活のなかで形づくられた行動の空間的痕跡を広く「景観」と捉え，景観の考古学へと研究を昇華させていく意識改革の必要性を説く。さらに，縄文的景観を，（1）機能としての景観，（2）社会構造としての景観，（3）観念としての景観の3つに分類し，景観復原を通して人間の生きざま，文化，精神を洞察することを究極の目標としてかかげている。最近の景観に関わる GIS（地理情報システム geographic information system）分析も，一見科学的ではあるが，不完全なデータを扱ううえで，有効性を発揮するにはまだ多くの課題が残されているようである。

　一方，欧米における「景観考古学（Landscape Archaeology）」では，例えばアッシュモア（1999）は，UNESCO での「景観」の定義を引用しながら，考古学的景観を，（1）巨石記念物や庭園や集落などが建設されて作り出された「人工景観（constructed landscape）」，（2）社会的な行為や経験を通じて意味づけがなされ心に刷り込まれた「概念景観

(conceptualized landscape)」，（3）「聖なる（sacred）」または「象徴的（symbolic）」なものを含めて，仮想的な「理想景観（ideational land-scape)」の3つに区分している（安斎 2007）。また，クリストファー・ティリー（1994）は，「景観の現象学（Phenomenology of Landscape）」という視点から，包括的な概念として景観を規定する。また新石器時代になると人間と景観の関係性が再構築され，場の選択に際してモニュメントの重要性が増すことを指摘する。これらの景観は，先祖や過去などの記憶と関わるものと評価される。

　また，著者はこれらの研究を踏まえて，分析のための3つの景観概念を示している。（1）物理的な地形や目に見える景色や自然現象などの自然的景観，（2）集落や住居，環状列石などのように人工的に作り出された人工的景観，またそれらを包括しているもので，（3）世界観や神話，実際に起きた過去の出来事によって意味づけされた観念的景観の3つである。前二者は，遺跡からある程度の復原が可能なものであるが，最後の観念的景観の解明は非常に難しく，（1）と（2）に残された痕跡や関係性からその一端を探るほかにない。

　以上の視点から，本書では東北地方北部を対象として，縄文時代中期末葉〜後期前葉の文化的・社会的な変動期における，精神文化や儀礼行為のあり方を解明し，分析法や研究視点を提示するものである。特に，従来から言われているような気候冷涼化を背景とした大規模集落の解体や小規模化と，これに対する配石遺構造営などの儀礼行為の活発化という説（図式）の検証を行いたい。

　本書の構成は，第1章では，縄文時代中期末葉における土偶の衰退現象を扱っている。これまでの『土偶研究の地平』などによる土偶研究の成果によって，縄文土偶の時期的・地域的傾向が把握されるようになり，土偶が中期末葉ごろ（約4,500年前）に東日本で衰退することがわかってきている。完全に消滅するかどうかは不明瞭な部分も残されるが，少なくとも中期に東日本に普及した土偶が衰退して消滅する地域も存在することは間違いない。この土偶衰退現象に関して，東北地方を対象として詳細な分析を加えたものである。土偶は出現してから晩期まで永続的に製作されたわけではなく，土偶を持たない時期や地域が存在するということは重要であり，土偶が衰退する時期はどのような背景があるのか興

味深いところである。

　第2章では，縄文後期前半期（約4,400年〜3,800年前）における，土偶形態の変化と使用法に関する研究である。前章で明確になった，中期末葉の東北北部における土偶の衰退現象と，東北南部に受け継がれた土偶が後期になって再び東日本に拡散した後，東北北部の後期土偶は，十腰内Ⅰ式土器とともに独特のフォームで発達する。従来から指摘されているように，本地域の土偶は，中期末葉からの十字形無脚（単脚）土偶の系譜を引き，段階的に脚部と腕部が付属するようになる。このような形態変化を編年的に検証するとともに，その意義について考察を加えている。この地域の土偶は，脚部が付属しても，胴長によるアンバランスや足裏が内側に反り返るなど，自立しない。特に，中期末葉からの肩部の貫通孔に着目して，土偶の使い方との関係性から検討を加えている。

　第3章では，中期後半期に出現する土製垂飾品である斧状土製品についての基礎的研究である。この土製品は，これまでほとんど研究がなされていないため，実態がわかっていなかった（もしくは漠然と理解されていた）。このことから，基礎的な時期的・空間的広がりを明らかにするとともに，ちょうど土偶が衰退する時期に出現する土製品として，その関係性に注目した。また，中期中頃（約4,800年前）から土製の垂飾品（懸垂可能な貫通孔をもつ土製品）が顕在化する。その後も，東北北部では系統的に断絶があるものの，後期前葉期の鐸形土製品や手形・足形付土版，後期中葉以降のスタンプ形土製品・分銅形土製品などが特徴的に出現する。これらは無関係なものではなく，何らかのレベルで関連性を持つことが推測される。そういった視点で，縄文時代の精神文化を語るうえで，土製垂飾品の出現と普及は見逃せない事象であると考えられる。

　第4章では，後期前葉に出現する鐸形土製品を扱っているが，本土製品は十腰内Ⅰ式土器分布圏と類似した広がりをもつ独特な土製垂飾品である。この土製品も，あまり本格的に扱った論考に乏しく，実態がわかっていないものの一つである。その基礎的な研究であり，現在も自然科学分析を交えた研究を継続している。本土製品は，後期前葉の東北北部において最も多く製作された土製品と言ってもいいほど多出する。さらに，内面に黒色付着物が認められることも，本土製品の重要な特徴となる。この黒色付着物の起源を解明することが，本土製品の用途解明の鍵

となることは言うまでもない。

　第5章では，ミニチュア土器・小形土器を扱っており，東北地方の中期末葉に広がる「徳利形土器」と呼ばれる小形土器に着目した。ミニチュア土器の定義やその用途も問題であるが，この徳利形土器は火災住居跡床面からの出土が多いということに着眼している。このことから，東北地方の事例を集成して，地域的・時期的な広がりを明らかにするとともに，出土状況から儀礼的な使われ方をした可能性を想定した。全てのミニチュア土器がそうではないが，徳利形土器の出土状況は特徴的である。このような出土状況も，土製品の扱い方を示す重要な側面である。

　第6章では，東北地方北部の後期前葉に顕在化する石刀を対象とした。この種の石製品は，やはり十腰内I式土器の分布域と関係性を有し，この時期の特徴的な「第二の道具」の一つと考えられる。特に刀剣形石製品は，鋭利ではないが，刃部を作出するなど単に観念的機能のみを想定するのは難しい。石刀については，特に遺存状態・部位の傾向を把握することで，壊れたのか壊されたのかを検討している。土偶も同様に壊れて出土するため，意図的な破壊行為の可能性が指摘されており，この種の精神遺物の解明において重要な要素の一つであることは言うまでもない。

　第7章では，「第二の道具」論という視点で，第1章から第6章を含めた分析法をまとめて，この種の遺物研究法についての総合的見解を述べている。さらに，環状列石周辺における遺物分布，特に「第二の道具」の偏在性について，出土状況などから「場」と「道具」の関係性への検討を加えている。

　第8章では，「景観論」からの分析視点を提示している。特に，竪穴住居跡における空間構造，集落構造における住居跡入口方向などに着目して，分析を加えている。ここでの「景観論」は，従来の集落論や墓制論などでも行われてきた方法や属性であるが，認知的な視点から空間構造を読み取れるかどうかにかかっており，今後の分析視点の一つとなるだろう。言うまでもなく，先史時代には，地図や体系的住所，コンパス等が存在せず，また体系的な暦や時計がない。そのような時代に，人々がどのように自らの周囲の「空間」や「時間」を認識していたのか，最初から分からないと言って分析せずに等閑視することはできない。

　以上の各章から，縄文時代中期末葉から後期前葉の文化的・社会的変動期における，精神文化や儀礼行為のあり方を明らかにしたい。さらには，この時期の気候冷涼化を背景とする社会的衰退と儀礼行為の活発化という解釈の検証を試みる。

　本書は，2008年度から2011年度にかけて，國學院大學研究開発推進機構伝統文化リサーチセンターでの「祭祀考古学」の新たな方法論の確立を目的とする「祭祀遺跡に見るモノと心」研究グループにおける，著者の縄文時代の研究成果と，平成25年度高梨学術奨励基金の助成研究成果を改編してまとめたものである。第1章～第8章までの各章は，以下の論考を再録したもので，一部改編を加えている。

第1章：平成25年度高梨学術奨励基金による研究成果。
第2章：阿部昭典 2010「縄文時代後期前葉における土偶の有脚化とその意義」『國學院大學伝統文化リサーチセンター研究紀要』第2号 17～36頁
第3章：阿部昭典 2012「縄文時代の斧状土製品の研究」『國學院大學伝統文化リサーチセンター研究紀要』第4号 1～15頁
第4章：阿部昭典 2010「縄文時代の鐸形土製品に関する一考察」『椙山林継先生古希記念論集』雄山閣 6～16頁
第5章：阿部昭典 2009「縄文時代における徳利形土器の祭祀的側面の検討」『國學院大學伝統文化リサーチセンター研究紀要』第1号 1～14頁
第6章：阿部昭典 2010「東北地方北部における石刀の顕在化」『國學院大學考古学資料館紀要』第26号 47～69頁
第7章・第8章：阿部昭典 2012「縄文時代の心の考古学――景観論と「第二の道具」論」『祭祀儀礼と景観の考古学』國學院大學伝統文化リサーチセンター 83～138頁を改編。

第1章

縄文時代中期末葉における土偶衰退・消滅

---

1 は じ め に

　縄文時代における土偶は，中期前葉になって東日本に広く普及するが，中期末葉には関東地方や中部地方での土偶衰退現象が指摘されている。著者は，東北地方の土偶の動態について，東北南部を除く地域で衰退ないしは消滅する可能性を指摘したことがある（阿部 2011a）。これらの現象は，縄文時代中期から後期にかけての変動期における社会構造，精神文化の変化を反映している可能性が想定される。とりわけ，中期末葉から後期初頭にかけての時期は，約1万年間ある縄文時代のなかでも大きな文化的・社会的画期が存在することが分かってきている。この時期は，関東地方や中部地方で大規模集落が解体して小規模・分散化することが指摘され，この要因が気候冷涼化であるとする説もある。これに対して，東北地方では集落や住居跡数が増加するなど大きく異なる動態を示すことから，別の要因も考えられる。

　このような社会変動期の中で，縄文人の信仰や精神世界がどのような影響を受けたのかを解明するための第一歩として，いわゆる「第二の道具」の代表格ともいえる土偶の盛衰に注目する。縄文土偶は，縄文時代草創期の後半期には出現するが，それから晩期まで継続的に保有された訳ではない。さらには，土偶が普及しない地域も多く，中期後半期における汎東日本的な土偶の衰退・消滅現象を明確にすることは，非常に意

義のあることである。

　本章では，東北地方の土偶を対象として，その変遷と動態を追究することで，衰退・消滅の時期と地域を解明したい。そのために，遺構出土土器との共伴資料から，帰属時期が明確な土偶を中心として衰退・消滅の時期と地域を検討する。

2　東北地方における土偶の消長に関する見解

　冒頭で触れたように，縄文時代中期末葉は，関東地方や中部地方，北陸地方などの広範囲にわたって土偶が衰退して消滅することがわかってきている（永峯 1977，安孫子 1998，原田 2010a・b，長田 2014ほか）。一方，東北地方における中期後半期の土偶は，相原淳一（1988）や角田学（1995），上野修一（1997），鈴木克彦（1999），中村良幸（1999），阿部明彦（2009），八木勝枝（2010a・b）などが変遷をまとめているように，多様な土偶型式が認められる。原田昌幸（2010）は，土偶を概観するなかで，東北地方北部の「一本松土偶型式」を典型とする一群が榎林式期から中期末葉まで継続して土偶が"生き残る"のは，東北地方北部の一角のみであるといった見解を示している。

　しかし，中期末葉の大木9式期において，東北地方の南北では土偶出土量に明らかな差異が認められることから，東北地方北部では土偶が衰退ないしは消滅する可能性が高いと考えられる（阿部 2011a）。一方で，東北地方南部は，福島県月崎A遺跡（原ほか 1994など）や，宮城県上深沢遺跡（後藤ほか 1978），大梁川遺跡（相原ほか 1988），山形県山居遺跡（氏家・志田 1998）など，多くの出土例が確認されることから，土偶が残存するのはむしろ東北地方南部であり，この地域に残った土偶が縄文後期へと継承されて東日本から日本列島へ広がるものと推測される。

　この見解の相違の要因は，悉皆的な資料集成の有無だけでなく，土偶の帰属時期が土器ほどに明瞭ではないことに起因していると考えられる。特に，「連結幾何学文」の土偶やいわゆる「一本松タイプ土偶」と呼称される土偶の編年的位置づけが問題になる。大木10式期に「連結幾何学文」を胴部に描く土偶型式が出現して，東北地方の広範囲に認められる

ようになる。例えば，山形県立泉川遺跡（佐竹ほか 2002），蕨台遺跡（斉藤 1994），宮城県菅生田遺跡（丹羽・阿部ほか 1982），岩手県柳上遺跡（小原 1995），湯沢遺跡（三浦 1983），秋田県ヲフキ遺跡（柴田・小林 2003），本道端遺跡（田村・本間 1986），家ノ下遺跡（高橋・五十嵐 1995），などである。この種の土偶に関しては，阿部明彦（2009）が山形県蕨台遺跡の土偶を中心として広域的研究を行っている。阿部によると，これらの土偶は大木10式期新段階からその直後段階に位置づけられる，と指摘されている。これらの土偶型式は，Ｙ字状正中線ではなく乳房２つ（と臍１つ）が独立して貼付され，文様も半円状区画文や円形文，唐草文的なものが縦位に連結して描かれるのが特徴である。背面には，胴部輪郭に沿う側縁部対弧線文や刺突列，中心に縦位の懸垂文，樹木状文，十字状の文様が描かれる。中期末葉以来の無脚土偶とともに有脚土偶も存在し，中期末葉土偶に特有の肩部貫通孔を持つものも多い。これらの土偶は，主に大木10式期新段階に位置づけられると考えられる。

　また，「一本松タイプ土偶」の編年的位置づけも問題である。これまでの研究では，中期と後期の境界の議論もあるが[1]，中期末葉（大木10式並行期）に位置づけられることが多い（成田 1997・1999，鈴木克 1999b）。また原田昌幸（2010a）は，本土偶を「一本松土偶型式」と呼称して，中期末葉に生き残った土偶であると評価している。これらの土偶は，従来までの無脚十字形土偶を踏襲しているが，球状の頭部に仮面状の顔面が前に突き出すように付属し，後頭部に横方向と縦方向の貫通孔が交差するのが特色である。正中線が，浅い幅広い沈線で描かれるのも特徴であり，両肩部には縦位の貫通孔を有するものが多い。これらの土偶が多量に出土した青森県餅ノ沢遺跡からは，大木10式並行期〜前十腰内Ⅰ式期の土器が出土しているが，明確な共伴関係を欠くために帰属時期は明確ではない。遺構出土例では，青森県山田（２）遺跡（中村・宮嶋 2009）の第19号住居跡覆土から，大木10式期新段階の土器とともに土偶が出土している。この土偶の頭部形状は，「一本松タイプ土偶」とは全く異なるが，幅広沈線による正中線をもつことから同時期の可能性

---

　　1)　関東地方では称名寺Ⅰ式土器の成立をもって後期とするのが一般的である。東北地方の大木10式土器は３細分のうち少なくとも新段階は後期に含まれ，中段階にも及ぶ可能性がある（阿部 2008）。

が考えられる。著者も，現状では大木10式期新段階を中心とする土偶型式であると考えている。

　このように，東北地方の中期末葉の土偶は，細かな編年的位置づけが不明瞭なものが多く，漠然と東北地方全体に土偶が残るように捉えられがちであるが，東北北部の土偶の多くは大木10式期でも後半段階に外部から再びもたらされた可能性が高いのである。このことを，遺構出土資料を中心として検証していくことが課題であろう。

3　東北地方における中期末葉の土偶の事例

a) 東北地方南部の土偶変遷（第1図）

　東北地方南部における中期末葉の土偶は，大木8b式期の土偶からの系統的変遷が考えられる。当該期の土偶の特色も明確ではないが，「西ノ前タイプ土偶」から変化するものとみられ，胸部の段が隆線によって表現されるようになる。文様も多様であるが，横長の顔面形態や両腕部に伸びる沈線文，横長もしくは弧状の隆線で表現される乳房，乳房の下端に描かれる弧状沈線文などが特徴であると考えられる（第1図1～5）。

　大木9式期の土偶は，「月崎タイプ」（伊藤・八巻 1968）や「月崎A・第1系列」・「月崎A・第2系列」（上野 1999）と呼称される土偶型式がある（第1図6～9）。形態的には，逆三角形や奴凧のように腕部を横に広げる無脚・単脚土偶であり，当該期の土偶の多くは板状中実であるが，山居遺跡や大梁川遺跡などでは中空土偶も存在し，両肩部に縦位貫通孔を持つ土偶が多くなる。

　文様は「5字状文」＋「三角形文」やY字状正中線などが特徴である。これらの三角文や円形・渦巻文などの沈線文は，前段階の大木8b式の剣先文に類似した文様であるが，土偶文様ではこの段階まで変容して用いられるようである。また小梁川東遺跡や大梁川遺跡の土偶のように，腕部や胴部に横方向の沈線文や三角文を多段に施すものは，大木9式期でも新段階に位置づけられると考えられる（第1図10～14）。

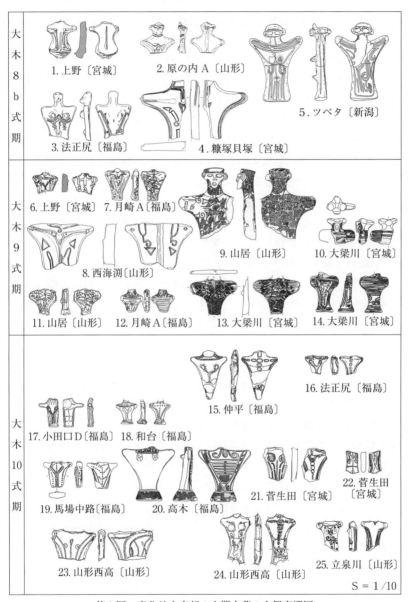

第1図　東北地方南部の中期末葉の土偶変遷図

　一方，大木10式期における土偶は，胴部正面のY字状正中線を特徴とする無脚・単脚土偶で，基本的には前段階の特色を引き継いでいるとみられる。文様は，刺突列が主体となるが（第1図15〜19）。これらの刺突列に関しては，東北地方北部の土偶の影響という見方もある（上野1997）が，時期的には東北地方南部の方が古いと考えられる。形態的には，前段階と同様に，無脚・単脚の十字形土偶であり，肩部に貫通孔を持つものも多い（第1図15・18〜20・23〜25）。多くは中実であるが，福島県高木遺跡（大河原ほか 2003）出土土偶のような中空土偶も存在する。胴部の刺突列は，Y字状正中線に沿うものや，胴部の側縁部に沿って1〜2列の刺突列がめぐるものがある。また頸部にはスタイ状の区画内に刺突文を充塡するものがあり（15・18・20），比較的古い要素と理解される。また背面文様には，十字状や樹木状配列の刺突列，連続円形文，側縁部対弧線文などの特徴的な文様がある。また22・24・25のような「連結幾何学文」をもつ土偶も存在する。

　この地域では，大木8b式期以降，大木9式期から大木10式期にかけて系統的に土偶変遷が捉えられる。このことは，当地域で土偶が途絶えることなく継続的に製作され続けたことを示していると考えられる。

b）東北地方北部の土偶変遷（第2図）

　東北地方北部における土偶形態の変遷は，円筒上層式期の十字形土偶が榎林式期まで系統的に変化するもの（第2図1〜4）や，大木式などの影響が強い土偶型式が存在している（第2図5〜8）。特に，前者は胸部の対向する弧状沈線文や腕部の縦位沈線文，腰部における多条の横位沈線文が特徴である。後者は，明確な脚部を持たないものの腰部が膨らんで，胸部に前後に貫通する2つの貫通孔を有するのが特徴である。

　最花式期になると，明確な事例が非常に乏しく，この時期の可能性があるものとしては，三角形・円形文などから青森県最花貝塚や秋田県天戸森遺跡出土の土偶があげられる（第2図9〜11）。しかし，これらの土偶の帰属時期は榎林式期の可能性もあり，編年的な位置づけは明確ではない。11のヲフキ遺跡出土の土偶も客体的で，宮城県域などからもたらされた可能性が想定される。最花式期の明確な土偶が少ないのは，土器との共伴資料が乏しいために認識されていない可能性もある。しかし，岩

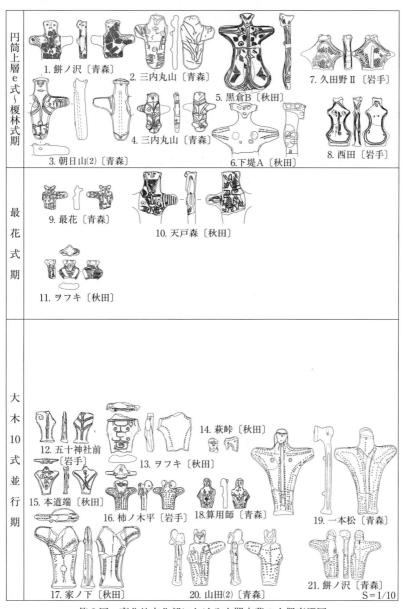

円筒上層e式～榎林式期

1. 餅ノ沢〔青森〕
2. 三内丸山〔青森〕
5. 黒倉B〔秋田〕
7. 久田野Ⅱ〔岩手〕
3. 朝日山(2)〔青森〕
4. 三内丸山〔青森〕
6. 下堤A〔秋田〕
8. 西田〔岩手〕

最花式期

9. 最花〔青森〕
10. 天戸森〔秋田〕
11. ヲフキ〔秋田〕

大木10式並行期

12. 五十神社前〔岩手〕
13. ヲフキ〔秋田〕
14. 萩峠〔秋田〕
15. 本道端〔秋田〕
16. 柿ノ木平〔岩手〕
18. 算用師〔青森〕
19. 一本松〔青森〕
17. 家ノ下〔秋田〕
20. 山田(2)〔青森〕
21. 餅ノ沢〔青森〕
S＝1/10

第2図　東北地方北部における中期末葉の土偶変遷図

手県御所野遺跡（高田ほか 1993など）や青森県富ノ沢（2）遺跡（岡田・成田ほか 1991など）のような中期後半期の大規模集落遺跡でさえも，ほとんど土偶が出土していないことから，当該地域では土偶が衰退・消滅した蓋然性が高い。

　一方，大木10式並行期（大曲1式期）になると土偶が増加するものの，その大部分が後半段階に帰属すると考えられる（第2図12〜21）。形態的には，東北地方南部と共通し，十字形の無脚・単脚土偶で，貼付文による乳房と臍の表現，刺突列による装飾が特徴的である。さらに，肩部貫通孔を持つものも確認される（16・17・19）。遺構出土例を見ると，岩手県南畑遺跡（佐藤・高木 2001）106号住居跡出土の土偶は，覆土ながら大木10式期新段階の土器を伴う。柿ノ木平遺跡（神原・佐々木ほか2008）RD327からは，土偶3点とともに後期初頭の土器群が出土している。両方とも頭部を欠損するが，後期初頭の特色を示す。また山田（2）遺跡の第19号住居跡出土土偶は非常に重要であり，頭部に大きな耳状突起を持つ土偶である（20）。本土偶も，覆土中から大木10式並行期新段階の土器が出土しており，正中線が窪んでいることから「一本松タイプ土偶」との共通性が認められる。さらに，頭部に付属する耳状突起は，北上川中流域で特徴的な頭部形状であり，八木勝枝（2010a・b）によって数段階の変遷が提示されている。これらの編年的位置づけにおいて，山田（2）遺跡の土偶は鍵になる資料であると考えられる。

　この他にも，大木10式後半期以降には，「連結幾何学文」や「沈線意匠文（エプロン紋・スタイ紋）」と呼称される特徴的な文様をもつ土偶が存在する（13・15・18）。これらは，東北地方南部から北部にかけての広範囲に分布するとともに，後期前葉土偶の成立に向けた動きとして捉えられる。また，東北北部の日本海沿岸では，球状の後頭部を特徴とする「一本松タイプ土偶」が，一本松遺跡（新谷・桜井ほか 1980，成田 1997）や餅ノ沢遺跡（太田原・野村 2000）をはじめとして局地的多量分布を示す。これらは，いずれも大木10式並行期でも後半段階に位置づけられる可能性が高い。

1. 大木9式期の土偶分布　　　　　2. 大木10式期の土偶分布
第3図　東北地方における中期末葉の土偶分布

4　東北地方における土偶の動態

　今回の研究では，東北地方における中期末葉の土偶を70遺跡で確認した。これらを時期別に地図に落としてみると，大木9式期と大木10式期では分布域が大きく異なることがわかる（第3図）。

　特に，大木9式期の土偶は，東北地方北部にも散見されるが，東北地方南部（山形県・宮城県・福島県）に偏ることが明らかである（第3図1）。これが大木10式期になると，東北北部から南部にかけて土偶が広

第1表　東北地方の中期末葉

No	遺跡名	地域	時期	No	遺跡名
1	山田（2）	青森県・蓬田村	大木10式期	26	御所野
2	餅ノ沢	青森県・鰺ヶ沢町	大木10式期	27	柿ノ木平
3	一本松	青森県・深浦町	大木10式期	28	湯沢
4	花巻	青森県・黒石市	大木10式期	29	けやきの平団地
5	茶毘館	青森県・弘前市	大木10式期	30	観音堂
6	水上（2）	青森県・西目屋村	大木10式期	31	清田台
7	三内丸山	青森県・青森市	大木10式期	32	中野台
8	小牧野	青森県・青森市	大木10式期	33	清水
9	槻ノ木（1）	青森県・野辺地町	大木10式期	34	五十瀬神社前
10	黒坂	青森県・八戸市	大木10式期	35	桜松
11	最花	青森県・むつ市	大木9式期	36	南畑
12	算用師	青森県・外ヶ浜町	大木10式期	37	山居
13	烏野	秋田県・能代市	大木10式期	38	山形西高敷地内
14	横沢	秋田県・大館市	大木10式期	39	熊ノ前
15	本道端	秋田県・大館市	大木10式期	40	花沢A
16	萩峠	秋田県・大館市	大木10式期	41	蕨台
17	天戸森	秋田県・鹿角市	大木9式期？	42	立泉川
18	日廻岱B	秋田県・北秋田市	大木10式期	43	西海渕
19	家ノ下	秋田県・三種町	大木10式期	44	水上
20	坂ノ上E	秋田県・秋田市	大木10式期	45	神矢田
21	坂ノ上A	秋田県・秋田市	大木10式期	46	小梁川東
22	ヲフキ	秋田県・にかほ市	大木9式～10式期	47	大梁川
23	秋浦Ⅱ	岩手県・岩手町	大木10式期	48	青野木
24	叺屋敷Ⅰa	岩手県・軽米町	大木10式期	49	上野
25	大平	岩手県・一戸町	大木10式期	50	上深沢

土偶の出土遺跡一覧

地域	時期	No	遺跡名	地域	時期
岩手県・一戸町	大木10式期	51	菅生田	宮城県・白石市	大木10式期
岩手県・盛岡市	大木10式期	52	月崎A	福島県・福島市	大木9式～10式期
岩手県・盛岡市	大木10式期	53	和台	福島県・福島市	大木9式～10式期
岩手県・滝沢村	大木10式期	54	矢細工	福島県・福島市	大木9式期
岩手県・花巻市	大木10式期	55	高木	福島県・本宮町	大木9式～10式期
岩手県・一関市	大木10式期	56	田地ヶ岡	福島県・二本松市	大木10式期
岩手県・一関市	大木10式期	57	上原B	福島県・二本松市	大木10式期
岩手県・一関市	大木10式期	58	柴原A	福島県・三春町	大木10式期
岩手県・奥州市	大木10式期	59	仲平	福島県・三春町	大木9式～10式期
岩手県・雫石町	大木10式期	60	小田口D	福島県・石川町	大木10式期
岩手県・雫石町	大木10式期	61	馬場中路	福島県・郡山市	大木10式期
山形県・西川町	大木9式期	62	法正尻	福島県・磐梯町	大木10式期
山形県・山形市	大木10式期	63	上小島C	福島県・西会津町	大木10式期
山形県・山形市	大木9式期	64	博毛	福島県・喜多方市	大木10式期
山形県・米沢市	大木10式期	65	朴木原	福島県・新地町	大木9式期
山形県・酒田市	大木10式期	66	巡礼堂	福島県・浪江町	大木10式期
山形県・新庄市	大木10式期	67	常世	福島県・喜多方市	大木9式期
山形県・村山市	大木9式期	68	武ノ内	福島県・伊達市	大木9式期
山形県・最上町	大木9式期	69	アチヤ平	新潟県・村上市	大木10式期
山形県・遊佐町	大木10式期	70	北野	新潟県・阿賀町	大木10式期
宮城県・七ヶ宿町	大木9式期				
宮城県・七ヶ宿町	大木9式～10式期				
宮城県・仙台市	大木9式期				
宮城県・仙台市	大木9式期				
宮城県・大衡村	大木9式期				

がりをみせる（第3図2）。このことからも，東北北部で一度土偶が衰
退・消滅した後に，再び普及したと考えられる。さらに，東北北部の土
偶はほとんどが大木10式期のなかでも後半段階に位置づけられる可能性
が高く，大木10式期後半段階において東北地方南部から土偶が再び普及
したと結論づけられる。

5　縄文時代中期末葉における土偶衰退の意義

　東北地方の土偶は，土偶形態の変遷と分布から，中期末葉の大木9式
期（最花式期）には東北地方南部に土偶が集中する一方で，東北地方北
部では極めて希薄な分布状況を示すようになる。大木10式期後半になる
と，再び東北地方北部でも増加傾向を示すなど，東北地方一帯に広がり
をみせるようになる。このことから，東北地方北部では最花式期に土偶
が消滅するか急激に衰退する可能性が高いと結論づけられる。
　しかしながら，今回の集成資料においても，大木8b式期から大木10
式期にかけての中期後半期の帰属時期が明確な遺構出土例が乏しいこと
からも，認識していない土偶型式が存在していることも否定できない。
このような理由からも，今後とも細別時期における土偶形態の系統的変
遷を検証していくことが課題として残される。
　中期末葉は，東北地方一帯に複式炉や大木9式・10式土器，注口付浅
鉢や壺形土器などの土器器種が地域性を持ちながら展開する時期である。
同様な住居形態と炉形態を保有しながらも，東北地方北部や新潟県域な
どで土偶が衰退してしまうのは興味深い現象である。東北地方の集落遺
跡や住居跡数の動態において，大きな衰退現象は認められないことから
も（阿部 2008），土偶衰退の要因が人口減少などではないことは明らか
である。中期末葉における土偶衰退現象は，土偶を用いた儀礼行為にお
いて大きな変革が生じたものと推測されるが，その内実に関しては，今
後の研究のなかで総合的に評価していく必要があるだろう。

第2章

縄文時代後期前葉における土偶の有脚化とその意義
──東北地方北部を中心として──

1　はじめに

　縄文時代の土偶は，いわゆる「第二の道具」（小林 1977）のなかの代表的土製品であり，「護符」や「地母神」，「女神」，「精霊」といった性格づけがなされている。土偶の発生は草創期末まで遡るが，地域によって形態的変化を伴い，土偶が消滅（減少）する時期がある。今回対象とする東北地方北部の土偶は，後期前葉以降に有脚化するが，東日本のなかでも有脚立像土偶の定着が最も遅い地域である。中部高地や北陸地方などでは，少なくとも中期初頭には中空土偶とともに有脚立像土偶が出現する。この有脚化の現象は，土偶形式変遷の重要な画期として評価され（谷口 1990，原田 2009，など），土偶変遷史の中で重要な意味を有していると考えられる。土偶を含めた「第二の道具」の研究は，縄文時代における人々の信仰やコスモロジーを解明するうえで重要であり，彼らの行動に大きな影響を及ぼしていることは間違いない。土偶変遷史のなかでも有脚化の意義は大きく，使用・安置方法の問題とともに，故意破壊説を検証する上でも重要な画期として捉えられる。

　東北地方北部の後期前葉土偶の特色は，逆三角形の胴部と格子目状の文様，鳩尾から腹部の三角形の窪みなどであり，十腰内I式土器と類似した分布域を持つ（第4図）。東北地方南部から中部（宮城県）にかけては，ハート形土偶が広がり，一部分布域が重なり，両者の折衷土偶も確

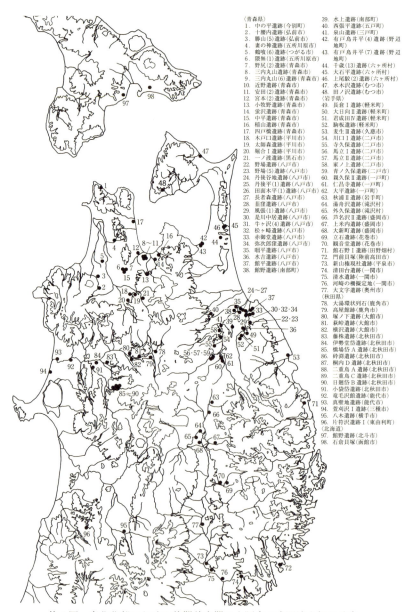

〈青森県〉
1. 中の平遺跡（今別町）
2. 十腰内遺跡（弘前市）
3. 勝山(5)遺跡（弘前市）
4. 妻の神遺跡（五所川原市）
5. 鶴喰(6)遺跡（つがる市）
6. 隈無(1)遺跡（五所川原市）
7. 野尻(2)遺跡（青森市）
8. 三内丸山遺跡（青森市）
9. 三内丸山(6)遺跡（青森市）
10. 近野遺跡（青森市）
11. 安田(2)遺跡（青森市）
12. 宮本(2)遺跡（青森市）
13. 小牧野遺跡（青森市）
14. 蛍沢遺跡（青森市）
15. 中平遺跡（青森市）
16. 稲山遺跡（青森市）
17. 四戸橋遺跡（青森市）
18. 木戸口遺跡（平川市）
19. 太師森遺跡（平川市）
20. 堀ノ I 遺跡（平川市）
21. 一ノ渡遺跡（黒石市）
22. 野場遺跡（八戸市）
23. 野場(5)遺跡（八戸市）
24. 丹後谷地遺跡（八戸市）
25. 丹後平(1)遺跡（八戸市）
26. 田面木平(1)遺跡（八戸市）
27. 長者森遺跡（八戸市）
28. 韮窪遺跡（八戸市）
29. 風張(1)遺跡（八戸市）
30. 是川中居遺跡（八戸市）
31. 牛ヶ沢(4)遺跡（八戸市）
32. 松ヶ崎遺跡（八戸市）
33. 赤御堂遺跡（八戸市）
34. 弥次郎窪遺跡（八戸市）
35. 咽口遺跡（八戸市）
36. 水ヶ滝遺跡（八戸市）
37. 館平遺跡（八戸市）
38. 館野遺跡（南部町）

39. 水上遺跡（南部町）
40. 西張平遺跡（五戸町）
41. 泉山遺跡（三戸町）
42. 有戸鳥井平(4)遺跡（野辺地町）
43. 有戸鳥井平(7)遺跡（野辺地町）
44. 千歳(13)遺跡（六ヶ所村）
45. 大石平遺跡（六ヶ所村）
46. 上尾駁(2)遺跡（六ヶ所村）
47. 水木沢遺跡（むつ市）
48. 田ノ沢遺跡（むつ市）
〈岩手県〉
49. 長倉 I 遺跡（軽米町）
50. 大日向 I 遺跡（軽米町）
51. 君成田IV遺跡（軽米町）
52. 駒板遺跡（軽米町）
53. 麦生遺跡（久慈市）
54. 川口 I 遺跡（二戸市）
55. 寺久保遺跡（二戸市）
56. 馬立 I 遺跡（二戸市）
57. 馬立 II 遺跡（二戸市）
58. 家ノ上遺跡（二戸市）
59. 青ノ久保遺跡（二戸市）
60. 親久保 II 遺跡（一戸町）
61. 仁昌寺遺跡（一戸町）
62. 大平遺跡（一戸町）
63. 秋浦 I 遺跡（岩手町）
64. 湯舟沢遺跡（滝沢村）
65. 外久保遺跡（滝沢村）
66. 芦名沢 II 遺跡（盛岡市）
67. 上米内遺跡（盛岡市）
68. 大新町遺跡（盛岡市）
69. 立石遺跡（花巻市）
70. 観音堂遺跡（花巻市）
71. 館石野 I 遺跡（田野畑村）
72. 門前貝塚（陸前高田市）
73. 新山権現社遺跡（平泉市）
74. 清田台遺跡（一関市）
75. 清水遺跡（一関市）
76. 河崎の柵擬定地（一関市）
77. 大文字遺跡（奥州市）
〈秋田県〉
78. 大湯環状列石（鹿角市）
79. 高屋館跡（鹿角市）
80. 塚ノ下遺跡（大館市）
81. 萩峠遺跡（大館市）
82. 横沢遺跡（大館市）
83. 藤株遺跡（北秋田市）
84. 伊勢堂岱遺跡（北秋田市）
85. 橋場岱 A 遺跡（北秋田市）
86. 杢調遺跡（北秋田市）
87. 桐内 I 遺跡（北秋田市）
88. 二重鳥 A 遺跡（北秋田市）
89. 二重鳥 C 遺跡（北秋田市）
90. 日囲岱 B 遺跡（北秋田市）
91. 小袋谷遺跡（北秋田市）
92. 竜毛沢館遺跡（能代市）
93. 真387地遺跡（能代市）
94. 堂畑沢 I 遺跡（三種市）
95. 八木遺跡（横手市）
96. 片符沢遺跡 I（東由利町）
〈北海道〉
97. 館野遺跡（北斗市）
98. 石倉貝塚（函館市）

第4図　東北北部における後期前半期の十腰内 I 式関連土偶の分布

認される[1]。

　これらの後期前葉の土偶は，葛西勵（1986）や成田滋彦（1999・2002a・2002b・2002c・2007・2008），上野修一（1997），鈴木克彦（1999b），小笠原雅行（2005），中村良幸（1999）によって編年や製作技術研究など，精力的に研究が行われている。しかしながら，本土偶の名称は，「頸長土偶」（鈴木克 1980・1999b），「首長土偶」（小笠原 2005），「十腰内土偶」（成田 2008）などと呼称されたり，ハート形形式の一つとして捉えられることもある（植木 1990）。これらの土偶型式は，永峯光一（1977）が言うように，代表的な後期土偶型式の陰で"目立たない土偶"であったためか，適切な名称が付けられなかった。そのことが研究上の一つの障害となっており，共通認識可能な命名が望まれる。

　以前，当該期の土偶形態の有脚化について言及したが（阿部 2009d），「第二の道具」の多様化に論点を置いたため，肝心な十腰内Ⅰ式期の土偶有脚化の過程への理解が不十分であった。本章では，従来の土偶編年研究の成果と課題を整理し，東北地方北部における土偶有脚化とその意義について検討を加えたい。

2　東北地方の後期前葉土偶の編年研究

　東北地方北部の後期前葉の土偶形態に関する初期の記述は，青森県内の十腰内遺跡や近野遺跡の報告書などに認められる。弘前市十腰内遺跡（今井・磯崎 1969）の報告では，第Ⅰ群土器に伴う土偶について，沈線によって格子目状の文様を表現することが多く，体部が逆二等辺三角形に近い土偶は円筒土器以来の伝統をひくことを指摘している。また東北地方では長期間にわたって，板状土偶ともいうべき手足の表現のない形態が続いたことに言及する。貫通孔に関しても，物にかけたか人体に下げたかはっきりしないが，紐を通して懸垂したものであると推測する。青森市近野遺跡の報告書では，成田滋彦（1977）が十腰内Ⅰ式土器群に

　1）　岩手県南部や宮城県域で，十腰内Ⅰ式に伴う土偶の文様を施すハート形土偶片が認められる。このような事例は，在地の土偶型式のなかに北方の土偶文様が取り入れられたものと考えられる。

伴う土偶として，第一類〜第三類に分類している。第三類について，「土偶の形態が板状から脱皮し，立体化へと発展する過渡的様相を示しているものと思われ」，特徴を「長頸，長胴，短足，O 脚」型であると説明する。また格子目状の文様について，「植物を編んでつくった『むしろ』状の衣類を想像させる」と指摘する。

　また小野美代子（1984）は，日本列島の土偶変遷を概説するなかで，東北地方北半の土偶は後期初頭まで中期板状土偶の伝統を残す無脚土偶であるのに対して，中葉にかけて有脚土偶へと変化することを概略的に説明する。

　一方，十腰内 I 式期の土偶について，本格的に編年研究を行ったのが葛西勵（1986）である。葛西は，土器編年をもとに当該期の土偶をA〜E の 5 段階変遷を想定し，「あたかも卵から孵ったおたまじゃくしが親の蛙の姿に変遷していく過程に似ている」と評価する（第 5 図）。各段階の特色を要約すると，A 段階の特徴は，体部が逆三角形で，肩は水平となり，腕部や脚部は全く表現されない。鳩尾から腹部にかけて三角形のくぼみを持つ。文様は，縦横の沈線による格子目文を施し，連鎖状の沈線などが施される。B 段階は，上半身は A 段階と同様で，脚部が台形状に広がる立像になり，腕部は未発達で肩部に穿孔を有する。文様は，格子目状の沈線文を施し，連鎖状の文様も見られる。C 段階は，両脚が出現し，短足「O」脚で，立像としては不安定である。腕部は表現されずに肩部の穿孔を持つ。また腹部には鳩尾からくぼみを有する。文様は，下腹部等に格子目文を施し，連鎖状文を伴う。D 段階は，ようやく腕が表現されて垂れ下がり，立像化して体部が板状から丸みを帯びてくる。脚部は，前段階同様に短足「O」脚である。E 段階は，施文に縄文が用いられることも新たな要素であり，鳩尾から腹部にかけて三角形のくぼみがなくなり，肩部の穿孔も残るものもある。また葛西は，土偶形態の変化について「内的な変革」と「外的文化の刺激・影響」とともに土偶の機能・用途の変化にも留意する必要性を説いたうえで，関東地方からの加曽利 B 式文化の北上につれて変容し，板状から立像化していったことを指摘する。土器編年にもとづいて無脚から有脚へと変化する過程を明らかにしたことは評価されるが，一系統的に有脚化・有腕化するという点の妥当性と，鳩尾からのくぼみが A 段階から存在

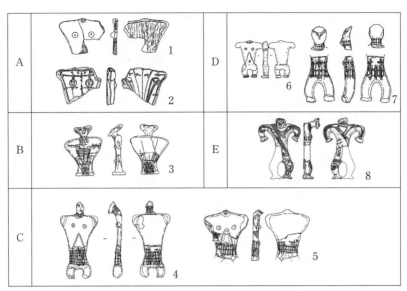

第5図　土偶変遷図1（葛西　1986より作成）

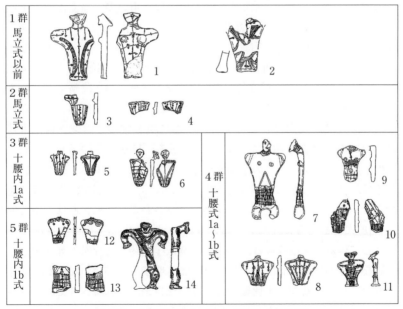

第6図　土偶変遷図2（鈴木　1999bより作成）

するという点に関しては疑問が残り，検証が必要である。

　成田滋彦（1999）は，永峯の説明から「目立たない土偶」と呼称し，土偶の形態と文様を詳細に分類して中期末葉・十腰内 I 式以前・十腰内 I 式期にわけて特色を説明する。大木10式並行期は，一本松遺跡出土土偶などをあげて，両腕を広げた十字形を呈するもので，円筒上層式期の形態を継承したものであるとする。文様は，刺突を用いた列状施文を主体として，沈線による渦巻文を伴う。一方，十腰内 I 式以前の土偶は，野場（5）遺跡などを例にあげて，両手を広げた無脚土偶 A 類型が主体であり，中期末葉の形態を継承していると指摘する。この段階の文様は，刺突を列状と格子状に施文したもので，刺突が主体の文様構成である。十腰内 I 式の土偶は爆発的に増加して，形態と文様に多様性が見られる時期であり，A 類型の無脚土偶と B 類型の立脚土偶が見られると指摘する。この段階の文様は，格子目文を主体として，磨消縄文は少なく，簡略化した土偶が出現すると説明する。無脚と立脚が併存するかという点については不明であり，今後の課題としている。

　鈴木克彦（1999b）は，「頸長土偶」の名称を用いて，縄文後期の土偶を11群に分類し，最後の一群を含めて11段階変遷を示している（第 6 図）。この中で後期前半期は，①後期 1 群（馬立式相当以前），②後期 2 群（馬立式相当），③後期 3 群（十腰内1a 式相当期），④後期 4 群（十腰内1a，1b 式相当期），⑤後期 5 群（十腰内1b 式相当期）の 4 段階変遷となる。各段階の特色を要約すると，後期 1 群は，野場（5）遺跡出土土偶などがあり，連続刺突列による施文で，一端に横 S 字のリボン文様や末端に「の」の字渦文を施すなどの特色がある。後期 2 群の特色は，横 S 字のリボン文様や「の」の字渦文，格子目状沈線文である。後期 3 群の特色は，首ないし頭部が前に突き出たいわゆる頸長土偶で，眉と鼻が隆線文で一体に造作され，目・口が刺突で施される。後期 4 群は，十腰内1a・1b 式のどちらに帰属させるか判断を決めかねるものを便宜的に 4 群としている。後期 5 群は，秋田県萱刈沢 1 遺跡や青森県近野遺跡出土土偶などをあげる。各段階の特色はあまり明示されてはいないが，共伴する土器型式に基づく土偶編年という手法は追認されるべきであろう。

　小笠原雅行（2005）は，青森市三内丸山（6）遺跡の出土土偶について再検討を加え，葛西・鈴木の土偶編年を参考に，三内丸山（6）遺跡

の土偶に関して十腰内Ⅰ式のなかでも前半を中心とするものとし評価する。また連続刺突文を持つ土偶を，鈴木の言う「馬立式以前」に位置づけている。小笠原は，近接する近野遺跡について，十腰内Ⅰ式後半の土器が多いことから三内丸山（6）遺跡と時間差があり，前に突き出た頭や二脚表現が一般的になる点を相違点としてあげるなど，重要な指摘をしている。

　編年研究の問題点は，やはり無脚から有脚へと一系統的に変遷するのかどうかであり，これらの形態変化がいかなる要因に依るかという問題に集約されるだろう。次節からは，後期土偶成立以前の中期末葉の土偶形態の地域性を概観した後，後期初頭から前葉の土偶形態の変遷について，遺構内共伴資料を中心に検討する[2]。

3　中期末葉の土偶形態

　ここでは中期末葉の東北地方の土偶形態について概観し，後期土偶成立過程を考える上での参考としたい。当該期の土偶については，「土偶とその情報」研究会による一連の集成作業と研究や上野修一（1997），鈴木克彦（1999a）などの論考があるが，東日本では中期末葉に土偶が衰退することが指摘されている。大木9式期は二細分，大木10式期は三細分とする（阿部 2007a・2008）。

a）東北地方南部の土偶

　東北地方南部（宮城・山形・福島）の中期末葉は，複式炉が隆盛する一方で，土偶は極端に減少し，新潟ではほぼ途絶える。この時期の土偶は無脚ではあるが，チェスピース状に安定して立つものもある（第7図）。この時期の特色は，刺突列とともに胴部のY字状正中線である。

　福島県の土偶は，山内幹夫（1992）や角田学（1995）などが変遷をまとめており，中期末葉の土偶は十字形や逆三角形を呈する無脚土偶であ

　2）　土偶の帰属時期は，石器や土製品・石製品と同様に，まずは伴う土器型式から判別するのが適切であると考えられる。しかし，土偶の良好な遺構出土資料は稀で，遺構出土資料であっても伴う土器と同時期と判断できる例は極めて少ない。

り，正中線が Y 字状を呈するのが特色である（第 7 図 1 ～ 6）。1 は福
島市月崎 A 遺跡（伊藤・八巻 1968）出土土偶で，「月崎 A・第 1 系列」
（上野 1997）などと呼称される。これらの土偶は，伊藤玄三と八巻正文
（1968）によって特色がまとめられ，奴凧状を呈する板状土偶で，すで
に肩部に貫通孔が認められる。胴部文様は，正面には隆線による Y 字
状正中線とその周囲に同心円文や鉤の手状文（5 字状文）・三角形文，
背面に側縁部の対弧線文が沈線によって描かれる。帰属時期は大木 9 式
期と考えられる。第 7 図 2 ～ 7 は大木10式期の土偶形態であると考えら
れる。1 ～ 6 は隆帯による Y 字状正中線を有し，正中線に沿って刺突
文が施される。2 ～ 4 は背面に円形や隅丸方形の懸垂文が縦位もしくは
十字状に描かれる。この時期になると，刺突列が文様要素の主体となり，
5・6 は刺突列により背面に十字もしくは格子目状の文様を施す。本宮
町高木遺跡（大河原ほか 2003）の無脚土偶は，逆三角形の胴部に縄文を
施す（7）。胸部から腹部は二つの乳房状の貼付文が付されるのみでほ
ぼ無文になり，背面には三角形区画に横位沈線文や J 字文・S 字文が描
かれる。高木遺跡例は Y 字状正中線を持たない点など中期末葉の土偶
と異なる特色を有しており，帰属時期が一段階新しくなる可能性を残
す。

　宮城県の土偶は，藤沼邦彦（1992）などが特色をまとめているが，全
体的に中期末葉の事例が少ない（第 7 図 8 ～10）。主な土偶は，大衡村上
深沢遺跡（後藤ほか 1978）や七ヶ宿町大梁川遺跡（相原ほか 1988），な
どがある。藤沼が指摘するように，大木 9 式期と大木10式期では土偶形
態にあまり変化が見られない。形態的には，十字形もしくは腕部の幅が
広くなる奴凧形を呈する無脚立像土偶である。8 は上深沢遺跡出土の大
木 9 式期の土偶で，地文に縄文に沈線で腕部に横線文，胴部に縦位の沈
線文を施す。大梁川遺跡の出土土偶（9・10）は，大木10式期に帰属す
ると考えられ，地文縄文を施さずに乳房に連結する Y 字状の正中線を
持つのが特徴である。胴部には横方向の沈線文を施すものや，背面に方
形文や弧線文が描かれる。また上野（1997）により「上深沢系列」や
「大梁川系列」が設定されている。

　山形県の土偶は，阿部明彦（1994）や岩崎義信（2009）によって事例
集成や特色が明らかにされている（第 7 図11～14）。11は西川町山居遺跡

1：月崎A（福島），2：法正尻（福島），3：仲平（福島），4：和台（福島），
5：小田口D（福島），6：上納豆内（福島），7：高木（福島），8：上深沢
（宮城），9・10：大梁川（宮城），11：山居（山形），12・13：山形西高敷地内
（山形），14：立泉川（山形）

第7図　東北地方南部の中期末葉の土偶

（氏家・志田 1998）出土の大形土偶で，胴部に Y 字状正中線はないものの，地文縄文に三角形文・渦巻文などが見られる。これらの特色から大木9式期に帰属すると考えられる。頭部は平坦で，逆三角形の顔に隆帯で眉と鼻が表現される。また腕部には縦位の貫通孔を有する。12〜14は，大木10式期の土偶である。12・13は山形西高敷地内遺跡（佐藤庄ほか1992）の土偶で，12は頭部・腕部・脚部が欠損する有脚土偶である。腹部の沈線文は不明瞭であるが，背面の十字状に配列する方形文は 2 〜 4 の土偶に共通する。13は正中線に一本の沈線文と逆ハ字状に平行沈線文が施される。背面には大木10式土器に特徴的な微隆起線文により玉抱文が描かれる。14は新庄市立泉川遺跡（佐竹ほか 2002）出土の土偶で，頭部と脚部を欠損するが，無脚土偶になるか不明である。胴部正面にはワラビ手状の沈線文などが描かれる。前段階にも見られた腕部の縦位の貫通孔を伴い，下部はやや外側に開く。背面には体部輪郭に沿って対弧状の平行沈線文が描かれる。

　東北地方南部の土偶は，それほど数が多くないものの，大木9式期から大木10式期へと土偶形態の変遷を追うことが可能である。大木9式期〜大木10式期を通して Y 字状正中線は，最大の特色である。また大木10式期後半には，土偶背面に縦位や十字状に円形文や方形文が施されるものも目立ち，これらも地域性を示していると言えるだろう。

b)　東北地方北部の土偶

　東北地方中部から北部（青森・秋田・岩手）は，複式炉の一種である前庭部付石組炉が造営されるなど住居跡数や集落数が増大するが（阿部2008），その反面，土偶が極端に減少し，1 遺跡で1 点出土する程度である。形態的にはチェスピース状を呈する十字形土偶が多く，東北地方南部に類似するが，文様は Y 字状の正中線が見られず，刺突列が数列施されるなどの地域的差異が認められる。

　秋田県内の土偶は，冨樫泰時と武藤祐浩（1992）などがまとめているが，やはり事例は極端に少ない。大館市本道端遺跡（田村・本間 1986）や鹿角市天戸森遺跡（秋元ほか 1984）出土土偶などがある（第8図1 〜3）。この時期の土偶は，十字形を呈する無脚立像土偶であり，乳房と臍部分に貼付文を施す。大木9式期の明瞭な事例は乏しいが，大木10式

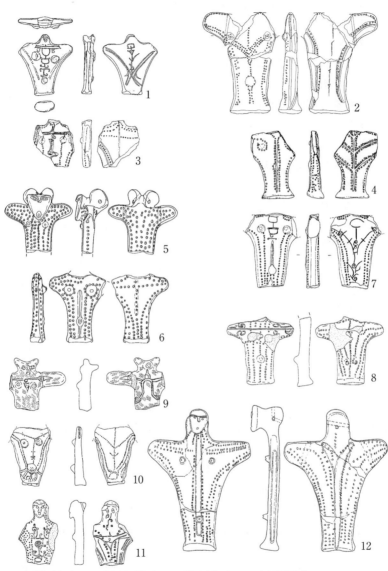

1：本道端（秋田），2：家の下（秋田），3：横沢（秋田），4：五十瀬神社前（岩手），5・6：清水（岩手），7：湯沢（岩手），8：千歳(13)（青森），9：最花（青森），10：長者森（青森），11：算用師（青森），12：一本松（青森）

第8図　東北地方北部の中期末葉の土偶

期に帰属すると考えられる土偶は1～3があげられる。十字形を呈する無脚土偶で，肩部に貫通孔を有するものが多い。正面には，乳房と臍の貼付文と体部輪郭に沿った刺突列，正中線は刺突列か沈線文によって表現される。背面には対弧状の平行沈線文や沈線と刺突列によって表出されるものがある。これらは大木10式期後半もしくはその直後段階に位置付けられる可能性がある。

　岩手県内の土偶は，奥州市五十瀬神社前遺跡（菅原 1979）や盛岡市湯沢遺跡（三浦 1983），一関市清水遺跡（村上 2002）等の資料がある。これらは十字形を呈する無脚土偶で，文様は刺突列を特徴とする。正面には，隆帯による正中線と乳房・臍状の貼付文を付けて，両側に縦位の刺突列が施される（第8図4～7）。5の顔は，逆三角形を呈し，大きな耳状の装飾が後頭部に貼り付けられる。背面には樹木状の文様が隆帯と刺突列や沈線文によって描かれるものがある（4）。これらは上野（1997）により「長者森家列」や「湯沢・第一系列」などと呼称される一群であり，大木10式期に帰属し，そのなかでも中段階から新段階に位置づけられると考えられる。

　青森県内の中期末葉の土偶は極めて少なく，ここで取り上げる土偶も後期初頭に帰属する可能性がある（第8図8～12）。9はむつ市最花貝塚出土の土偶で，地文縄文に三角形の文様などを描くことから，最花式期に帰属する可能性がある。10・11は刺突列で装飾し，12は正中線部分に渦巻文やワラビ手状の沈線文を描く。また深浦町一本松遺跡（新谷・桜井ほか 1980，成田 1997）や鰺ヶ沢町餅ノ沢遺跡（太田原・野村 2000）出土の土偶は，頭頂部が丸く突出する特徴的な頭部形態を有し，縦・横の貫通孔が交差する（12）。これらは大木10式期の土偶に類似するものの，正中線が幅広沈線で表現される点や突出する頭部形態は他地域に見られない特色である。帰属時期は不確定で，中期末葉に位置づけられる場合と後期初頭に位置づけられる場合があり，共伴資料などからの検討が必要である。

　秋田・岩手・青森3県の中期末葉の土偶は，地域差があるものの，ほぼ刺突列文様を施す無脚土偶で共通している。本道端遺跡出土土偶のように正中線のところに描かれる連結幾何学文は，山形県の山形西高敷地内遺跡や立泉川遺跡出土土偶や青森県算用師遺跡出土土偶とも共通し，

大木10式期の終わりからその直後段階に広域的に広がる可能性がある。また東北地方南部から中部に特徴的な Y 字状正中線を持たない点は，地域差として捉えられるだろう。しかし，事例が極めて少ないことに加えて，帰属時期の問題があり，時期が明確な共伴資料からの検証が必要不可欠である。

4　後期前半期の土偶形態

a)　十腰内 I 式期以前の土偶

　この段階は，大木10式期直後から十腰内 I 式期以前までの時期に当たり，「前十腰内 I 式」（葛西 1979）や「蛍沢式」（成田 1981），「牛ヶ沢（3）式・沖附（2）式・弥栄平（2）式」（成田 1989），「馬立式」（鈴木克 1998），「湯舟沢 A 式」（鈴木克 2000），「日廻岱 B1 段階」（榎本 2005）などと呼称される時期である。三段階に分かれる可能性があるが，ここでは一段階としておきたい。

　この時期の土偶は，十字形や逆三角形を呈する無脚土偶であり，自立するものはほとんどない（第 9 図）。文様は，体部全体に格子目状の文様が描かれるのが特徴であり，刺突列によるものと沈線によるものの二種があり，時期差として捉える考えもある（鈴木克 1999b，など）。時期が明確な事例を中心に，これらの帰属時期について検討する。

　最初に，細かい刺突列によって格子目文を体部に施す資料は，階上町野場（5）遺跡（三浦・成田ほか 1992）第106号住居跡の覆土 1 層出土土偶があり，従来の研究でも後期初頭に位置づけられている（第 9 図 1）。覆土からは，大木10式からその直後段階の土器が出土しており，本土偶も大木10式の直後段階に帰属すると考えられる。この土偶の体部には，刺突文により格子目状の文様が施される。また背面には対弧状の沈線区画文が描かれて，区画内には縄文が充塡される。頭部は上半部が欠損し，後頭部は皿状に窪む。同様に，細かい刺突列によって格子目文を体部に施す資料は，第 9 図 2 ～ 4 があげられる。形態的にも十字形の無脚土偶であり，共通性が高い。背面の逆ハ字状文は，1 が縄文を充塡

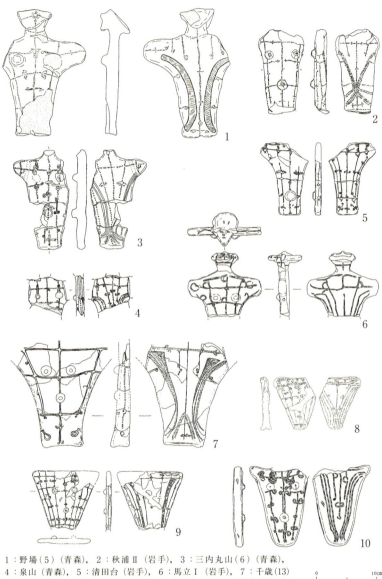

1：野場（5）（青森），2：秋浦Ⅱ（岩手），3：三内丸山（6）（青森），
4：泉山（青森），5：清田台（岩手），6：馬立Ⅰ（岩手），7：千歳（13）
（青森），8：桐内D（秋田），9：安田（2）（青森），10：隈無（1）（青森）

第9図　東北地方北部の後期前葉の土偶（1）

するのに対して，二本の沈線や三列の刺突列で描かれる。これらは1と
ほぼ同時期であると考えられる。

　一方，沈線により体部に格子目文を描く土偶は，北秋田市桐内D遺
跡（吉田ほか 2001）出土資料（第9図8）があげられる。本土偶は，遺
構に伴うものではないが，遺跡出土土器は後期初頭の「日廻岱B1段階」
でまとまる傾向がある。土偶は，頭部を欠損する無脚の逆三角形の板状
を呈し，沈線による格子目状文や平行沈線による逆ハ字状文が描かれる。
沈線の途中や端部にワラビ手状文が付される。また注目すべき点は，体
部下端における横位沈線区画と縦位単沈線の充塡文であり，次段階の腰
部の格子目文へと繋がるものと考えられる。また青森市安田（2）遺跡
（畠山 2001）の第26号住居跡出土土偶（第9図9）は，床面よりいわゆ
る「沖附（2）式」（成田 1989）に類似する完形土器2点が出土してい
る。本土偶も当該期に帰属すると考えられる良好な共伴資料である。形
態的には，逆三角形の体部に格子目状の沈線文がめぐり，部分的に横S
字文が付加される。背面には逆ハ字状の区画文が描かれて，区角内に沈
線が充塡される。この他にも，文様などで類似する資料として，第9図
5～7・10があげられ，十字形もしくは逆三角形の体部に格子目状文が
巡らされ，その途中や端部にワラビ手文が付される点は共通している。
また背面の逆ハ字状文は，3から4本の平行沈線で描出されるものと，
沈線区角と刺突列や沈線を充塡するものなど多様性がある。

　これらの格子目文の施文手法の違いは，従来言われているように時期
差の可能性がある。しかし，帰属時期が明らかな資料が極めて乏しい現
状において，地域差の可能性を含めて共伴資料からの検討が必要である。

b）十腰内Ⅰ式古段階〜新段階の土偶

　従来の編年研究では，十腰内Ⅰ式土器は二段階に区分され，近年その
直前に「小牧野3期」（児玉 1999）が設定されている。ここでは榎本剛
治（2008）の二細分に基づいて古段階と新段階とする。

　この段階の土偶は非常に薄い板状の胴部を呈し，無脚土偶の二種と有
脚立像土偶・有脚有腕立像土偶の四種類が存在する。これらが時期的変
化として捉えられるのかが問題である。

　無脚土偶では，青森市三内丸山（6）遺跡（坂本・成田ほか 2002）の

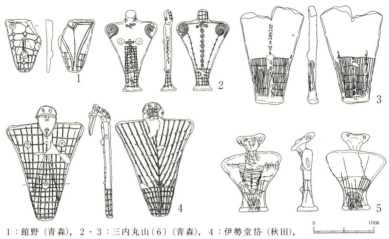

1：館野（青森），2・3：三内丸山（6）（青森），4：伊勢堂岱（秋田），
5：四戸橋（青森）

第10図　東北地方北部の後期前葉の土偶（2）

出土土偶がある（第10図2・3）。2の無脚土偶[3]はチェスピース状を呈
し，自立すると考えられる。肩部には両面に渦巻文が施されて，貫通孔
を有する。これらは土器と共伴している訳ではないが，遺跡出土土器が
十腰内Ⅰ式でも古段階が多いことから，これらの無脚土偶が前半期に帰
属する可能性が示されている（小笠原 2004）。北秋田市伊勢堂岱遺跡
（五十嵐 1999）の出土土偶（第10図4）は，第288号土坑上層から頭部と
胴部が離れた状態で出土している（播磨・小林 2008）。この土坑からは，
十腰内Ⅰ式でも古段階の土器片が出土しており，土偶も古段階に帰属す
る可能性がある。

　一方，有脚立像土偶では，野辺地町有戸鳥井平（4）遺跡（瀬川
2001）の大形土偶がある（第11図4）。調査者によると，土偶は腹部で二
つに折れて，その上が3個体の土器によって覆われるように出土してい
る。これらの土器のうち1個体は多条沈線によって横位長方形区角や山
形文が描かれる十腰内Ⅰ式でも後半期に位置づけられる土器である。

　この他に，土器を伴う時期が明瞭な資料は確認できないが，少なくと

────────────

　　3）　この三内丸山（6）遺跡の出土土偶は，昨年資料調査した際に偶然接合した資料で
あり，青森県埋蔵文化財調査センターのご厚意で，再実測させていただいた資料である。

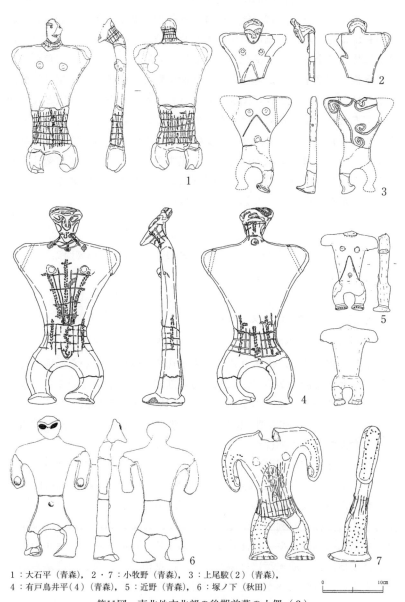

1：大石平（青森），2・7：小牧野（青森），3：上尾駮（2）（青森），
4：有戸鳥井平（4）（青森），5：近野（青森），6：塚ノ下（秋田）

第11図 東北地方北部の後期前葉の土偶（3）

も無脚土偶と有脚土偶の間には従来言われているように，時期差が存在すると考えられる。有脚立像土偶は，腕部の有無で大きく二分され，脚部や腕部は逆三角形の胴部に付属させただけのものである。文様は，前段階に比べて上半身が無文化して，鳩尾から腹部にかけての三角形の窪みに重複して格子目文が施される。背面は腰部に格子目文が施されて，上半身は第11図3のように渦巻文が施されるものもあるが，ほとんどが無文である。肩部の貫通孔は下側が外に開くように穿たれ，腕部を有する小牧野遺跡の土偶（第11図7）にも見られるが，貫通孔は徐々に少なくなる。頭部には結髪状の貼付文が出現するなど，顔部表現に変化が認められる。腕部は下に垂れて，先端部に円形の窪みを有する。脚部はO脚で，足裏が内側に反り返るものも多い。

5　土偶有脚化の意義——地域性と地域間の影響関係

a)　土偶有脚化のプロセス

　東北地方における中期末葉の土偶は，極端な減少傾向を示す。東北地方南部から中部では，大木9式から大木10式期への大まかな形態的変遷を追うことが可能であるが，東北地方北部では事例が少ないことに加えて，帰属時期が明確なものが乏しい。今回取り上げた事例の多くは，大曲1式期（大木10式並行期）に属すると考えられるが，その後の段階の土偶を含んでいる可能性がある。

　また，東北地方北部から南部では，文様における地域差が認められる。例えば，東北地方南部では大木9式期からY字状正中線が特徴的に認められるが，北部では認められない要素である。背面の文様は，十字状や樹木状に沈線文や刺突文が配される点や，体部の輪格に沿って描出される対弧状の刺突列や平行沈線文が共通する。このように，東北地方の土偶は全体的に中期末葉に低調となり，中期前半期に東北南部から中部まで広まった有脚土偶が消えて，無脚化するという大きな流れがある。このことから，単純に有脚立像土偶の定着が他地域よりも遅れたのではなく，複雑な土偶形態の動態が窺われる。

　東北地方の土偶は後期前葉に至って再び隆盛し，東北地方南部から北関東地域にかけて，ハート形土偶が広がる。後期前葉のハート形土偶の成立について，上野修一（1990）は宮城県大梁川遺跡出土の中期末葉の板状土偶の系譜を引くもので，この時期の土偶の普及現象は，称名寺式土器群の後退とともに，綱取式の急速な進出が認められる土器群の動態と一致し，その出現地を暗に示唆している可能性を指摘する。また上野（1997）は，「向田A・第2系列」を祖形としてハート形土偶の各系列が出現し，「向田A・第2系列」と「西方前系列」は，文様要素において東北地方北部と関連が深い一群であると指摘する。しかし，ハート形土偶の特徴の一つは後頭部の橋状把手であり，福島県域の金田遺跡や越田和遺跡出土の後頭部に把手を持つ土偶の存在は，ハート形土偶の成立と密接に関連していると考えられる。

　一方，東北地方北部の後期土偶は，前節で概観したように，中期末葉の十字形土偶の要素を引き継ぎながら成立すると考えられる（第12図）。これは中期末葉における無脚の土偶形態や，背面の樹木状文や対弧状の文様からの系譜とともに，肩部の貫通孔の存在からも首肯される（第12図1〜5）

　後期初頭では，体部全体に格子目状文を描くようになり，刺突列から沈線施文へと変化する可能性が高い。形態的には，依然として自立不可能な無脚土偶であるが，十字形から逆三角形を呈するようになる（第12図6〜10）。また，本段階も土偶肩部に貫通孔を持つものが多く，下方がやや外側に開くように穿たれる。

　後期前葉（十腰内I式期）では，三角形の体部に格子目状の沈線文を施すものが多く，鳩尾から腹部にかけて三角形の窪みが出現する（第12図11〜20）。この三角形の窪みや下腹部に格子目状沈線文が施されて，上半身が無文になるものが多くなる。この段階は，少なくとも二段階の変遷が想定され，12〜14のような無脚土偶から15〜20のような有脚土偶へと変遷すると考えられる。しかし，現状では腕部の有無に関しては時間差が確認できない。肩部の貫通孔は，前段階と同様に多くの土偶で確認される。脚部は，胴部にそのまま接合する手法をとり，それによって土偶自体の規模がより大きさを増している。髪結状の頭部装飾の発生時期も重要であり，この段階の後半に出現して，後期中葉へと引き継がれ

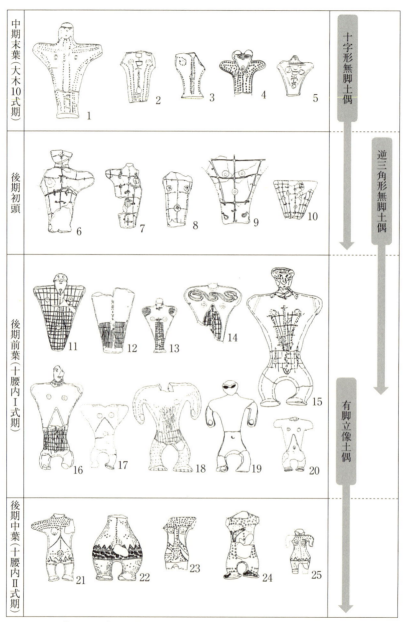

第12図　東北地方北部の中期終末から後期中葉の土偶変遷図

ると考えられる。

　後期中葉（十腰内Ⅱ式期）では，有脚・有腕の土偶が定着するが，それまでの土偶型式が変異する段階である（第12図21〜25）。形態的には，逆三角形の体部は見られず，腹部の窪みもなくなって膨らみを持つようになる。腕部の先端が外側に反り返るのが特徴である。文様は，刺突による装飾と腰部に三角形もしくは鋸歯状の沈線文が特徴的にめぐる。21のように，腹部にハ字状の沈線文が描かれるものがあり，前段階の三角形の窪みの名残であると推測される。この段階頃には，屈折像土偶が出現して広域的に普及するなど，土偶形式の分化も認められる。

b) 土偶有脚化の意義

　東北地方北部における土偶有脚化については，以前よりハート形土偶の影響が指摘されてきた。一方で，中村良幸（1995）は滝沢村けやきの平団地遺跡の後期初頭の人体文土器を取り上げて，「この時期の縄文人の意識にあった人体的な造形を，より正確に表現しようとする流れの中から発生した」ことを主張する。また中村（2008）は，四肢土偶の受容契機は不明としながらも，「板状形からの脱却こそが，一旦は衰えかけた本地域土偶を復活させ，爆発的増加につながった」ことを指摘する。確かに中期終末から後期初頭における人体文土器も重要であるが，有脚土偶が普及する十腰内Ⅰ式後半期には人体文土器はほとんど見られなくなり，時間的前後関係に矛盾がある。やはり，ハート形土偶との影響関係の方がより重要であると考えられる。ハート形土偶は，第13図1（『土偶とその情報』研究会 1995）のように，東関東地方から福島県を中心として，北は山形・宮城にまで及ぶ。さらには，岩手県南部の一関市清水遺跡などでもハート形土偶が出土し，十腰内Ⅰ式期の土偶との折衷型も確認される。これ以降，後期中葉の東北地方北部における土偶型式は，東北地方南部まで広がる山形土偶と共通性の高い土偶型式へと変化する（第12図21〜25）。これは葛西（1986）が指摘するように，広域化する加曽利B1式土器の動態とも関連するものであり，東北地方北部で十腰内Ⅱ式期以降に注口土器が普及することとも連動性が認められる。このような地域間の影響関係の流れは，単なる土偶形態の変化に留まらず，文化的・社会的変化を背景としていた可能性がある。

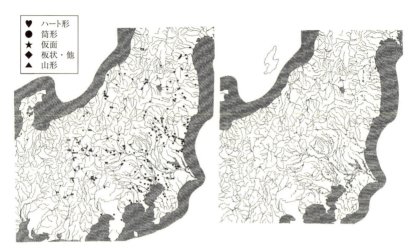

1：ハート形・筒形・仮面・板状土偶の分布　　　　　2：山形土偶の分布
　　第13図　縄文後期の各種土偶の分布（『土偶とその情報』研究会 1995より転載）

　土偶形態の変化は，安置方法や用途などの変異を伴っていたことが想定されるが，後期前葉の有脚立像土偶は，短足で足裏が内側に内湾しているため自立しない事例が多い。それ以前の無脚土偶でも，チェスピースのように自立するものが存在することからも，当初は自立させるために有脚化したとは言い切れない。さらに，「故意破壊説」の観点からは，それほど脚部・腕部の欠損が多くないことから，破壊するためだけに腕部や脚部を付けたとも考えにくいのである。

c）土偶肩部の貫通孔から

　中期末葉以降に認められる土偶肩部の貫通孔は，使用（安置）方法を考えるうえで非常に重要である。この貫通孔は，紐を通して懸垂するための穴であると考えられることが多く（江坂 1966，今井・磯崎 1969，鈴木克 1980，小野美 1984，葛西 1986ほか），壁や樹木・柱などに掛けられていたと推測されている。一方，貫通孔が無いものや途中で穴が塞がる事例の存在などから否定的な見解もある。古くは，白井光太郎（1886）が，オーストラリアの原住民の事例（第14図3）を引用して，亀ヶ岡などから出土した土偶について，装飾であり護身牌を兼ねるものであると

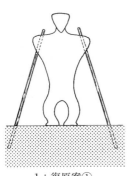

1：復原案①　　　　　　2：復原案②　　　　　3：オーストラリア原住民
　　　　　　　　　　　　　　　　　　　　　　　　　　の例（白井 1886）

第14図　土偶の使用法想定図

解釈している。民族事例から単純に類推することは，現在的に正しい解釈法とは言えないが，重要な指摘であると評価できる。十腰内Ⅰ式期の土偶肩部の貫通孔が，観念的な穴ではなく，実用的なものであるとするならば，幾つかの可能性が想定される。

　一つは，土偶を自立させるために棒状の支えを通す穴である可能性である（第14図1）。この場合，土偶製作に伴うものと，使用（自立）のための穴である可能性が考えられる。少なからず，この時期の土偶の中には自立するものもあることから，製作時もしくは使用（安置）時に地面か台の上に立てることが意識されていたことが窺われる。二つ目は，紐で懸垂するための穴である可能性である（第14図2）。実際に，明確な紐ずれ痕は確認できないが，貫通孔の部分で欠損する事例は少なくない。これは貫通孔があるために他の部分より壊れやすいことに起因する可能性もあるが，使用に伴う貫通孔への加重による破損の可能性も考えられるだろう。

　紐で吊るす場合，人に帰属する「携帯型」と竪穴住居などの施設に帰属する「安置型」の存在が想定される。金子昭彦（2008）は，土偶の用途を考慮して形式分類を試み，携帯式，安置式（吊り下げ式），寝かせ式に区分し，板状土偶は携帯式であり，自立できるものは安置式であるとする。当該期の土偶については，「肩に貫通孔が認められる土偶で，紐を通して介助すれば立たせることが可能であ」り，「寝かせ式は，"脚が

あるのに立てない”もので，多くの土偶がこれに当てはまる」と重要な
指摘をしている。しかし，脚付きでも自立しないものは，肩部に貫通孔
を持つものが多く，貫通孔がなくても紐で吊るしたり，壁に立て掛けた
りして立てて置くことは可能であることから，寝かせ式という解釈には
やや疑問が残る。これらは出土状況から検証することも可能であるが，
使用状況を示すような良好な遺構出土例は極めて稀である。例えば，墓
坑内から完形で出土する事例があれば，人が首などから吊るして携帯し
ていたということも可能であろうが，今のところ皆無である。また竪穴
住居などの建物での安置を示すような事例としては，竪穴住居跡の床面
出土土偶が幾つか存在する。当該期の事例では，青森市安田（2）遺跡
（畠山 2001）第26号住居跡があるが，土偶の出土位置が竪穴住居のどの
場所（奥壁部や入口部など）かは明らかではない。やや新しい時期の事
例では，八戸市風張（1）遺跡（藤田ほか 1991）第15号住居跡の事例が
ある。この事例は，竪穴住居の奥壁より屈折像土偶が出土する非常に良
好な事例であり，土偶の安置場所を示している可能性がある。しかし，
屈折像土偶といった形式の異なる土偶であるため，竪穴住居奥壁部に安
置されていた可能性があり，土偶全般に反映するのは現時点では難しい。
　現状での見通しとしては，東北地方北部の後期前葉土偶は，紐で吊る
して人が携帯していた可能性が想定され，屈折像土偶は有脚化するなか
で大形土偶が形式分化して，屋内奥壁部に安置されるような「安置型」
土偶が出現することが推測される。中期末葉から後期前葉の土製品には，
斧状土製品や鐸形土製品・靴形土製品，手足形付土版など貫通孔を有す
る懸垂系の土製品が多いことからも，土偶の一部も紐で吊るされていた
蓋然性が高い。加えて，この時期になると，土偶顔面がやや斜め上方を
向くものが多くなる点も，使用方法と密接に関連していると思われる。
これらの貫通孔を中心とする使用法に関しては，破損や出土状況のみな
らず，実験考古学的に土偶を製作して検証してみる必要があり，今後の
課題としたい。

6　ま　と　め

　従来の土偶研究で指摘されているように，土偶の消長は単純なもので
はなく，一地域のなかでも盛衰が見られ，ある地域では土偶が消滅する
時期が存在する。このような土偶の消長のなかで，形態的変化，特に土
偶有脚化は大きな画期として理解される。中部高地では中期初頭ごろ[4]
に有脚化して広がるが，東北北部は後期前葉になって初めて有脚土偶が
定着する。それ以前は，円筒上層式に伴う十字形土偶が発達していたが，
中期末葉には土偶が急激に減少する。これは東日本一帯に及ぶ現象であ
るが，東北地方では在地的複式炉（前庭部付石組炉など）が発達して住
居跡や集落数が増大する動態（阿部 2008）と相反している。それが後期
に至って，再び土偶が発達するプロセスと背景は，この時期の社会的変
化や儀礼の発達と複雑化を背景とすると考えられ，これは同時期の「第
二の道具」の増加と多様化に垣間見ることができる。

　東北地方北部における後期前葉の土偶の有脚化は，南からのハート形
土偶の影響によるものと考えられ，これらは他の物質文化の動態とも連
動性が認められる。土偶有脚化は，当初は単なる形態変化に過ぎなかっ
たかもしれないが，その後の土偶の大形化（形式分化）や使用・安置方
法にまで変化が及んだ可能性がある。つまり，後期中葉以降に有脚立像
土偶の肩部貫通孔が消えるといった形態変化の流れが，新たな土偶形式
である屈折像土偶を生み出した可能性がある。現段階では，中期末葉か
ら後期前葉までの肩部貫通孔を持つ土偶は，竪穴住居奥壁やある人が首
などに懸垂していたと理解しておきたい。しかしながら，これらは出土
資料の詳細な観察とともに実験考古学的な検証が不可欠である。

　最後に，土偶の名称やタイプ名なども，土偶研究者が増加した現在，
共通認識を持って使用できる名称の設定はより難しくなっており，無闇
にタイプ名を乱立させるよりも，まずは体系立った土偶研究法の整備が

　4）　有脚立像土偶に関しては，櫛原功一（1998）や今福理恵（2000）らにより，すでに
前期黒浜式並行期に各地に散見されることが指摘されている。しかし，中期初頭以降に安定
的に普及する有脚立像土偶へのつながりはやや不明瞭である。

必要であると感じる。ちなみに，十腰内 I 式土偶は，現状では「頸長土偶」もしくは「頸長板状土偶」などと呼称するのが妥当かと思われる。

第3章

縄文時代の斧状土製品の研究

1　はじめに

　人類史における装飾品の出現は，大陸では10万年前に遡るという見解もあるが，日本列島での装飾品は2万年前に出現が確認される（長沼2010）。このような「第二の道具」（小林 1977）としての装飾品の出現は，非常に重要であると考えられる。日本列島の旧石器時代では，石製垂飾品や有孔石製品といった石製の装飾品が存在する。一方，縄文時代になると，早期中葉に垂飾用の玉類の製作が始まり，早期末葉には石製の玦状耳飾などが普及する（川崎 1998・2004）。縄文時代中期になると，装飾品の種類がより多様化し，土製装飾品である土製耳飾（耳栓）などが出現する（設楽 1983など）。そのなかでも，中期末葉の東北地方では「斧状土製品」と呼称される土製品が出現するのである。本土製品は，宮城県大衡村上深沢遺跡で初めて出土したものとみられ，先端部が尖るなど“斧”の形をしていることから名づけられたものである（後藤ほか1978）。しかし，実際に磨製石斧などの斧を意識して製作されたものかは明らかではない。この種の土製品は，縄文時代研究のなかでほとんど注目されなかったこともあり，本土製品を扱った論考は確認できなかった。この斧状土製品は，縄文時代中期後半期に東北地方に分布するようであるが，実態は不明のままである。これらの土製品が出現する中期末葉は，東北地方北部では前庭部付石組炉が広がり，土偶が一時的に衰退

し，そのなかで本土製品が流行することも注目すべき現象である。

　一方で，後期前葉になると東北地方北部では垂飾品とみられる「鐸形土製品」が広く普及し，十腰内Ⅰ式期を代表する土製品の一つとなる。しかし，鐸形土製品も十腰内Ⅰ式期の比較的短期間で消滅するとみられる（阿部 2010c など）。当該期は，土製品の種類も多様化し，懸垂可能な土製品が多くなり，「手形・足形付土版」（遠藤 1986・1987）や「有孔土製品」などが局所的に製作される。その後も，同地域では後期後半期において，「スタンプ形土製品」や「分銅形土製品」などが広がる。これらの土製品には，形態的にまったく系譜関係が認められないが，いずれも端部に貫通孔を持つことから吊り下げられるような形態を呈している。このことから，「土製垂飾品」として関係性を有している可能性は否定できない。このような現象も，「第二の道具」の特性によるものと言えるかもしれない。

　東北地方における土製垂飾品の普及は，中期になってからであり，中期後葉の斧状土製品の出現は非常に重要であると考えられる。本土製品の出現と展開の過程から，土製垂飾品の通時的な系譜関係性が解明できる可能性がある。従って，本章では斧状土製品の集成と基礎的研究を行うことで，その様相を明らかにしたい。

2　斧状土製品の分布と分類

a) 斧状土製品の分布

　斧状土製品は，名前の由来の通り，磨製石斧のような形状を呈し，短冊形で楕円形もしくは隅丸方形の断面形で，端部に貫通孔を持ち，もう一つの先端部が平たく尖るのが特色である。大きさは，長さ11cm〜17cm ほどの規模を有する中形土製品である（第15図参照）。

　今回は，斧状土製品の事例を53遺跡・213例集成したが（第2表），これらの分布は，岩手県中部から北部を中心とする東北地方北部に偏在することがわかった。そのなかでも，岩手県の馬淵川流域や北上川上・中流域に多くの事例が集中する傾向があり，全体の約9割が岩手県内から

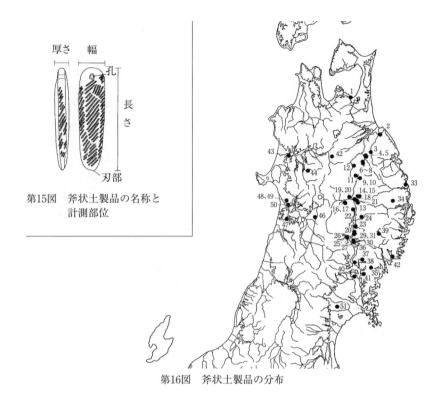

第15図　斧状土製品の名称と計測部位

第16図　斧状土製品の分布

の出土である（第16図・第2表）。一方，隣接する青森県や宮城県では，大衡村上深沢遺跡など僅か数遺跡で確認される程度である。日本海側の秋田県では，米代川流域から雄物川下流域にかけて散発的に出土例が確認できるものの，1遺跡からの出土数は少なく，全体的に稀薄なあり方を示している。これより以南の地域では分布の広がりは確認できなかったが，例外的に遠隔地での出土例が存在する。例えば，北陸地方の金沢市笠舞A遺跡（影山 2001）の例である。本資料は，「磨製石斧形土製品」として報告されているが，岡村道雄（2009）が指摘するように，形態的に東北地方の斧状土製品に非常に類似していることから，東北地方からもたらされたものと推測される。さらに，遺跡ごとの出土数に着目すると，通常は1遺跡1点〜数点の出土数であるが，その一方で20点を超える遺跡も認められる。例えば，一戸町御所野遺跡（高田ほか 1993，高田・久保田 2004，など）や，盛岡市上米内遺跡（佐々木・阿部ほか

第2表　斧状土製品出土遺跡一覧

No	遺跡名	所在	No	遺跡名	所在
1	槻ノ木遺跡	青森県・野辺地町	28	八天遺跡	岩手県・北上市
2	松ヶ崎遺跡	青森県・八戸市	29	横欠遺跡	岩手県・北上市
3	田代遺跡	岩手県・九戸村	30	樺山遺跡	岩手県・北上市
4	御所野遺跡	岩手県・一戸町	31	横町遺跡	岩手県・北上市
5	馬場平2遺跡	岩手県・一戸町	32	坊主峠遺跡	岩手県・北上市
6	仁昌寺遺跡	岩手県・一戸町	33	浜岩泉Ⅰ遺跡	岩手県・田野畑村
7	仁昌寺Ⅱ遺跡	岩手県・一戸町	34	襞帯遺跡	岩手県・宮古市
8	野里遺跡	岩手県・一戸町	35	清田台遺跡	岩手県・一関市
9	秋浦Ⅰ遺跡	岩手県・岩手町	36	五十瀬神社前遺跡	岩手県・奥州市
10	秋浦Ⅱ遺跡	岩手県・岩手町	37	中野台遺跡	岩手県・一関市
11	倍田Ⅳ遺跡	岩手県・岩手町	38	清水遺跡	岩手県・一関市
12	間館Ⅰ遺跡	岩手県・西根町	39	張山遺跡	岩手県・遠野市
13	小山遺跡	岩手県・盛岡市	40	下舘銅屋遺跡	岩手県・一関市
14	上米内遺跡	岩手県・盛岡市	41	上野平遺跡	岩手県・一関市
15	向館遺跡	岩手県・盛岡市	42	長谷堂貝塚	岩手県・大船渡市
16	繋遺跡	岩手県・盛岡市	43	天戸森遺跡	秋田県・鹿角市
17	繋Ⅴ遺跡	岩手県・盛岡市	44	烏野遺跡	秋田県・能代市
18	柿ノ木平遺跡	岩手県・盛岡市	45	二重鳥Ｃ遺跡	秋田県・北秋田市
19	大館町遺跡	岩手県・盛岡市	46	一丈木遺跡	秋田県・美郷町
20	大新町遺跡	岩手県・盛岡市	47	オノ神遺跡	秋田県・由利本庄市
21	川目Ａ遺跡	岩手県・盛岡市	48	坂ノ上Ｅ遺跡	秋田県・秋田市
22	湯沢遺跡	岩手県・盛岡市	49	地蔵田Ｂ遺跡	秋田県・秋田市
23	久田野Ⅱ遺跡	岩手県・花巻市	50	松木台Ⅲ遺跡	秋田県・秋田市
24	観音堂遺跡	岩手県・花巻市	51	上深沢遺跡	宮城県・大衡村
25	柳上遺跡	岩手県・北上市	52	笠舞Ａ遺跡	石川県・金沢市
26	林崎館遺跡	岩手県・北上市	53	桜町遺跡	富山県・小矢部市
27	石曽根遺跡	岩手県・北上市			

1995）と盛岡市柿ノ木平遺跡（神原・佐々木ほか 2008），花巻市久田野 II 遺跡（藤井・橋本 1998）である。斧状土製品は，非常に限られた地域に分布する土製品の一つと理解される。

　このように一つの地域に集中する土製品が周縁地域に拡散する現象をどう捉えるべきであろうか。土器の場合，情報伝達や内容物の交換・交易，通婚圏などの観点から解釈されるが，土製品の場合は土器と異なって一般的に使用されるものではなく，内容物を持たない。ましてや，「第二の道具」という意味においては，同様な世界観のなかで合意されてはじめて意味を持つものであることから，必要とされて広がったとも考えにくい。想定しうることの一つは，装飾品として他のモノと組み合わされた状態で，交換・交易などによって直接もしくは間接的に他地域にもたらされた可能性である。もう一つは，装飾品を身に付けた人が直接移動して，移動先である段階に廃棄した可能性である。いずれにしても，明確な結論は出せないが，土製品の分布における濃淡や遠隔地での飛地的分布現象は非常に興味深いと言えるだろう。

b) 斧状土製品の分類

　本土製品は，単純な形態でありながら，幾つかのバリエーションが認められる。例えば，貫通孔の位置は，長軸方向に穿つもの（A類）と短軸方向（B類）に穿つものの2種が存在する（第17図3）。形態的には，頂部形状は大きく3類に分類できる。円頭のもの（I類），角頭（隅丸）のもの（II類），双頭のもの（III類）などがある。これらの頂部形態は，細かな部分では分類が難しいものも存在する。さらに，頂部の断面形状は，丸くなるもの（1類），平坦になるもの（2類），窪むもの（3類），さらに窪みに沈線が沿うもの（4類），がある（第17図2）。

　文様は，ほぼ土製品の全面に施されるが，地文に縄文を施すものが多く，無文や沈線文・刺突文を加えるものも存在する。縄文は，無節・単節・複節が存在し，ほとんどが土製品の長軸方向に回転施文される。これらの文様を大きく分けると，地文だけのもの（a類）と地文縄文に沈線文を加えるもの（b類），磨消縄文のもの（c類），刺突文のみのもの（d類），無文のもの（e類），などに分けることができる。沈線文は，①逆U字状沈線文，②縄文帯によるアルファベット文，③円形文もしく

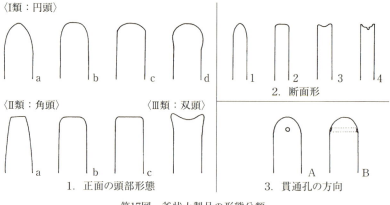

〈I類：円頭〉

a　b　c　d　1　2　3　4

2.　断面形

〈II類：角頭〉　　〈III類：双頭〉

a　b　c　A　B

1.　正面の頭部形態　　3.　貫通孔の方向

第17図　斧状土製品の形態分類

は渦巻文，④蛇行沈線文，⑤蕨手状文，⑥対向弧線文，などがあり，多くは同時期の土器文様との共通性が認められる。このことも斧状土製品の特徴の一つと言えるだろう。

3　斧状土製品の特色と変遷

　今回の集成では，53遺跡・213例の出土が確認できた（第2表）。それぞれの地域の典型例を図示して，その形態や文様，貫通孔などの特色を概観したい（第19図～第22図）。

a）形　　態

　斧状土製品の形態は，上端部の形状から大きく3つに分類され，断面形から4つに分類される。上端部の正面形態は，丸みをもつ円頭のもの（I類）と角張る角頭のもの（II類），変形した2つの角を持つもの（III類），その他に分類される（第17図1）。上端部の断面形は，凸状になるもの（1類），平坦なもの（2類），やや窪むもの（3類），窪んで沈線が加わるもの（4類）に分類される（第17図2）。

　I類は，第19図1～3・7・8・13～15・17，第20図4・6・7・11・12・15～18，第21図5～7・11・13・14・17・18，第22図1・3・

6・7・11・13・14・16，があげられる。これらの円頭の形態は，細か
く見ると，尖頭形のもの（a類），緩やかに丸くなるもの（b類），頭部
に角をもって頂部が丸くなるもの（c類），頭部が横に膨らむもの（d
類），に細分される。各形態の境は微妙なものがあるが，丸い端部でも
多様な形態が認められる。

　Ⅱ類は，第19図5・18，第20図1・8，第21図1・10・12，などがあ
げられるが，円頭型に比べて少ない。これらの角頭型のもののなかでも，
形態的に区分することができる。例えば，頂部が狭くなるもの（a類），
頂部が平らになって角が丸みを帯びるもの（b類），角がやや丸みを帯
びるものの全体的に角張るもの（c類）がある。

　Ⅲ類としたものは，岩手県宮古市裳帯遺跡（須原・戸根　2008）の出土
例（第22図2）のみであるが，二つの角が付くものがある。この種の類
例は確認できなかったが，非常に特徴的な形態である。

b）貫通孔

　頂部の貫通孔は，土製品の正面に対して，短軸方向に入れるAタイ
プ，長軸方向に入れるBタイプに区分される。貫通孔が確認できた94
例のうち，貫通孔Aタイプは54点，Bタイプは40点であり，ややAタ
イプである短軸方向の貫通孔が多いようである。Aタイプは，第19図
1・3・7・8・14・15・17・18，第20図1・3・4・6～8・16・
17・19，第21図2・4・7・10・11・13・14・18，第22図3・6・7・
14で，周囲に渦巻状の沈線文が描かれるものもある。貫通孔Bタイプ
は，第19図2・5・13・16，第20図10～12・18，第21図5・6・12・17，
第22図1・2・11・13・16であり，側面に溝がめぐるものが多い。この
ような貫通孔の長軸・短軸方向の違いは，鐸形土製品やスタンプ形土製
品などでも認められる現象であるが，穿孔方向の違いに意味があるかど
うかは不明である。またこれらの貫通孔は，観察できたものを見る限り，
目立った損傷や磨痕は認められない。

c）大きさ

　本土製品の大きさは，最も大形のものは岩手県岩手町秋浦Ⅰ遺跡（古
舘　2001）出土の資料であるが，破片資料でこれよりも大きくなる可能

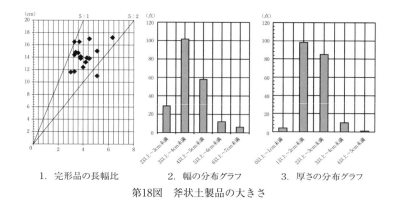

1.　完形品の長幅比　　　2.　幅の分布グラフ　　　3.　厚さの分布グラフ

第18図　斧状土製品の大きさ

性のあるものが幾つか存在する。長幅比としては，5：1〜5：2の間にまとまるようである（第18図1）。長さの最大が17.2cm で，最小のものは11cm である。また幅は，最大が6.8cm，最小のものは2.3cm で，3〜4cm 幅に集中する傾向がある（第18図2）。一方，厚さは，最大が4.5cm，最小は0.8cm であり，多くは1.5〜3cm の厚さに集中する（第18図3）。

d) 重　　量

　本土製品の重量が示されているものは，僅かであり，筆者が重さを計測したほぼ完形品2例を合わせても完形品で重量が明らかなものは3例のみである。これらから，完形品では109.1g〜138.8g の重さが確認でき，平均的に120g ほどであると推測される。しかし，遠野市張山遺跡（佐藤 2006）では，欠損品ながら155.3g のものが報告されており，完形であれば少なくとも160g はあると推定される。

e) 遺　存　率

　本土製品の遺存率は，213例中完形品が17例の約8％，70〜90％遺存するものは6例3％，70％未満〜50％遺存するものは38例（18％），半分以下が152例（71％）である。これらの土製品は，単純な棒状を呈する割に完存率が低く，9割以上の大部分が壊れた状態で出土することがわかる。このような破損率は，土偶に比べても大きく変わらない数値で

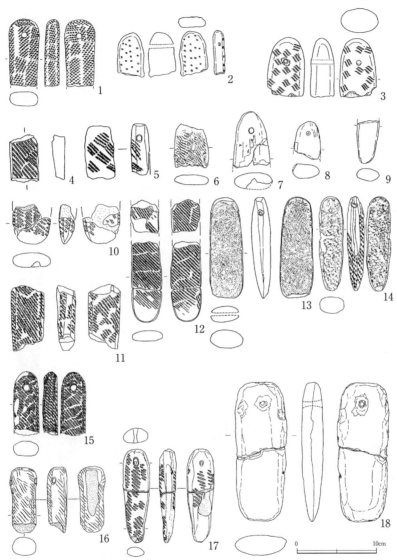

1：松ヶ崎（青森），2・3：槻ノ木（1）（青森），4・5：天戸森（秋田），6：内村（秋田），7～9：オノ神（秋田），10：二重鳥C（秋田），11：坂ノ上E（秋田），12：地蔵田B（秋田），13：松木台Ⅲ（秋田），14・15：一丈木（秋田），16・17：上深沢（宮城），18：笠舞（金沢）

第19図　斧状土製品の集成図（1）

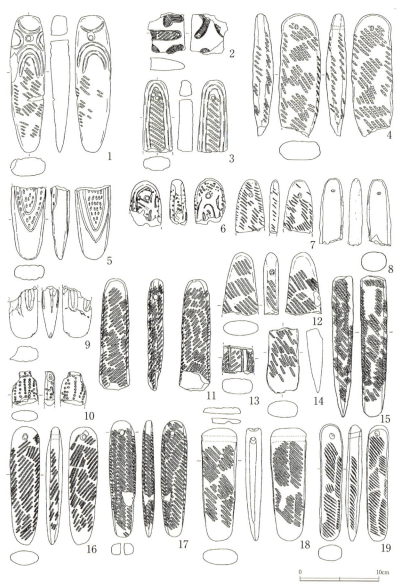

1〜6：秋浦Ⅱ（岩手），7〜9・13：御所野（岩手），10・16〜19：柿ノ木平（岩手），11：馬場平2
（岩手），12：仁昌寺Ⅱ（岩手），14：倍田Ⅳ（岩手），15：野里（岩手）
第20図　斧状土製品の集成図（2）

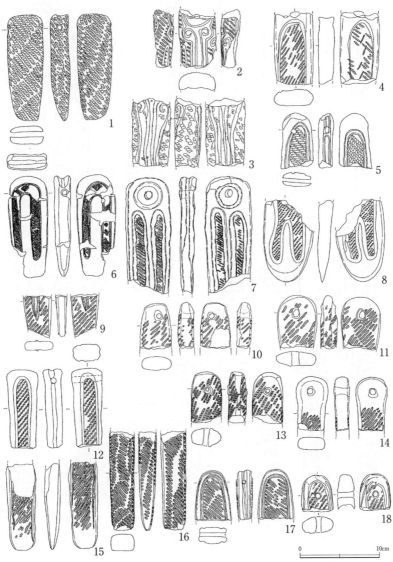

1〜8：柿ノ木平（岩手），9〜11：繋（岩手）12：繋Ⅴ（岩手），13・14・16：大館町（岩手），
17：小山（岩手），18：川目Ａ（岩手）

第21図　斧状土製品の集成図（３）

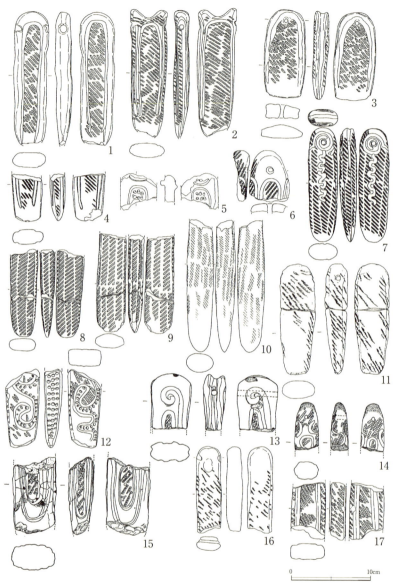

1〜3：裴帯（岩手），4：横町（岩手），5・6：柳上（岩手），7〜10：久田野Ⅱ（岩手），
11：五十瀬神社前（岩手），12：清水（岩手），13・14・16：張山（岩手），15：上野平（岩手），
17：長谷堂（岩手）

第22図　斧状土製品の集成図（4）

あると理解される。もちろん，焼成時の破裂や廃棄後の埋没過程で人為
的ないしは自然為によって破損したものも含まれるだろうが，予想外に
遺存率が低いと言えるだろう。

4　斧状土製品の変遷過程

　斧状土製品の変遷について，遺構出土資料を中心に検討する（第23
図）。本土製品は，大木8b式期新段階まで遡る可能性もあるが，明確に
出現するのは大木9式期古段階になってからである。
　岩手県花巻市久田野Ⅱ遺跡20号住居跡（中村・千葉 2008）の出土資料
では，大木8b式期新段階に位置づけられる土器群が出土している。こ
れに伴出している斧状土製品は，地文に縄文LRを施し，貫通孔周辺に
渦巻文，胴部に縦位の蛇行沈線文が垂下する（第23図2）。一方，岩手
県岩手町秋浦Ⅰ遺跡RA31住居跡（古舘 2001）は，大木9式期古段階の
資料が出土している。斧状土製品は，地文に縄文LRを施し，一面には
貫通孔周囲の4面に逆U字状の沈線文が描かれ，下面だけ二重になる
（第23図1）。もう一面は地文が疎らで，貫通孔の上面と下面に逆U字状
の沈線文が描かれ，下面だけ二重になる。この段階にも，地文縄文だけ
の資料も存在するとみられるが，第23図3は岩手県一戸町馬場平2遺跡
（高田ほか 1983）のC3住居跡出土の土製品である。本資料は覆土上層か
ら出土したもので，住居跡覆土からは大木8b式期の資料が出土してお
り，帰属時期は不明瞭であるが，包含層出土資料からこの段階の可能性
があると想定される。
　大木9式期新段階の資料は，岩手県宮古市裳帯遺跡（須原・戸根
2008）の8号住居跡出土資料と同14号住居跡出土資料がある（第23図4
～6）。8号住居跡出土資料は，床面から斧状土製品が出土しており，
両面に逆U字状の沈線文と区画内に縄文LRが認められる（第23図4）。
充填・磨消手法かどうかは確認できていないが，深鉢の胴部文様との共
通性が窺われる。14号住居跡出土資料は，埋土上層から斧状土製品が出
土しており，両面と側面2面に逆U字状文を描き，地文に縄文LRが
施される。同時期の深鉢の胴部文様と共通するものの，充填・磨消手法

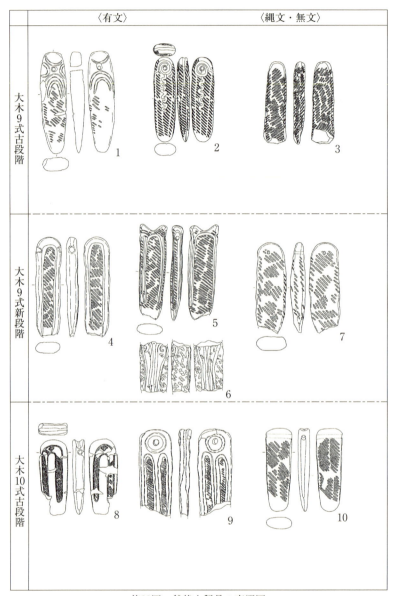

第23図　斧状土製品の変遷図

ではないようである（第23図5）。さらに，盛岡市上米内遺跡（佐々木・
阿部 1995）RA92住居跡出土の斧状土製品は，胴部破片であるが，縦位
の沈線文と蕨手状の沈線文が確認される。これらの文様は，大木9式土
器に見られる要素であり，本段階に位置づけられると理解される（第23
図6）。また，この段階にも地文縄文だけの斧状土製品が存在する（第
23図7）。

　大木10式期の資料は，岩手県盛岡市柿ノ木平遺跡RA27住居跡出土資
料がある（第23図8）。斧状土製品は，この住居跡の床面ピット埋土か
ら出土しており，時期的に大木10式期古段階の土器片が伴出しているこ
とから，本段階に帰属すると推測される。土製品に描かれる文様も，大
木10式期古段階の土器に特徴的な縄文帯によるアルファベット文と共通
していることからも，大木10式期古段階に位置づけられると考えられる。
9も縄文帯によるU字状文になると推測されることから本段階に位置
づけた。10は縄文LRを施すだけのものであるが，8と同じ遺構から出
土している。

　これ以降は，明確に土器を伴う遺構出土資料がなく，文様においても
大木10式期中段階や新段階に施されるようなものは認められない。この
ことから，斧状土製品は大木10式期古段階で姿を消してしまう可能性が
高い。現段階では，時期が比定できる資料数が少ないため，今後とも検
討の余地があるだろう。

　以上のように，斧状土製品は大木9式期古段階に出現して，大木10式
期古段階までの短期間で消滅すると考えられる。本土製品は，少なくと
も3段階の変遷が認められたが，文様の変化に比べて，形態的変化に乏
しく，時期的な形態的特色は明らかにはできなかった。

5　斧状土製品の機能・用途に関する考察

a)「第二の道具」の捉え方

　縄文時代の「第二の道具」と呼ばれるものは，機能・用途は不明であ
るが，形態から分類すると，①人形品，②装飾品，③携行品，④ミニチ

ュア品，⑤楽器，⑥その他，が想定される。

　行為との関係性では，固定（設置）型と携帯型に分類される。携帯型は，常時携帯するものと儀礼などで臨機的に携帯する場合があり，手に持つものと首や腰・腕・足などに装着するものなどがあると推測される。本論で扱う斧状土製品は，必ず貫通孔があることから，装飾品の類であると推測される。

b）土製垂飾品の用途について

　斧状土製品は，幾つかの資料を観察したものの，明確な使用痕跡は観察されなかった。一部の資料では，先端部に被熱による赤化が認められるものもあったが，製作工程における焼成時の被熱痕と考えられ，その他の資料でも普遍的に見られるわけではない。この他にも，漆や赤色顔料などの付着物も観察できず，土偶や耳飾のように塗彩を施した形跡も認められない。さらには，垂飾品と想定されるものの，貫通孔周辺にも，紐ズレによる磨痕は認められない。これらのことから，使用痕からの機能・用途の解明はほぼ不可能である。ここでは，形態的特色と出土状況から，本土製品の用途について検討したい。

　形態的特色は，斧状を呈しているが，これらが何を象ったものかが問題である。魚という説もあるが，明確に魚の文様を施したものはない。文様的に，土器に共通していることも，他の土製品には認められない特色の一つと言える。さらに，赤彩などの彩色がされていないことから，装飾性が乏しいと言えるかもしれない。大きさは，長さ11cm〜17cmで，幅2.3cm〜6.8cm である。重量は，前述したように，多くは100g 前後であり，垂飾品の一つとして利用されていたことが推測される。

　本土製品の出土状況は，遺構外や住居跡覆土から出土するものが圧倒的に多い。そのなかでも，住居跡床面から出土する事例が10例ほど確認できるが，多くは半部ほどしか残存していない破片資料である。完形品もしくはほぼ完形品の出土例は，柿ノ木平遺跡 RA38住居跡と裳帯遺跡8 号住居跡の出土例である。このことから，住居内で使用されたとは言い難いが，何らかの意味を示しているのは間違いない。しかし，その一方で墓坑と推定される土坑内から出土する例は確認できていない。垂飾品と推測した場合，やはり被葬者が身に付けたまま埋葬されることも予

想されるが，良好な埋葬遺構出土例が存在しないということは，人が身
に付けるものではないのか，今後の検討課題の一つである。

　以上のことから，本土製品の機能・用途に関しては，懸垂できる貫通
孔を有していることから垂飾品と推測され，人が装飾品（儀礼的な意味
合いも有している可能性が高いが）として身に付けていたと考えられる。
これらは，土偶が一時的に衰退する大木9式期から大木10式古段階に広
がり，土偶が再び普及し始める大木10式期後半には消滅する。この動態
は，斧状土製品が持つ性格と土偶が少なからず関係していた可能性を想
起させるのである。

6　斧状土製品の出現の意義とその系譜

　人類史において，垂飾品は骨角製や石製の玉類などから発生して，
徐々に多様なものが派生していく。その後の複雑化のなかで，土製垂飾
品も出現すると考えられる。東北地方北部では，土製垂飾品である斧状
土製品が中期末葉に出現して，局地的な広がりをみせる（第24図）。こ
れが後期になると同地域では，鐸形土製品や手形・足形付土版などが生
み出され，後期中葉以降には，スタンプ形土製品，分銅形土製品などが
普及する。これらは形態的に全く系譜関係がなく，時期的にも断絶が存
在するものの，土製垂飾品としてみると類似した装飾品として連綿と製
作されたと理解することも可能である。これも，「第二の道具」の性質
によるものと考えられる。

　加えて，東北地方北部において，斧状土製品が発達する中期末葉は，
ちょうど土偶が衰退する時期にあたる（阿部 2011a）。また本土製品が消
滅した後に，大木10式期の終わりに再び土偶が作られるようになる。こ
のことから，両者の関係性も注目されるところであるが，現状では土偶
との直接的な関係性は薄いとみられる。

　さらには，東北地方北部の中期前半期の土製品は，土偶と耳飾などで
あり，垂飾品の類は少ない。中期末葉になって装飾品と推測される土製
品は，斧状土製品のほかにも，耳飾，三角壔形土製品など種類が多くな
る。このような土製品は，後期初頭～前葉（前十腰内I式期）には，激

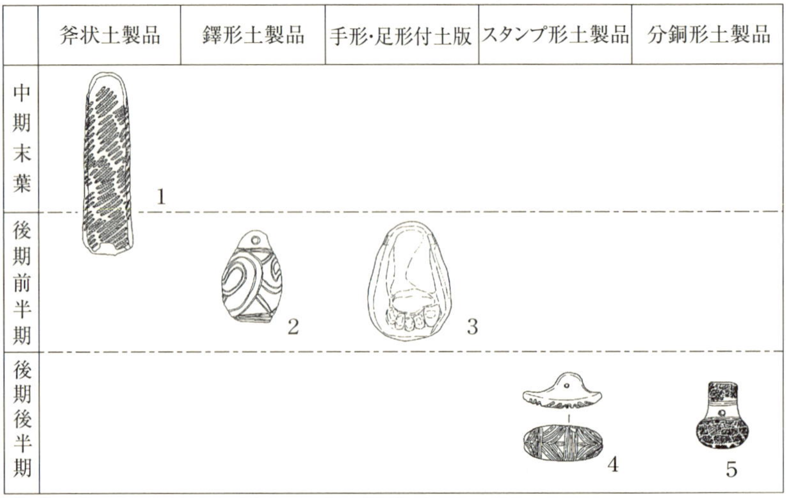

	斧状土製品	鐸形土製品	手形・足形付土版	スタンプ形土製品	分銅形土製品
中期末葉	1				
後期前半期		2	3		
後期後半期				4	5

第24図　土製垂飾品の推移

減するが，後期前葉（十腰内 I 式期）に入ると，鐸形土製品の他に手形・足形付土版など，再び種類が増加傾向を示す。東北地方中部・南部では，対照的に，環状土製品（土製腕輪）が広く分布する。これらは東北地方北部に僅かに分布するものの，北秋田市漆下遺跡（菅野・利部ほか 2011）を除いて客体的なあり方を示している。

　このように，「第二の道具」は，観念的な領域で効果を発揮するが故に，「形態と機能はいかにも局地的，あるいは時代的文化的一回性が強い」ものであり，「普遍性は見当たらない」（小林 1996）のである。よって，局地的で，比較的短期間での消長を繰り返すこれらの土製垂飾品は「第二の道具」として理解することができるだろう。

7　おわりに

　今回，縄文時代中期末葉の斧状土製品について，集成作業と基礎的研究からその様相を明らかにしてきた。いわゆる「第二の道具」のなかの装飾品に含まれると推測されるもので，端部に貫通孔を有することから土製垂飾品として捉えられる。これらの土製品は，岩手県内に 9 割の資

料が集中することから，極めて局地的分布を示す「局地型」の土製品で
あると言える。製作時期も，遺構出土資料から大木9式古段階から大木
10式古段階の非常に短い時期に製作されたと推測される。ちょうどこの
時期は，東北地方北部で土偶が衰退する時期でもあり，その関係性が注
目される。機能・用途に関しては，懸垂して使用した可能性が推測され
るが，貫通孔周辺などに特徴的な使用痕は確認されず，また墓坑などで
の出土例は確認できなかった。

　さらに，これらの土製品はまったく系統関係はないものの，土製垂飾
品という視点からみると，似たような懸垂可能な土製品が中期後半期か
ら晩期にかけて，カタチを変えて連綿と存在していることがわかる。こ
れらは，全く無関係に断続的に出現した可能性もあるが，装身具のなか
に組み込まれた儀礼的な装飾品であると推測される。

第4章

縄文時代の鐸形土製品に関する一考察

1　はじめに

　東北地方北部における縄文時代後期前葉の「第二の道具」（小林1977）のなかに，鐸形を呈する「鐸形土製品」がある。分布域は，十腰内Ⅰ式土器の分布圏とほぼ類似した範囲を示し（第25図），本土器様式と関連性の深い土製品であると考えられる。時期的には，縄文時代後期前葉に出現して短期間で姿を消す土製品である。当該期の東北地方北部は，他地域に比べても土製品や石製品の数量・種類とも豊富で，大規模な環状列石が盛んに造営される。鐸形土製品は，この時期の特徴的な土製品の一つであり，数量的にも他の土製品・石製品を圧倒している。ここでは鐸形土製品に関して，形態的特色の地域性とともに，機能・用途について検討したい。

2　研　究　略　史

　本土製品の研究は，土偶などに比べて活発とは言えない。古くは，角田猛彦（1881）や樋口清之（1933）などの記述がある。角田猛彦（1881）は，陸奥国東津軽郡の遺跡出土資料を紹介するなかで図示して，「〜用不明の土器又漏斗に似たる土器などを得たり〜」と説明している。一方，

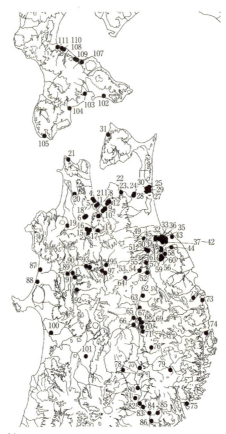

（鐸形土製品出土遺跡リスト）
〔青森県〕
1)二内丸山(6)遺跡、2)近野遺跡、3)安田(2)遺跡、4)宮本(2)遺跡、5)新田(2)遺跡、6)中平遺跡、7)小牧野遺跡、8)稲山遺跡、9)月見野(1)遺跡、10)四ツ石遺跡、11)米山(2)遺跡、12)上野尻遺跡、13)二股(2)遺跡、14)一ノ渡遺跡、15)堀合Ⅰ遺跡、16)木戸口遺跡、17)太師森遺跡、18)野尻(2)遺跡、19)十腰内遺跡、20)妻ノ神遺跡、21)中の平遺跡、22)本松遺跡、23)有戸鳥井平(4)遺跡、24)有戸鳥井平(7)遺跡、25)大石平遺跡、26)上尾駮(2)遺跡、27)幸畑(1)遺跡、28)幸畑(7)遺跡、29)弥栄平(1)遺跡、30)沖附(1)遺跡、31)糖森遺跡、32)田面木平遺跡、33)丹後谷地遺跡、34)韮窪遺跡、35)一王子(1)遺跡、36)新井田古館遺跡、37)風張(1)遺跡、38)是川中居遺跡、39)弥次郎窪遺跡、40)館平遺跡、41)渇野遺跡、42)楢館遺跡、43)沢堀込遺跡、44)鳴平(2)遺跡、45)咽平遺跡、46)館野遺跡、47)水吉遺跡、48)松石橋遺跡、49)古街道長根遺跡、50)泉山遺跡、51)水上遺跡

〔岩手県〕
52)親久保Ⅱ遺跡、53)馬立Ⅰ遺跡、54)馬立Ⅱ遺跡、55)上村遺跡、56)馬場野Ⅱ遺跡、57)君成田Ⅳ遺跡、58)長倉Ⅰ遺跡、59)駒板遺跡、60)大日向Ⅱ遺跡、61)叺屋敷Ⅰa遺跡、62)秋浦Ⅰ遺跡、63)芦名沢Ⅱ遺跡、64)曲田Ⅰ遺跡、65)湯舟沢遺跡、66)大新町遺跡、67)蒔内遺跡、68)上米内遺跡、69)向館遺跡、70)上八木田Ⅴ遺跡、71)川目A遺跡、72)沼袋遺跡、73)館石野Ⅰ遺跡、74)上村貝塚、75)門前貝塚、76)立石遺跡、77)八天遺跡、78)大橋遺跡、79)夫婦石袖高野遺跡、80)杉の堂遺跡、81)上寺田遺跡、82)新山権現社遺跡、83)清水遺跡、84)河崎の柵疑定地、85)清田台遺跡、86)相ノ沢遺跡

〔秋田県〕
87)真壁地遺跡、88)萱刈沢Ⅰ遺跡、89)伊勢堂岱遺跡、90)藤株遺跡、91)石倉岱遺跡、92)漆下遺跡、93)塚の下遺跡、94)萩ノ台Ⅱ遺跡、95)大湯環状列石、96)高屋館跡、97)天戸森遺跡、98)中小坂遺跡、99)道合Ⅰ遺跡、100)地蔵田B遺跡、101)中屋敷遺跡

〔北海道〕
102)石倉貝塚、103)館野遺跡、104)新道4遺跡、105)東山遺跡、106)館崎遺跡、107)鷲ノ木遺跡、108)石倉Ⅰ遺跡、109)濁川左岸遺跡、110)浜松5遺跡、111)コタン温泉遺跡、112)春日2遺跡、113)堀株遺跡

第25図　鐸形土製品の分布

　樋口清之（1933）は「鐸状土製品」と呼称して，秋田県河辺町荒巻村と
青森県西津軽郡裾野村十腰内出土の２例を紹介している。樋口は，「陸
奥式土器に伴出する小形土製品」として，「頭部の一孔によって懸垂し
て使用されたものであろうことは容易に想像され得る」と指摘している。
　その後，青森県弘前市十腰内遺跡の発掘調査報告書のなかで，今井富
士雄と磯崎正彦（1969）は「鐸形土製品」と呼称して，次のように説明
を加えている。「小形の鉢をさかさに伏せたようなもので上部に小さな
孔をあけたり，鰭状の突起を造り出したりしている。後世の鉄鐸や馬鐸
などから連想してこの名をつけたが，もちろん内部に舌とかそれを垂下
するような装置はない。しかし，上部に孔をあけたりした例などからす
ると，垂下した状態で使用したとみるのが適当である」としながらも，
「孔があけられていないものもあるから，一概に懸垂した状態でのみ用
いられたと考えることはできない」と指摘する。
　青森県六ケ所村大石平遺跡では，多量の鐸形土製品が出土しており，
報告書のなかで遠藤正夫（1987）が詳細に鐸形土製品の特徴をまとめて
いる。これらは「手捏による高さ３〜8cm ぐらいの小さなもので，中
空となっており，その多くには１個の貫通孔が見られ，全体の形が鐘，
鈴，鐸などに似ているもの」と説明する。貫通孔に関しては，A〜D 類
に分類している。A 類は開口面と平行で，つまみの短軸方向に平行に
穿孔するもの，B 類は開口面と平行で，つまみの長軸方向に平行に穿孔
するもの，C 類は開口面と平行で，つまみが円形であるため A・B の区
別がつかないもの，D 類は開口面に垂直で，つまみ上面から中空部に
向って垂直に穿孔するもの，である。また鐸身の断面形と開口部の断面
形を円形・楕円形に分類し，鰭のつくものがあることを指摘している。
文様は，無文と有文に大別し，有文は①沈線文，②刺突文，③沈線＋刺
突文に分類する。また用途について，遠藤は大石平遺跡での出土状況や
個々の観察から，祭祀や葬送儀礼など特殊な儀式の際のみに使用するも
ので，煤（炭化物）付着の点を重要視し，その使用は，火（神火）と深
く関わりがあるものと推測する。
　成田滋彦（2007）は，十腰内 I 式期の土製品・石製品を概観するなか
で，鐸形土製品の用途について言及している。成田は，遠藤の見解を引
用しつつ，内面の黒色付着物の多くはウルシではないかと推測し，紐通

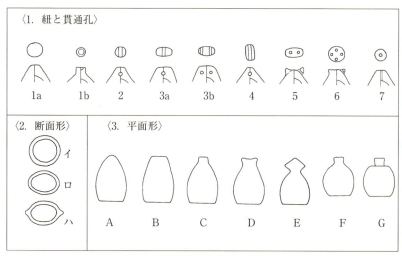

第26図　鐸形土製品の分類

し孔の存在から，個人が保有する「ステータスシンボル」の一つである
と解釈する。また最近では，成田（2009b）は鐸形土製品が人体を表現
した"土偶の亜流"であり，黒色付着物を火に由来すると見解を改めて，
火を用いた儀礼行為の存在を想定する。本土製品の内面に見られる黒色
付着物は，目立った特徴であり，その起源が火の使用によるススコゲの
類か，製作時のウルシの塗布によるものかは，自然科学分析等によって
解明されるべきであろう。

　岡村道雄（2009）は，鐸形土製品の用途について，土偶の腰部に複数
吊り下げているような表現が見られることから，シャーマンが腰に吊り
下げて鳴らして踊ったものとする意見を取り上げて，ぶつかれば簡単に
割れてしまうことから，祭壇などの安定した場所に吊り下げたことを想
定する。確かに，岡村が指摘するように，本土製品は完形で出土する事
例も多いことから打ち鳴らして使用するものとは考えにくい。

　本土製品の研究は，報告書のなかで分類や若干の考察が加えられる以
外は，機能・用途に関する言及にとどまり，正面から研究対象として扱
われることはほとんどなかったようである。ここでは，鐸形土製品の特
色と地域性を概略的にまとめ，機能・用途に関しても筆者の見解を示し
ておきたい。

3　鐸形土製品の特色

a)　鈕と貫通孔（第26図）

　鈕（摘み部）の形態は，大きく4形態が確認され，貫通孔の形態をあわせると，9類に分類される（第26図1）。

　1類　貫通孔を持たないもの。鐸身と鈕に括れを持たないもの（1a類）と持つものがある（1b類）。

　2類　ほぼ同じ幅の鈕に貫通孔を穿つもの。

　3類　横長の鈕に対して短軸方向に貫通孔を穿つもの。孔が一つもの（3a類）に加えて二つのもの（3b類）も存在する。

　4類　縦長の鈕に長軸方向に貫通孔をあけるもの。

　5類　鈕が角状に左右に突出して，斜め方向の貫通孔を両側にあけるもの。

　6類　鈕が皿状に突出して，斜め方向の貫通孔を4方向にあけるもの。

　7類　鈕に垂直方向に貫通孔を穿孔するもの。

b)　形態と大きさ（第26図）

　本土製品の大きさは，高さが4〜10cmの範囲に収まるもので，ほとんどが5cm前後である。平面形は，7つの形態に分類され，大きくは，①胴長のもの（A〜E類）と短胴のもの（F・G類）がある（第26図3）。正面と側面からでは見える形が変わるが，ここでは正面形態を分類する。前者には鈕と鐸身の間に括れを持たないA類とB類が存在する。A類は鈕が鐸身から窄まるもので，B類は鈕が幅広くなる。またC・D類は鈕に括れを持つもので，D類は角状もしくは皿状に突出する。これが発達したと考えられるものに，森町鷲ノ木遺跡など北海道西南部で出土するイカ形（E類）をした鐸形土製品がある。F類とG類は，寸胴形のもので，G類は鐸身と鈕の間に段差を有する。

　鐸身部の断面形は，遠藤が指摘するように，円形（イ類）と楕円形（ロ類）に潰れるものがあり，後者には両端に鰭状の隆帯が貼付される

〈米代川流域〉

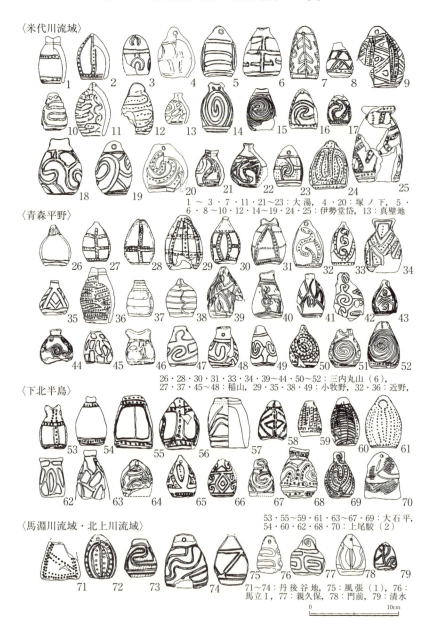

1～3・7・11・21～23：大湯，4・20：塚ノ下，5・
6・8～10・12・14～19・24・25：伊勢堂岱，13：真壁地

〈青森平野〉

26・28・30・31・33・34・39～44・50～52：三内丸山（6），
27・37・45～48：稲山，29・35・38・49：小牧野，32・36：近野，

〈下北半島〉

53・55～59・61・63～67・69：大石平，
54・60・62・68・70：上尾駮（2）

〈馬淵川流域・北上川流域〉

71～74：丹後谷地，75：風張（1），76：
馬立Ⅰ，77：親久保，78：門前，79：清水

0　　　　　　　10cm

第27図　各地域の鐸形土製品

ものがあり，これをハ類に分類した（第26図 2 ）。これらの土製品には，
鈕の形態に多様性が見られるが，主要分布域である青森平野や下北半島，
米代川流域では，これらの形態が併存して存在している。

c）文様（第27図）

　鐸形土製品の文様は，基本的に鐸身（胴部）を上下の沈線帯で区画し，
表裏面を側面で縦位沈線などによって区画するものが多い。この区画内
を，①沈線，②刺突列，③二本の沈線間に刺突文を施すもの，で曲線的
文様や直線的文様を描く。直線的文様は，縦位・横位の区画文，十字状，
格子目状，三角形，菱形，クランク文，横線文などの文様がある。曲線
的文様は，大形の渦巻文や小形の渦巻文，波濤文，波状文，S字文，楕
円文などがある。この他にも，土器に見られるような区画文や樹木状文，
などがある。縄文を施す例はほとんどないが，第27図70など稀に認めら
れる。加えて，無文になるものが多く，赤彩されるものもあることから，
無文であっても彩色されていた可能性も考慮される。

　これらは多様であり，地域性を指摘するのは難しい。そのなかでも，
大形の渦巻文や縦横の区画文など，各地域に共通して見られる文様も存
在し，より細かく分析を加えれば，地域性を見出すことも可能であると
思われる。

4　鐸形土製品の用途について

a）形態的特色から見た用途

　本土製品の用途は，頂部の鈕に紐通し状の貫通孔があることから，吊
るして使用されたとする見解が多い。しかし，これらの貫通孔を観察し
ても，明確な紐ズレによる磨り痕は認められない。とは言うものの，す
べてに孔があるわけではないが，多様な貫通孔の存在は，吊るして使用
されたと考えられ，蓋然性は高いと考えられる。また，吊るされていた
と仮定すると，何処にどのように吊るされていたのか，「携帯型」か
「設置型」かが問題になる。さらに，葛西勵（2002）が指摘するように，

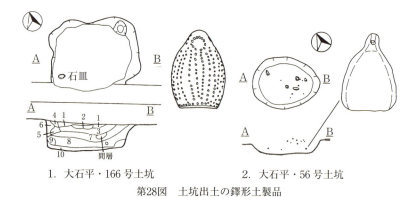

1. 大石平・166号土坑　　　　2. 大石平・56号土坑
第28図　土坑出土の鐸形土製品

指をあてて笛のように使用した可能性も指摘されていることから，これらも含めて形態からの検討が必要であろう。

b）出土状況から見た性格

本土製品が遺構から出土する事例は，竪穴住居跡床面や墓坑出土がある。特に，墓坑出土例は，青森県大石平遺跡（遠藤・一条ほか 1987）や秋田県真壁地遺跡（熊谷ほか 1983）などがある（第28図1・2）。1・2はいずれも大石平遺跡の土坑出土例で，楕円形や隅丸方形の浅い土坑から1点の鐸形土製品が出土している。これらが墓坑であるとすると，被葬者が身につけていた可能性が想定され，複数で使用するというよりは，1つを吊るして身につけていたとみることができるだろう。

遺構外出土で注目されるのは，環状列石周辺の分布である。大石平遺跡では，環状列石周辺の鐸形土製品の分布が示されている（遠藤 1987）。これによると，列石の外側に分布し，内側からはほとんど出土していない。また小牧野遺跡や稲山遺跡でも同様な傾向が示されている（小野・児玉 2004・児玉 2006）。このように，環状列石内部は希薄で外側が濃密になる傾向は，鐸形土製品に限ったことではないが，廃棄のされ方という点で興味深い点である。

c）内面の黒色付着物

従来から指摘されているように，内面の黒色付着物の由来は，鐸形土

製品の用途を考える上で重要な要素である。これらが火の使用によって残された痕跡（遠藤 1987，など）なのか，成田（2007）が指摘するように製作時に塗布された漆が残存したものかは大きな違いである。実際に，本土製品の内面を観察すると，黒色付着物が付着しているものが多い。筆者が実見した資料の中にも多くの付着例が確認された。その付き方にも，幾つかの特色がある。

　多くの場合は，内面に薄く黒色付着物が付着するもので，触ると黒色物質が指に付く粉状のものと，膜状に付着して指で触れても付かないものがある。前者は製作時や使用時に付いたススの可能性も考えられるが，その他の由来も考えられるだろう。後者は，塗布された漆の可能性もある。鐸形土製品には，稀に赤色顔料を部分的に確認できるものがあることから，土偶などの土製品と同様に赤彩されるものが存在したことが想定される。特に内面は外側に比べて風化しにくく，土中のなかでも比較的残りが良かったため遺存したとも考えられる。一方，稀に内面に層状の黒色付着物が認められる事例があり，これは小牧野遺跡などで確認されたものである。この事例は塗布されたものというよりは，土器内面のオコゲの付き方に似ている。しかし，5cm 程度の土製品で煮沸したとも考えにくく，他には見られない状況であることから，黒色付着物にも幾つかの起源があることが想定される。やはり，自然料学分析によってこれらの成分を明らかにすることで，その起源を解明する必要があると思われる。

5　お わ り に

　鐸形土製品は，縄文時代後期前葉の東北地方北部～北海道西南部にかけて十腰内 I 式土器が分布する範囲に広がりを持つ土製品である。またその性格は，儀礼と関わりのある土製垂飾品であると推定される。出土状況からは，墓坑と推定される土坑から出土する事例があることから，人が首に吊り下げるなどして身につけていた可能性があり，それも複数ではなく単体での使用が考えられる。内面の黒色付着物は，本土製品の用途と関わる重要なものであるが，由来は不明なままである。これらの

黒色付着物の由来は一つとは限らないが，自然科学分析によって由来を
解明することが，今後の課題となる[1]。

第5章

縄文時代における徳利形土器の儀礼的側面
——中期末葉の東北地方を中心に——

1　は じ め に

　世界各地のいろいろな民族がミニチュア（土器）をもっていて，機能・用途もさまざまである（小林 1994）。日本列島においても，いわゆる「ミニチュア土器」は縄文時代から弥生時代・古墳時代・古代にかけて確認される。縄文時代の小形土器は，「ミニチュア土器」や「柚珍土器」，「手捏土器」と呼称され，通常の深鉢や壺よりも大きさが極端に小さい。縄文時代のミニチュア土器は，菅野和郎（2008）によると，草創期隆起線文期には出現して早期撚糸文期に事例が増加する。早期貝殻沈線文期から前期前葉の羽状縄文期にかけて小形土器は稀になり，前期後葉諸磯式期に再び増加し，中期初頭で減少し，再び中期勝坂式期〜加曽利 E 式期に多くなる。その後，後期以降晩期にかけて，東北地方では小形土器が顕著に見られるようになるとされる。

　しかし，ミニチュア土器は通常の土器に比べてほとんど注目されてこなかったため，その定義や各時期の様相，機能・用途についてはまだ解明されていない部分が多い。従って，本章では東北地方中期末葉のミニチュア土器，特に徳利形土器に注目して，使用痕や出土状況などから機能・用途に検討を加えたい。

2　ミニチュア土器の定義・機能用途の問題点

a) 名称と定義について

　名称については，「小形土器」や「小型土器」，「ミニチュア土器」，「袖珍土器」，「手捏土器」などと呼称されて，定義も明確ではない。この種の土器は，器高約10cm前後で，小形の手捏ねで作られるものから輪積みによって製作された有文のものなど多様である。この種の土器について，小林達雄（1988・1994）は「日常的な土器に比べて極端に小さな土器であ」り，「ミニチュア，袖珍土器などと呼ばれているが，すでに草創期に出現し，ほとんど各地の各時期に認められる。手捏ね作りで，素文のままの類のほかに，通常の型式の形態と文様を忠実に模した類がある。有孔鍔付土器・注口土器・台付鉢など多種多様である」と説明する。しかし，この「ミニチュア土器」や「小形土器」の定義は難しい。

　例えば，鈴木克彦（1984）は「小型土器」の定義として「基準を器高だけで判断できない」としつつ，概ね「器高が九センチメートル前後（八〜十センチメートル）に収まるものであ」り，「後，晩期ではそのラインを五〜六センチメートルに引き下げる必要がある」と各時期の相対的な定義の必要性を提示している。また小型土器を二つに分類し，「1類　相対的に小型の土器（小型土器）」と「2類　極小の土器（袖珍土器）」とする。

　『日本考古学事典』では，「ミニチュア」について田中琢（2002）が，「実用品を小型化した模型に実用品の果たす機能を象徴的に仮託したもの」と定義づける。また宮尾亨（2002）は，「ミニチュア土器」について「文様がなく，手づくねで整形も粗雑なものと通常の土器の形や文様を忠実に模した小型品とがある。前者を手づくね土器，後者をミニチュア土器と呼び分けることが多い」と説明している。

　一方，菅野和郎（2008）は，この種の土器を概観して名称や概念は一様ではないことを指摘し，定義としては「時期，精製・粗製の別，器形，成形技法，文様の有無，モデルの存在などは問わず，通常の土器よりも

小さく，外形的に法量が器高，口径・最大径ともに10cm 以内に収まる
もの」とする。

　菅野が指摘するように，名称や定義については明確なものはないため，
適切かどうかはやや疑問が残るものの，ミニチュア土器の名称を本章で
は用いたい。また鈴木（1984）が指摘するように，数値による定義が必
ずしも当てはまるとは限らず，便宜的な区分に過ぎない。実際は同じ形
態であっても，このカテゴリーに当てはまらないものが出てくる。従っ
て，器高が10cm 以下のものをミニチュア土器の定義とするものの，器
高10cm をやや越えるものでも，ミニチュア土器の器形と同一で，同じ
器種と考えられるものも含めてミニチュア土器の範疇とする。また「手
捏土器」はより小形で，輪積みではなく粘土塊より捏ねて作られたもの
で，前者とは明確に区別される。これらの「手捏ね土器」は器高が5
cm 以下に収まるものが多い。

　このようなミニチュア土器という定義はそれぞれの文化固有の問題で
あり，一概に同じ定義や数値で区切ることはできないが，ここでは上記
のような定義を便宜的に用いたい。

b）機能・用途について

　縄文時代のミニチュア土器の機能・用途は，通常の土器に比べて明確
な使用痕がないことから，用途に関しては不明なままである。その一方
で，この種の土器は「第二の道具」（小林 1977）や，「玩具」，祭祀・儀
礼に関連する「儀器」や「祭祀具」という見方がある（岡本 1983，佐原
1979，菅野 2008，土肥 1982，村田 1992）。例えば，小林達雄は「世界各
地のいろいろな民族がミニチュアをもっていて，機能・用途もさまざま
である。子供の玩具とされる例，墓の副葬すなわち明器の例も多い。そ
の他，いろいろな儀礼・呪術にも用いられている。例えば北アメリカ南
西部ペコス遺跡では，住居の壁の中から8個のミニチュアが発見され，
儀礼的なものと考えられている」。このほかでは，菅野和郎は「前期中
葉以降の第二の道具の一種であるミニチュア土器は，容器であるがゆえ
の汎用性をもつ儀器・祭祀用具としての性格を有して機能」していたと
推論する。一方，白鳥文雄（2000）は，縄文時代前期の円筒下層式土器
の小形土器のなかで，平安時代の「灯明具」に類似する使用痕を持つ土

器の存在を指摘している。

　弥生時代以降もミニチュア土器が存在するが，これらの機能・用途に関する議論を参照したい。弥生時代のミニチュア土器の場合，祭祀遺構に伴うことなどから「祭祀具」といった見方がされている（大場 1963・1970，杉山 1991，森 1981，など）。弥生時代の小形土器に関して，森貞次郎（1981）は，「小形精製土器は縄文晩期から引きつづいて弥生前期前半までは認められるが，そののち粗製に替わ」り，「手捏の小形土器はその後，弥生時代を通じて見られるだけではなく，引きつづいて古墳時代に及んでおり，古典についてみれば，神武紀にみえる天手抉がこれにあたる」。また森は，弥生時代から古墳時代の小形土器を概観して，「非実用的な小形の粗製儀器は，これら自然神の鎮魂のための呪術的な祭祀という特殊かつ定型的なもの」（地鎮的祭祀具）と評価する。

　古墳時代から古代に関しては，古くは大場磐雄（1963）が祭祀遺物を土製品・金属製品・石製品に分類し，土製品の中で「粗造小形土器」もしくは「祭祀用土器」などに分類している。この「祭祀用土器」は，極めて粗造で，「底に時々木の葉のしるし」がつくものがあり，「この木の葉をつけることが，これは神様に差上げるものだという一つのレッテルみたいなもの」としている。また「稀には木の葉の形を描いたものもあり，」「つまり木の葉をつけるということが，祭祀用，神様用だという一つのレッテルになったから」である。大場は土器を使わない時代での木の葉の上に物をのせて神様に上げた風習が残ったものであると想定している。縄文時代の通常の土器や小形土器でも底部に葉脈状文が残るものや沈線で描かれるものがある。その背景は同じではないだろうが，時代を超えて共通の現象が見られるという点で興味深い。

　また椙山林継（1991）は，古墳時代の手捏土器について，「日常の容器を手でこね，いかにも古風に，轆轤を使用せずに作った」もので，「通常『手づくね土器』というが，古典にみられる『天の手抉り』などである」。また古墳時代の手捏土器には木葉痕が多用され，「意識的に付されたもので，場合によってはヘラ等で描かれたものもある。この木葉痕については，柏の葉等今も神饌を盛る容器に使用されていることと合せ，特に神事用の器であることを明確にしたもの」と指摘している。

　吉田恵二（2003）は，奈良時代から平安時代までの古代の仏事や神事

に関して，そこで「用いられたのは特殊な場合を除いてその当時の一般
的な食器であり，人間の日常生活の延長線上に位置づけられていたと推
測される」。また「日常用いる実用の器物が祭祀に用いられた例は多く，
逆に言えば，非実用の小型ミニチュア土器を用いた祭祀は一般的な祭祀
ではなく，きわめて特殊な祭祀に用いられた可能性がある」と指摘し，
この風習が古墳時代，弥生時代にまで遡り，縄文時代もその可能性があ
ることを示唆している。

　縄文時代から古代まで通時代的にミニチュア土器が存在することは明
らかにされてきているが，これらが縄文時代から連綿とつながるものな
のか，時代を隔てて同じ用途のものが普遍的に作られたものなのか，は
たまた似て非なるものなのか，各時代の変遷とともに機能・用途論的観
点から明らかにする必要がある。

3　縄文時代中期末葉の徳利形土器

a) 徳利形土器とは

　東北地方の小形土器に関しては，鈴木克彦（1984）により早期から晩
期の特色がまとめられている。中期末葉にも特徴的なミニチュア土器が
認められる。この時期は，集落の動態や多くの文化要素において大きな
画期があると考えられ，東北地方では大形の複式炉が盛んに作られ，注
口付浅鉢や壺などの土器器種が多様化する（阿部 2005a・2006a・2006b）。
この時期のミニチュア土器は，通常の深鉢や浅鉢・壺を小形化したもの
が多く，これに加えて「フラスコ形」もしくは「徳利形」を呈する小形
の土器がある。この種の土器は，「徳利形（トックリ形）土器」などと呼
称されてはいるが，ほとんど注目されることはなかった。例えば，青森
県野場（5）遺跡では，第Ⅰ群第5類土器に分類され，「小型の長頸壺」
と呼称される（畠山 1993）。また岩手県御所野遺跡では，第Ⅴ群4類に
分類され，「頸部が締まり口縁部が長く外反する徳利形のもので一般的
な器形ではない」と説明される（高田 2004）。本章では，「徳利形土器」
と呼称して論を進めたい。これらの機能・用途は明確ではないが，火災

住居跡の床面から出土するなど特殊な出土例が認められる。同時期の東北地方で特徴的に発達する「壺形土器」や「注口付浅鉢」もそれぞれ特殊な出土状況を示し，特に壺形土器は火災住居跡の奥壁付近から出土する事例が目立つ（阿部 2005a・2006a・2006b）。ここで扱う徳利形土器を中心とするミニチュア土器も，同地域の中期末葉における特徴的な土器であり，通常の深鉢とは異なる機能・用途を有していたことが推測される。この時期のミニチュア土器の発達は，その後の縄文後・晩期におけるミニチュア土器の発達を考える上で重要であろう。本節では，徳利形土器などの特色を明らかにし，使用痕や出土状況から機能・用途について儀礼との関連性を検討する。

b) 徳利形土器の分布

今回，集成した徳利形土器の事例は34遺跡66例にのぼる。時期的には，大木 9 式〜大木10式期までと考えられる。徳利形土器は，東北地方北部の青森県・岩手県・秋田県の東北地方北部を中心に分布し，東北地方南部や新潟信濃川流域でも事例が認められる（第29図）。ほとんどの事例は，東北地方北部に濃密に分布しており，最花式や大曲 1 式土器の広がりと同様な分布域を持つ。

宮城県や山形県では明確な事例は少ないものの，福島県や新潟県信濃川流域でも類似資料が認められる。中越地方では，津南町上正面かみ遺跡（石沢 1975）や十日町市笹山遺跡（菅原・石原ほか 1998）などの類似資料があげられる。しかし，いずれも口縁部が欠損しており，明確な徳利形とは言えず，類似した別形態の小形土器の可能性もある。これらは通常の大きさの深鉢や壺に比べて事例が極端に少ないものの，予想よりも広範囲に広がりが認められる。

c) 徳利形土器の形態的特色と文様

徳利形土器は，器形的には口縁部が窄まることから壺形に分類されるが，底部径が広く安定して据えられることからも単に通常の大きさの壺形土器を小形化したものではなく，一つの器種として確立されたものであると考えられる。これらの形態は，器形や把手形態から 4 類，文様などから少なくとも 5 つに分類される。

1．三内澤部遺跡（青森）
2．富ノ沢（2）遺跡（青森）
3．西長根遺跡（青森）
4．野場（5）遺跡（青森）
5．丹後谷地遺跡（青森）
6．御所野遺跡（岩手）
7．田中遺跡（岩手）
8．叺屋敷Ⅰa遺跡（岩手）
9．館石野Ⅰ遺跡（岩手）
10．秋浦Ⅱ遺跡（岩手）
11．倍田Ⅳ遺跡（岩手）
12．下舘銅屋遺跡（岩手）
13．水神遺跡（岩手）
14．天戸森遺跡（秋田）
15．古館堤頭Ⅱ遺跡（秋田）
16．烏野上岱遺跡（秋田）
17．盤若台遺跡（秋田）
18．堀量遺跡（秋田）
19．上谷地遺跡（秋田）
20．秋大農場南遺跡（秋田）
21．狸崎B遺跡（秋田）
22．湯ノ沢B遺跡（秋田）
23．台A遺跡（秋田）
24．井戸尻台Ⅰ遺跡（秋田）
25．奥椿岱遺跡（秋田）
26．野向遺跡（山形）
27．大梁川遺跡（宮城）
28．上ノ台A遺跡（福島）
29．仲平遺跡（福島）
30．月崎A遺跡（福島）
31．下クボ遺跡（新潟）
32．アチヤ平遺跡（新潟）
33．笹山遺跡（新潟）
34．上正面かみ遺跡（新潟）

第29図　徳利形土器の分布

〈器形の分類〉
1類：底面に最大径があり，頸部から口縁部が窄まる徳利形を呈するもの。
2類：胴部に最大径があり，頸部から口縁部が窄まる徳利形を呈するもの。
3類：底面に最大径があり，頸部から口縁部が窄まる徳利形を呈するもので，
　　　二つの把手が胴部に付くもの。
4類：底面に最大径があり，頸部から口縁部が窄まる徳利形を呈するもので，
　　　二つの把手が口縁部に付くもの。

〈文様の分類〉
a類：逆U字文や波濤文などの深鉢と同様な文様を描く。
b類：刺突列で頸部を区画して，胴部に縄文を施す。
c類：頸部を沈線で区画して，胴部に縄文を施す。

d類：全面もしくは胴部にのみ縄文を施す。
e類：無文。

　これらの大きさは器高10cmほどで，約7.5cm〜15.6cmまでのものがあり，10cm前後のものが多い。底径が約2.4cm〜9.9cmのものがあり，5cm前後のものが多い。口径は約2cm〜4.5cmのものがあり，4cm前後のものが多い。口縁部は平縁のものが多いが，稀に2単位の波状口縁も見られる（第30図5）。ほぼ直線的に立ち上がるものが多いが，やや外反するものも認められる。底径に最大径を持つものが特徴的で，置くのに安定性のある器形を呈している。胴部に最大径を持つものも数例認められる。把手を持つ事例は少ないものの，青森県野場（5）遺跡（三浦・成田ほか1992）や福島県仲平遺跡（福島1991），新潟県上正面かみ遺跡（石沢1975），新潟県笹山遺跡（菅原・石原1998）の出土資料で頸部に把手を持つ事例が確認される（第30図5・9・10・12）。

　この種の土器の文様は，有文のもの（a〜c類）と無文・縄文のみのもの（d・e類）がある。第30図1〜24は，比較的有文の資料である。1〜3はU字状もしくは逆U字状文が施され，4は二対の刺突列が垂下する。5は梯子状把手が頸部の隆帯に二つ付き，ハの字状懸垂文が垂下する。6は縄文帯によるU字状・逆U字状文が施される。7〜10は頸部より上を欠損するが，7は三本一組の沈線文により文様が描かれる。8は∩字状の隆帯が付く。9は二対の橋状把手が付いて，胴部には四単位の沈線による懸垂文が描かれる。10は頸部の隆帯区画に二対の橋状把手が付され，頸部の隆帯には刺突列が加えられる。11・12は沈線によるS字文などの曲線的な文様が描かれ，12は口縁部に橋状把手が付され，沈線区画内に縄文が充填される。13〜18は波濤文が胴部や頸部に描かれる。13〜17は胴部にのみ波濤文が描かれて頸部は無文になるが，18は頸部にJ字状に近い波濤文が描かれる。19は横位のS字状文，20は曲線的な渦巻文を描く。22・24は微隆起線文による楕円区画文，23は胴下部に波状の区画線，頸部・口縁部に無文帯が描かれる。

　一方，第31図1〜37は，比較的文様が簡素なものや地文縄文のみのもの，無文の資料である。1〜8は刺突列が頸部や胴部文様としてめぐるもので，多くは刺突列の下部に縄文が地文として施される。9〜12は頸

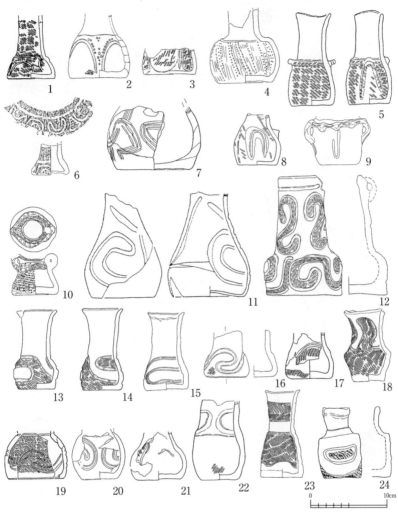

1：天戸森（秋田），2：盤若台（秋田），3：夏本（岩手），4：山居（山形），5：野場（5）（青森），
6：奥椿岱（秋田），7：アチヤ平（新潟），8・13〜15・18・23：御所野（岩手），9：上正面かみ
（新潟），10：笹山（新潟），11：上ノ台Ａ（福島），12：仲平（福島），16：上谷地（秋田），17：古館堤
頭Ⅱ（秋田），19：大梁川（宮城），20：野向（山形），21：秋浦Ⅱ（岩手），22：堀量（秋田），24：下
クボ（新潟）

第30図　徳利形土器集成図（1）

　1・4：烏野上岱（秋田），2・8・19・26・27・31：古館堤頭Ⅱ（秋田），3・7・10・17・20・21・
25・28・29・37：天戸森（秋田），5：井戸尻台Ⅰ（秋田），6：秋大農場南（秋田），9：秋浦Ⅱ（岩
手），11：西長根（青森），12・13・16・22：御所野（岩手），14：丹後谷地（青森），15：水神（岩手），
18：狸崎Ｂ（秋田），23：湯ノ沢Ｂ（秋田），24：館石野Ⅰ（岩手），30：上谷地（秋田），32：下舘銅屋
（岩手），33：伊勢堂岱（秋田），34：観音堂（岩手），35：柳上（岩手），36：内村（秋田）
第31図　徳利形土器集成図（2）

部を沈線で区画して，その下部に縄文を充填する。その他，頸部以下の胴部に縄文を施すもの（15・16・19）やほぼ全体に縄文を施すもの（18・20・22・24・25），無文になるもの（29〜32）がある。底部は基本的には無文であるが，8や32のように底部に葉脈状文が残るものがある。

　このほかに，口縁部が内湾する鉢形のミニチュア土器も認められる（第31図34〜37）。これらも徳利形土器と関連するものと考えられる。事例は少ないが，無文のものや縄文施文のものがあり，両側に梯子状把手が付くものもある（34）。33は後期前葉の資料であるが，口縁部付近に二本の隆帯がめぐり，そこに二対の橋状把手が付き，内面には赤彩が施される。これが中期末葉の徳利形土器と関連する可能性も想定される。

d) 機能・用途と使用痕

　ミニチュア土器の機能・用途は，前述したように通常の土器とは異なり，実用性が薄いもの，特に祭祀具としてみられる場合が多い。徳利形土器は，ほとんどが用途を示すような痕跡が確認されない。特に煮沸を示すスス・コゲ等の炭化物は見られない。また器面の内外には，赤彩や漆などの付着物も明確ではない。従って，これらがどのように使用されたかは不明である。視点を変えて見ると，漆などの塗布が行われず，煮沸痕もないとするならば，内容物は液体ではなかった可能性も想定される。もしくは内容物がなかったことも考えられるだろう。土器の容器としての発達の中で，色々な機能・用途に特化した器種が生み出される過程で，実用的な用途を目的としたミニチュア土器が作られた可能性もあり，使用を示す痕跡の有無について検討していく必要がある。

e) 徳利形土器の出土状況

　この種の徳利形土器は，出土数が少ないにもかかわらず，竪穴住居跡などの遺構内から出土する例が目立ち，特に竪穴住居跡床面から出土する場合が多い。今回確認できた事例のうち，住居跡内からの出土は24例（うち床面上は13例）である。岩手県御所野遺跡（高田・中村ほか 2004）DF22竪穴住居跡，GD66-02竪穴住居跡が徳利形土器の良好な住居跡出土例としてあげられる。これらは，火災住居跡の床面上から徳利形土器が出土した興味深い事例である（第32図1・2）。1のDF22竪穴住居跡

では，粗製の広口壺や内湾する小形鉢と一緒に2点の徳利形土器が出土している。これらは住居の奥壁空間（北西側）と主柱の周りにまとまる。また同じくGD66-02号竪穴住居跡も火災住居跡であり，6点の徳利形土器が床面から出土している（第32図2）。これらの小形土器は2点が複式炉の周辺で，4点が炉の反対側から出土している。これとともに無文の小形鉢も出土している。両者は床面から出土する点で共通するものの，出土位置に違いがある。

　秋田県盤若台遺跡（宇田川 2001）SI46竪穴住居跡は最花式期の火災住居跡であるが，出土位置が明確ではないものの徳利形土器1点とともに三角形土版が出土している。青森県野場（5）遺跡（三浦・成田ほか 1992）第12号住居跡の場合は，火災を受けてはいないが，床面より徳利形土器が出土している（第32図3）。この徳利形土器の出土位置は，炉跡の位置から考えて，住居跡の奥壁部分（西側）に相当する。加えて，後期初頭の事例においても青森県丹後谷地遺跡（小笠原・村木・藤田 1986）第42号住居跡がある（第32図6）。このように竪穴住居跡床面より出土する事例が多く，また秋田県上谷地遺跡（利部 1994）SI31では，床面東壁際から徳利形土器が複式炉に口縁部を向けた状態で出土している。秋田県秋大農場南遺跡（安田 1992）2号住居跡でも徳利形土器（第31図6）が床面から出土している。福島県仲平遺跡（福島1991）2号住居跡でも東北部床面P5の上から徳利形土器（第30図12）が正位で出土している。

　また竪穴住居跡の柱穴内覆土や，複式炉内から出土する例も目立つ。これらは，柱穴内の柱の周りの埋土か柱痕内では出土状況の意味も変わってくるが，細かな出土地点は明瞭ではない。例えば，秋田県天戸森遺跡（秋元ほか 1984）第16号竪穴住居跡では，床面東壁寄りの土坑内から徳利形土器が出土している（第32図4）。この土坑は柱穴配列を考慮すると，柱穴ではなくその他の用途を持つ土坑であると考えられる。土坑の近くからは石棒が出土しており，石棒と徳利形土器が出土した土坑が関連している可能性もある。また秋田県烏野上岱遺跡（新海・吉川ほか 2006）SI02では床面東側の柱穴と思われるP2から2点の徳利形土器が出土している（第32図5）。この事例は，2点の土器が偶然紛れ込むとは考えにくいので，柱穴状の土坑に意図的に埋められた可能性が高い。

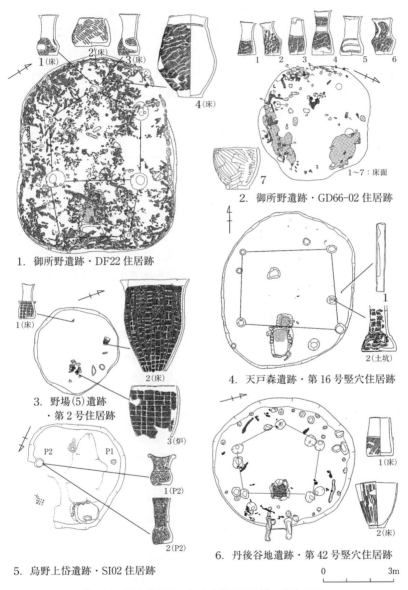

1. 御所野遺跡・DF22 住居跡

2. 御所野遺跡・GD66-02 住居跡

3. 野場(5)遺跡・第 2 号住居跡

4. 天戸森遺跡・第 16 号竪穴住居跡

5. 烏野上岱遺跡・SI02 住居跡

6. 丹後谷地遺跡・第 42 号竪穴住居跡

0   3m

第32図 竪穴住居跡における徳利形土器の出土状況

この他に，秋田県湯ノ沢B遺跡（菅原ほか 1983）5号住居跡（火災住居
跡）では周溝内の土坑より徳利形土器（第31図23）が出土している。福
島県上ノ台A遺跡（鈴鹿ほか 1991）57号住居跡の新住居壁溝内より徳
利形土器（第30図11）が出土し，旧住居壁溝内からも小形の注口付浅鉢
が出土している。また新潟県上正面かみ遺跡（石沢 1975）の住居跡内の
複式炉からは小形の土器（第30図9）が出土している。出土状態は明確
ではないが，複式炉内からミニチュア土器が出土する事例も幾つか確認
され，使用時もしくは廃絶に際して使用された可能性もある。また住居
跡覆土から出土する事例も多い。この場合は単に埋没過程の窪地に廃棄
された可能性もあるが，その中でも秋田県古館堤頭II遺跡（石澤・利部
2002）SI115号住居跡では覆土中から4点の徳利形土器が出土しており，
その特殊性がうかがわれる。これらの竪穴住居跡床面出土例は，竪穴住
居使用時における土器の使用状況や，廃絶する時に何らかの目的（理
由）で遺棄した可能性が推測される。以前，この時期の壺形土器を扱う
中で，火災住居跡の奥壁寄りの床面から出土する場合が多いことを指摘
した（阿部 2005a・2006a・2008）。

　これらの徳利形土器も火災住居跡の床面に伴うものが目立つことから，
住居の廃絶に伴って床面に意図的に置かれた可能性が高い。つまり，竪
穴住居の廃絶に際して，「廃棄儀礼」的行為が存在したことが想定され
る。一方，竪穴住居跡の柱穴や土坑，複式炉内から出土する事例は単に
紛れ込んだ可能性もあるが，意図的に配置された事例も存在している。
特に，烏野上岱遺跡の事例は柱穴から2点が出土しており，柱材を柱穴
に建てる時や抜いた後に偶然紛れ込んだとは考えにくい。従って，この
事例は竪穴住居の建築に際して，「建築儀礼」的な行為を暗示させる。
このように，全ての徳利形土器が特殊な出土状況を示しているわけでは
ないが，意図的に住居の床面に置かれた事例や柱穴・周溝に埋められた
事例が目立つ。縄文時代の竪穴住居は，これまでの研究でも民族誌や遺
物の出土状況などから検討されてきたように，内部空間が分割されて，
入口部や炉とその周辺・奥壁部・主柱などの空間にはそれぞれ象徴的な
意味が与えられていた可能性が想定される。つまり，奥壁部床面や柱穴
から出土する徳利形土器は，それらの持つ象徴性と関連する儀礼行為が
行われたのかもしれない。特殊な出土状況を安易に祭祀・儀礼行為の結

果とすることはできないが，事例を増やしながら個々の事例を詳細に検
証していく必要がある。

4　中期末葉から後期初頭のその他のミニチュア土器

a) 深鉢・鉢・浅鉢・壺形など

　このように中期後半期になると，小形の土器が目立つようになる。そ
の他の中期末葉のミニチュア土器に関しても，同様に特殊な出土状況が
確認される。この時期の小形土器には，深鉢形と鉢形・注口付浅鉢・台
付鉢・壺形・有孔鍔付土器を呈するものがある（第33図）。これらの多
くは，通常の規模のものと文様や器形が共通しており，これが徳利形土
器と異なる点である。これらは器形・文様ともに通常のものと違いが見
られないものの，用途が異なると考えられる。

　1〜4は小形の深鉢形の資料で，器高約4.5cm〜10cmほどの大きさ
のものがある。東北地方北部の 中期末葉の完形もしくは図上復元され
た深鉢約120個体を選んで，器高と口径を計測した（第34図1）。大きさ
は，明確に小形・中形・大形に分かれることはなく，1：1と2：1
の間に列状に分布する。これらの出土状況は，1が岩手県叺屋敷Ⅰa遺
跡（菊池ほか 1983）EⅡ-3 住居跡の床面出土例で，4は岩手県山ノ内
Ⅱ遺跡（佐々木ほか 1996）zL12住居跡の柱穴内出土例である。6〜9は
壺形土器を小形化したもので，赤彩されるものもある。第34図2は，通
常の壺形土器と徳利形土器の器高と胴部最大径の比率を示したグラフで，
器高10cmのところに徳利形土器と小形の壺形土器がまとまり，通常の
壺形土器は器高20cm 前後に濃密に分布し，明らかに大きさに違いが見
られる。これらの出土状況も遺構から伴う事例が目立つ。9は岩手県上
八木田Ⅰ遺跡（千葉 1995）Ⅳ D8b 住居跡床面の出土例である。10は山
形県小林B遺跡（佐藤・佐藤 1976）の配石遺構床面出土の例であり，口
縁部が屈曲して胴部に楕円形区画を有する。配石遺構は環状列石の脇に
あり，径約4.3m の長方形を呈する遺構の壁面に列石がめぐり，内側に
2つの焼土跡が伴う。11〜13は台付鉢である。12は福島県仲平遺跡（山

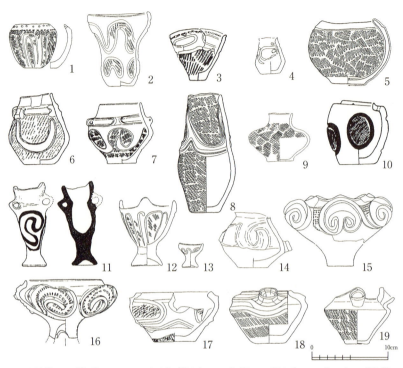

1：叺屋敷Ⅰa（岩手），2・7：天戸森（秋田），3：地蔵田B（秋田），4：山ノ内Ⅱ（岩手），
5：一ツ松（福島），6：松ヶ崎（青森），8・19：大梁川（宮城），9：上八木田Ⅰ（岩手），10：小
林B（山形），11：八景腰巻（福島），12：仲平（福島），13：小梁川東（宮城），14：馬場小路（福島），
15：塔ノ原（山形），16：上ノ台A（福島），17：下クボ（新潟），18：宮畑（福島）

第33図　東北地方の中期末葉におけるミニチュア土器

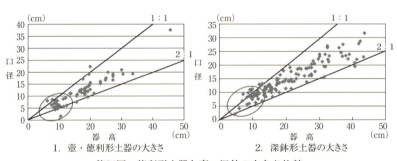

1．壺・徳利形土器の大きさ　　　　2．深鉢形土器の大きさ

第34図　徳利形土器と壺・深鉢の大きさ比較

岸ほか 1989）3 号住居跡出土資料で，主柱穴（P3）の皿状を呈する開口部付近から横位の状態で出土している。13は宮城県小梁川東遺跡（真山ほか 1985）7 号住居跡から出土しており，複式炉内の覆土からの出土である。15～19は注口付浅鉢の中でも比較的小形のものである。しかし，小形でも通常のものと同様に煮沸痕を持つものもある。この他にも，有孔鍔付土器や有溝小把手土器や瓢箪形注口土器の系譜をひく小形の土器が存在しており（第33図14），非常に多様である。

　これらのミニチュア土器も徳利形土器と同様に，柱穴や炉跡の中から出土する例が目立つ。偶然そこに廃棄もしくは混入した可能性もあるが，意図的に埋められた可能性も否定できない。これらも竪穴住居跡の床面や柱穴内・炉内から出土する事例が多く，竪穴住居や炉に伴う祭祀や儀礼の存在が想定される。

b)「鳥形土器」

　ミニチュア土器とは一概には言えないものの，通常の土器とは異なる特殊な小形土器が存在する。そのなかでも中期末葉から後期初頭の特徴的な土器に，上呂形を呈する注口土器がある（第35図 1 ～ 8 ）。これらは中期末葉から後期前葉にかけてのもので，「異形土器」（成田 2002）や「水鳥形土器」（坂本 2002）。「鳥形土器」（成田 2005）などと呼称され，注口土器の一種であると思われる。成田滋彦（2005）は，青森県内の鳥形土器をまとめて，赤彩や人面が施文されるものがあることから鳥をモチーフにした祭祀用具として捉えている。また西本豊弘（2005）は，青森県餅ノ沢遺跡の事例について「鳥と人間の合体したもの」で，「赤色顔料のパイプ状ベンガラを入れる容器であったことから，特異な呪術的性格をもつもの」であると指摘している。

　この種の土器は，赤彩されるものが見られ，岩手県大平遺跡 SI159床面出土の資料で，赤彩が施されている（第35図 5 ）。形態的には，鳥形とは言い切れないもので，一端に注ぎ口を有し，真ん中部分が窪むものが多い。何かを注ぐ容器であると考えられるが，用途は明らかではない。

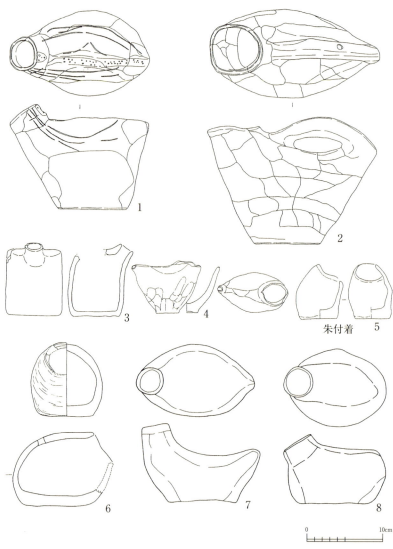

朱付着

1・2：餅ノ沢（青森），3：釜淵C（山形），4：三内（青森），5：大平（岩手），6：上ノ台A（福島），7・8：三内丸山（6）（青森）

第35図　東北地方の「鳥形土器」

5 ま と め

　縄文時代のミニチュア土器は時期的に多様であり，決して同じ機能・用途を持つ訳ではない。今回扱った東北地方の中期末葉の「徳利形土器」などは，使用痕跡から明確な機能・用途は明らかではないものの，出土状況に特殊性がうかがわれる。また後期前葉以降の小形土器との連続性については明確ではなく，その後の展開の有無についても今後明らかにしていく必要がある。

　このようなミニチュア土器は，弥生時代や古墳時代・古代にも認められ，これらが縄文時代のミニチュア土器の系譜を引くという指摘もある（吉田 2003，菅野 2008）が，同じような役割を目的として製作されたかどうかは定かではない。今回対象とした縄文時代中期末葉の徳利形土器の場合も，竪穴住居跡の床面や柱穴内などから出土する事例が目立つことから，竪穴住居の建築や廃棄（廃絶），複式炉に伴う儀礼行為に用いられた可能性が推測され，儀礼で使用される点では共通性が見出される。このように，縄文時代からその後のミニチュア土器の連続性は明確ではないが，異なる社会背景のもとに同じようなミニチュア土器が作られ，使用された事は興味深いところである。また底部への葉脈状圧痕も古墳時代や古代の土器や手捏土器にも共通して見られる。東北地方の場合，中期終末から後期前葉の深鉢や壺形土器に葉脈状圧痕を施す事例が多く見られ，沈線で葉脈状文が描かれる事例も少なくない。このことから，製作時の回転台として敷かれた葉の跡が偶然付いたというだけでなく，土器底部という部位の意味や，葉脈状文もしくは葉に特殊な意味が与えられていたことが推測される。

　特に縄文時代の土製品・石製品は，いわゆる「第二の道具」と呼称されるように，儀礼に関わる遺物と考えられがちである。しかし，その検証は勿論のことであるが，どのような儀礼行為に用いられた道具であるのか，またどのような儀礼行為の結果，残されたものか解明していくことが必要不可欠である。

第6章

東北地方北部における石刀の顕在化
──縄文時代後期前葉を中心として──

1　は じ め に

　縄文時代後期前葉（十腰内Ⅰ式期）の東北地方北部は，いわゆる「第
二の道具」（小林 1977）[1]が多様化することが明らかになっている。特に
土製品は多様であり，土偶・動物形土製品・三角形土版・手足形付土
版・鐸形土製品・耳飾などで，石製品は，石刀をはじめとして石棒や石
冠，三角形・円形などの岩版類などがあげられる。これらの「第二の道
具」の多くは精神世界に関わる遺物であり，その解明なくして縄文文化
の理解は不可能であると考えられる。石刀は，「第二の道具」のなかで
も十腰内Ⅰ式に伴う特徴的な石製品であり，多くの問題を内包している。
東北地方北部における石刀は，晩期を中心として研究が展開されてきた
が，後藤信祐（1986・1987・1998・2007）の一連の研究や小笠原善範
（1997）によって後期前葉に顕在化することが明らかにされている。こ
の種の石製品が縄文時代前期まで遡ることも判明しているが，後期前葉

---

　1)　「第二の道具」とは，小林達雄（1977）によって示されたもので，「その形態の物理
的特徴によって機能を果たしたのではなく，その形態に与えられた象徴的意味づけによって
目的を完遂した」ものであり，その機能とは，「第一の道具の果たしえない分野を広く担当す
ることで」，「第一の道具の働きが目に見えて効果を発揮するのに対し，そうした可視的な働
きによる因果関係とは別に，第二の道具の働きは優れて観念的次元で納得されるべきもの」
で，「儀礼・呪術などとかかわって効果が期待されるがゆえに，儀器・呪術具などと呼ぶこと
ができる」と定義される（小林 1996）。

における石刀の顕在化と形態的変化は，中期末葉までの石刀のあり方とは一線を画している。これは同時期の東北地方南部や新潟県域では認められない現象であり，東北地方北部の特異性を示していると考えられる。中期末葉から後期前葉にかけての時期は，大きな社会的・文化的画期として捉えられ（阿部 2008），大規模配石遺構の造営や「第二の道具」の多様化など，儀礼の発達と複雑化の様相を呈している。

縄文時代の石刀の定義は，八幡一郎（1933）による分類がある。つまり，形状による三大別であり，断面形が正円もしくは楕円形のものを石棒，先端が尖るかあるいは両側縁に鈍い刃の付くものを石剣，断面卵形或は扁平板状で一側縁に刃の付くものを石刀とする定義であり，一般的に用いられている。また後藤信祐（1986・1987・1998・2007）は，小型石棒と石刀・石剣を含めて「刀剣形石製品」と呼称し，網羅的な型式分類を行い，日本列島における展開が明らかにされてきている。東北地方北部の後期前葉の石刀に関して，後藤は「保土沢型石刀」や「荺内型石刀」の型式を設定する。前者は，「刀背に関を造り出し把部（茎）と刀身を明瞭に区分しているものであ」り，後者は「把部両側縁を斜めに刔るように剥離することにより，逆三角形状の把頭部を造り出したもの」と定義される。いま一つ両者の違いが不明確であり，より包括的な枠組みが必要である。また近年の事例増加も手伝って，これら石刀の柄頭形態などに幾つかのバリエーションが存在することが分かってきている。一方，小笠原善範（1997）は，青森県内の後期前葉の石刀を中心として，中期の石刀の特色と出土土器から帰属時期の検討を行っている。これらの検討結果を踏まえ，後藤の分類を踏襲して後期前葉期の石刀は「保土沢型石刀」と「荺内型石刀」が認められることを指摘している。

本論では，東北地方北部における後期前葉の石刀の特色を地域ごとに概観し，中期末葉から後期初頭に位置づけられる青竜刀形石器と後期前葉の石刀の系譜関係に関して帰属時期を中心に検討を加え，その顕在化のプロセスを明らかにする。さらには，機能・用途に関して遺物に残された痕跡と破損部位，出土状況などから類推し，十腰内Ⅰ式期における石刀の顕在化の意義について考えてみたい。

2　東北地方北部～北海道西南部の後期前葉の石刀

a）後期前葉の石刀分布域と形態

　後期前葉の石刀の分布は，東北地方北部を中心として十腰内Ⅰ式土器の分布範囲とほぼ同じ広がりを持つ（第36図）。北限は北海道西南部であり，函館市石倉貝塚（田原 1999）からは40点ほどの石刀類が出土している。しかし，これより北側の地域では確認できていない。これに対して，南側の広がりは東北地方中部に点在し，太平洋側では岩手県南部に分布のまとまりが見られる。日本海側で注目されるのは，山形県川口遺跡（佐々木・阿部ほか 1990）であり，十腰内Ⅰ式土器とともに粘板岩製の石刀が6点出土している。この時期の石刀は，十腰内Ⅰ式土器の広がりと密接に関連していることが窺われる。

　これらの石刀は，いわゆる「莇内型・保土沢型」であり，内反りの刃部に柄頭を有し，刃部背面に2mmほどの溝を持つなどの特色を持つ。柄頭形態は A～H 類に分類され，逆三角形を呈するものが目立つが，逆台形状や溝を持つものなど多様である（第37図左）。一方，刃先端部（鋒）の形態は大きくは①尖頭状になるものと②角状になるものがあり，Ⅰ～Ⅴ類など多様性が認められる（第37図右）。石材[2]にも幾つかの種類が見られるが，粘板岩が主体的に用いられる。

　ここでは東北地方北部における石刀の分布のまとまりから，①青森平野・津軽半島と②下北半島・馬淵川流域，③北上川流域，④米代川流域，に区分し，石刀の地域的様相を概観する。

b）青森平野・津軽半島の石刀

　青森平野の後期前葉の遺跡では，石刀の出土数は他地域に比べて多くはない。主要な遺跡は，青森市小牧野遺跡（児玉・伊東 1999）で3点，

　2）　石材については，基本的に報告書の記載に準拠するが，場合によっては観察所見を優先する場合もある。

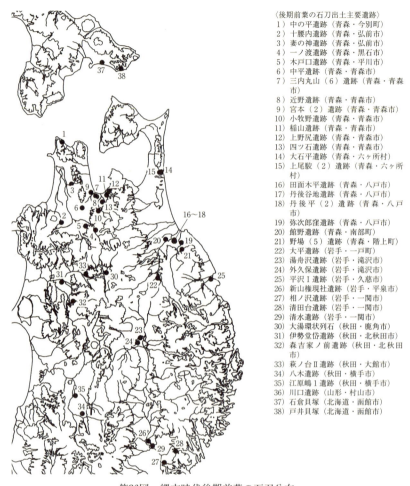

〈後期前葉の石刀出土主要遺跡〉
1）中の平遺跡（青森・今別町）
2）十腰内遺跡（青森・弘前市）
3）妻の神遺跡（青森・弘前市）
4）一ノ渡遺跡（青森・黒石市）
5）木戸口遺跡（青森・平川市）
6）中平遺跡（青森・青森市）
7）三内丸山（6）遺跡（青森・青森市）
8）近野遺跡（青森・青森市）
9）宮本（2）遺跡（青森・青森市）
10）小牧野遺跡（青森・青森市）
11）稲山遺跡（青森・青森市）
12）上野尻遺跡（青森・青森市）
13）四ツ石遺跡（青森・青森市）
14）大石平遺跡（青森・六ヶ所村）
15）上尾駮（2）遺跡（青森・六ヶ所村）
16）田面木平遺跡（青森・八戸市）
17）丹後谷地遺跡（青森・八戸市）
18）丹後平（2）遺跡（青森・八戸市）
19）弥次郎窪遺跡（青森・八戸市）
20）館野遺跡（青森・南部町）
21）野場（5）遺跡（青森・階上町）
22）大平遺跡（岩手・一戸町）
23）湯舟沢遺跡（岩手・滝沢市）
24）外久保遺跡（岩手・滝沢市）
25）平沢Ⅰ遺跡（岩手・久慈市）
26）新山権現社遺跡（岩手・平泉町）
27）相ノ沢遺跡（岩手・一関市）
28）清田台遺跡（岩手・一関市）
29）清水遺跡（岩手・一関市）
30）大湯環状列石（秋田・鹿角市）
31）伊勢堂岱遺跡（秋田・北秋田市）
32）森吉家ノ前遺跡（秋田・北秋田市）
33）萩ノ台Ⅱ遺跡（秋田・大館市）
34）八木遺跡（秋田・横手市）
35）江原嶋1遺跡（秋田・横手市）
36）川口遺跡（山形・村山市）
37）石倉貝塚（北海道・函館市）
38）戸井貝塚（北海道・函館市）

第36図　縄文時代後期前葉の石刀分布

〔柄頭形態〕 A B C D E F G H 〔刃部形態〕 Ⅰ Ⅰ Ⅱ Ⅲ Ⅳ Ⅴ

第37図　石刀の柄頭・刃部先端の形態分類

同市稲山遺跡（小野・蝦名 2002, 小野 2003）で12点, 同市三内丸山
（6）遺跡（成田・小笠原ほか 2002）では5点, 同市中平遺跡（成田・
佐々木ほか 2009）6点, など青森市内の遺跡が多い。

　小牧野遺跡からの出土石刀は僅かであり, 第38図1は柄部の破片資料
として報告されている。端部から約4cmのところから刃部が作出され
ているらしいが, 柄部にしてはやや幅広である。石材は粘板岩である。

　稲山遺跡の出土石刀は, いずれも刃部もしくは柄部の破片資料である
（第38図2〜5）。刃部先端は角形のもの（2・3）と尖頭形（5）の二種
類が認められる。背面に溝を有するものは2と3があり, 2mm前後の
直線的な沈刻が施される。また3は細い沈線文が施され, 横位の平行沈
線文やU字状や渦巻状の文様が描かれている。柄頭は三角形状に作出
される。石材は粘板岩が多い。

　第38図6は中平遺跡出土石刀で, 刃部の途中で折れているが, 長さ約
28cm, 幅約2.5cmの完形であり, 全体的に研磨痕がよく残る。刃先端
部は角形で刃部側が鈍角になる。刃部には一部欠損があるものの, 真中
の折損以外は目立った破損は認められない。背面には溝を持たずに平坦
に仕上げられている。柄頭はやや両側縁が膨らむ円形に近い形状を呈し,
柄部は刃部側がやや丸味を持ち, 背面側は平坦になる。本資料の石材は
粘板岩で, 同遺跡の他の石刀には黒色片岩・緑泥片岩があるらしい。

　第38図7〜9は, 三内丸山（6）遺跡出土の石刀片である。7は刃部
の接合資料であり[3], 8の柄部とは接合しないものの同一個体の可能性
がある。7は背面に直線的な溝を有するもので, 刃部のほぼ中央部と柄
に近い部分で折損している。この折損部の周囲には細かな敲打痕が集中
しており, これらの一連の加撃によって折損している可能性が高い。刃
先端部は隅丸の角形を呈し, 刃部側がやや鋭角になる。8の柄部は柄頭
が三角形に作出される。石材は7・8ともに白色の片岩系の石質であ
る。9の資料も8と同様に逆三角形状の柄頭を持つ粘板岩製の柄部であ
る。

　この他にも, 近野遺跡（三浦・成田ほか 1975）や青森市四ツ石遺跡

　3）三内丸山（6）遺跡の石刀（第38図7）は, 資料調査の際に接合したものである。
良好な資料であるため, 青森県埋蔵文化財調査センターのご好意で, 再実測させていただい
た資料である。

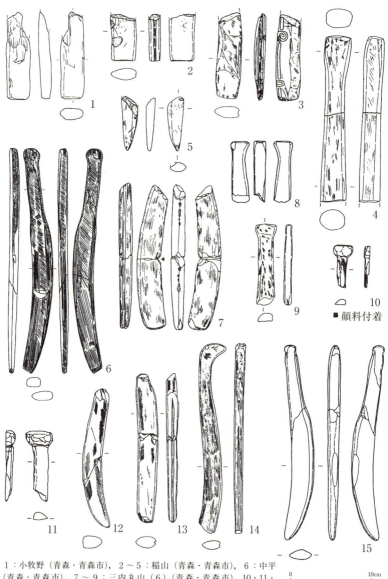

■顔料付着

1：小牧野（青森・青森市），2～5：稲山（青森・青森市），6：中平
（青森・青森市），7～9：三内丸山（6）（青森・青森市），10・11・
15：上尾駮（2）（青森・六ヶ所村），12～14：大石平（青森・六ヶ所村）

第38図　青森平野・下北半島の石刀

（成田 2006）や弘前市十腰内遺跡（今井・磯崎 1969），中の平遺跡（鈴木ほか 1975），などで当該期の石刀が出土しているが，概して一遺跡での出土数は少ない。これらは形態的にも類似性が高く，柄頭形態は逆三角形を呈する A 類と B 類が主流である。一方，刃部形態は先端部が尖る I 類や II 類もあるが，角状を呈する III 類・IV 類が目立つ。背面の溝を持つものと持たないものが一定量見られる。石材は，粘板岩が圧倒的に多いが，片岩系の石材も認められる。

c) 下北半島・馬淵川流域の石刀

　太平洋側の下北半島では出土遺跡が少ないものの，六ヶ所村大石平遺跡（一条・畠山ほか 1987）と同村上尾駮（2）遺跡（遠藤・白鳥ほか 1988）から良好な石刀が出土している。

　第38図12〜14は大石平遺跡出土の石刀で，本遺跡からは12点の石刀が出土し，柄部と刃部のみのものが多い。12は柄部を欠損する刃部資料で，背面は平坦で刃先端部は尖頭状になる。刃部のほぼ中央部で折損する。13は柄部と刃先端部を欠損し，刃部の 2 ヶ所で折損している。刃部背面には直線的な溝を有している。14は刃先端部のみを欠損する比較的残りの良好な資料で，現存の長さが約24cm である。柄頭は背面側に反り返る形態で，背面に溝を持つ。これらの石材はすべて粘板岩である。

　第38図10・11・15は上尾駮（2）遺跡出土の石刀であり，20点の石刀が出土している。10と11は柄部のみで，逆台形状の柄頭と柄部の境にくびれを持つ。10は柄部に顔料が付着しているという指摘がある。15は完形品で，長さ約24.2cm のやや小形の石刀である。背面に溝をも持たず，刃先端部は尖頭状になる。柄頭は両側縁に抉りを入れるもので，柄と大きな括れは認められない。これらの石材はすべて粘板岩である。

　両遺跡の石刀は，形態的に他地域と共通しているが，刃先端部と柄頭の形状に地域性が認められる。刃先端部は，ほぼ尖頭状になる II 類に収斂し，角形は確認されない。一方，柄頭形態は，逆三角形（A 類・B 類）は認められず，円形や逆台形の C 類，抉りを入れる G 類，背面側に反る E 類が確認されるなど多様性がある。

　一方，馬淵川流域下流域や新井田川流域からは石刀の出土数が多く，八戸市丹後谷地遺跡（小笠原・藤田ほか 1986）からは32点の石刀片が出

土している。加えて，八戸市弥次郎窪遺跡（白鳥・神 1998）など石刀未成品を多出する遺跡が目立つ。この要因として，新井田川の河原で粘板岩が採取できることがあげられる（斉藤 2002）。

　第39図1～3は丹後谷地遺跡出土の石刀で，1と2は刃先端部を欠損する比較的残りのいい資料である。1は第28号住居跡床面出土の石刀で，完形であれば長さ約28.5cm前後と推定される。刃部と柄部の間を二本の線刻によって明確に区分している。刃部の背面には溝を持たず，柄頭も明確に作り出されていない。2も同様に刃部の背面には溝を作出せずに平坦となり，柄頭は括れのない逆三角形状を呈する。3は柄部のみで，柄頭が三角形状を呈する珍しい事例である。八戸市田面木平遺跡（藤田・宇部ほか 1988）からは6点の石刀が出土しており，第39図4は粘板岩製の石刀柄部である。一部残る刃部の背面には溝が刻まれて，刃関部分で溝が途切れる。柄頭は逆三角形に作出されて，柄部の断面形状は隅丸の長方形状を呈する。この地域の石刀の特色は，刃先端部はほとんどが尖頭状になるⅠ類やⅡ類であり，柄頭は逆三角形を呈するA類・B類が主流で括れを持つ楕円状のものも見られる。背面に溝を持つものも僅かに確認されるが，多くは溝を持たない平坦面を作出している。

　馬淵川上流域の石刀は稀で，一戸町大平遺跡（高田ほか 2006）から1点石刀が出土している（第39図5）。この石刀はSI59号住居跡覆土から出土しており，長さ約33cm×幅約7.5cmのやや大形の石刀である。全体的に研磨が施されているものの，柄部に節理の段差が残るなど形状がやや整っていない点から未成品の可能性もある。

　馬淵川流域や新井田川流域では石刀が多く出土し，未成品などの存在から石刀製作遺跡であるとされている。石刀製作に関しては後述するが，製品と未成品の境界をどこで線引きするかも難しい問題である。また馬淵川下流域に比べて，上流域では石刀が減少し，同時期の遺跡からもほとんど確認されない。馬淵川下流域と新井田川流域の石刀は，刃先端部が尖頭状になるⅠ類とⅡ類が多い傾向があり，柄頭は逆三角形状に作り出されるA類が多い。刃部背面の溝を持つ事例は数例で，持たない石刀が主体を占める。これらの石材は，やはりほとんどが粘板岩製である。

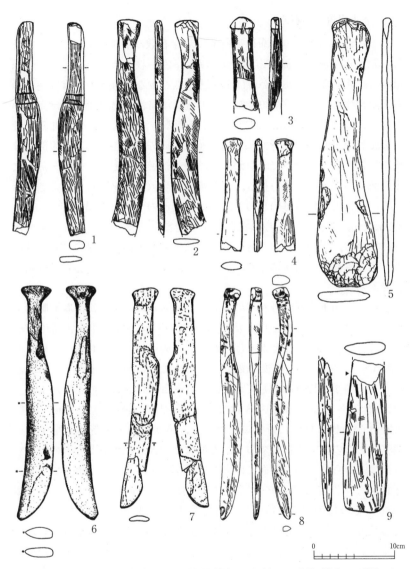

1〜3：丹後谷地（青森・八戸市），4：田面木平（青森・八戸市），5：大平（岩手・一戸町），6：湯舟沢（岩手・滝沢市），7：外久保（岩手・滝沢市），8：相ノ沢（岩手・一関市），9：清田台（岩手・一関市）

第39図　馬淵川流域・北上川流域の石刀

d) 北上川流域の石刀

　北上川流域の石刀の分布は局所的で，保有数は遺跡によって様々である。北上川上流部の滝沢市湯舟沢遺跡（桐生・桜井ほか 1986）と外久保遺跡（高橋・桐生 1988）からは1遺跡1点と少ないものの，ほぼ完形の石刀が出土している（第39図6・7）。6は湯舟沢遺跡出土のほぼ完形の石刀で，長さ約29.6cm，幅約3.5cm を測る。刃先端部はやや丸みを持つ尖頭状を呈し，刃部背面には溝を持たないのが特色である。刃部には使用に伴う欠損は確認できなかった。柄頭は逆三角形を呈し，一部に欠損が認められる。使用石材は，報告書では千枚岩質粘板岩に同定されている。7は外久保遺跡の石刀で，刃部や柄部の一部を欠損するが，長さ約26.5cm，幅約2.7cm の形状把握が可能な資料である。本資料は全体的に板状で，刃部・背面ともに直線的に作られ刃関が明瞭に作り出される。刃先端部は尖頭状になり，逆三角形の柄頭が付属する。石材は粘板岩である。

　また北上川下流部にも石刀の分布が認められる。例えば，藤沢町相ノ沢遺跡（宮本 2000）や一関市清田台遺跡（小原 2003），平泉市新山権現社遺跡（金子 1993）などがあげられる。その中で注目されるのは相ノ沢遺跡で，後期前葉（一部後期後葉～晩期を含む）に帰属すると考えられる石刀・石剣類が12点出土しており，これとともに一定量の十腰内I式土器が確認される。第39図8は完形の石刀で，長さ約28.8cm，幅約2.2cm の規模を持つ。刃先端部は尖り，柄頭は隅丸方形状を呈する。柄部と刃部の間で折損しており，刃部には一部欠損があるものの大きな破損は認められない。背面には溝を持たずに平坦面を造り出している。石材は，報告書では東磐井気仙沼産の粘板岩に同定されている（宮本 2000）。その他の石刀の特色は，刃先端部は尖頭状を呈し，柄頭は逆三角形や方形を呈するものが見られる。刃部や柄部背面に溝を持つものもあるが，帰属時期が明確ではない。第39図9は，清田台遺跡出土の石刀片で，幅約5cm ほどの幅広い角状の刃部形態を有する。刃部の背面は平坦で，溝は作出されていない。折損部分には打点が認められ，何らかの打撃が加えられたことによって折損した可能性が想定される。しかし，これが使用に伴うものなのか，意図的な破壊によるものかは不明である。

　北上川流域の石刀は分布が疎らであり，形態的特色を把握できるまでには至っていないが，刃先端部はⅠ類やⅡ類のように尖る傾向があり，柄頭は逆三角形を呈するA類もしくは方形状を呈するC類が認められる。また刃部背面に溝を持つ事例は少ないとみられる。石材は粘板岩が多い。

e) 米代川流域の石刀

　米代川流域では，北秋田市伊勢堂岱遺跡（五十嵐 1999，奥山 2000，榎本 2005・2011）や鹿角市大湯環状列石（藤井・三浦 2010など），萩ノ台Ⅱ遺跡（櫻田 1993）などから石刀が出土しており，特に大湯環状列石は94点にのぼる非常に多くの石刀を保有している（榎本 2008）。

　最初に，米代川上流域の大湯環状列石の石刀は，完形品が数点のみで大部分は破片である（第40図1～13）。そのなかでも1は良好な遺存状態で，長さ約30cm，幅約2.1cmの規模を有する。刃先端部は尖頭状を呈し，鈍い刃部は緩やかに内湾する。溝は刃部背面に入るが，刃部の中ほどから柄部に延びるが，刃部先端までは及ばない。柄頭はやや偏って逆三角形を呈し，沈線状の沈刻により柄部と区画される。また刃部には目立った損傷はないが，側面には所々剥落が見られ，特に柄の部分に被熱と思われる変色が認められる。2は完成品と考えられるが，形状に括れや背面の溝は認められない。3～5は柄部から刃部の破片資料で，共通して刃部の途中で折損している。柄頭は逆三角形を呈し，断面形が円形になるものもある。3の背面には幅2mmほどの溝が刻まれる。6・7は刃部の中ほどの破片資料である。6の背面には二ヶ所に5本と8本の刻目が施される珍しい事例であり，一つの端部が突出する。7は折損部分の周囲に細かな敲打痕が認められる資料である。8～12は刃部の先端部資料で，刃部の中ほどか比較的柄部に近い部分で折損していると推測される。刃部形状は，尖頭状の先端部（9・10）と隅丸角形の先端部（11・12）があり，10の背面には溝が刻まれる。これらは刃部に目立った欠損は見られないが，10の刃部には欠損が認められる。13は両端部が尖る緩やかに湾曲する長さ約27cmほどの石刀である。背面には溝を持たず，内反りの刃部には使用痕など確認されない。

　米代川中流域の北秋田市伊勢堂岱遺跡からは，7点の石刀が出土して

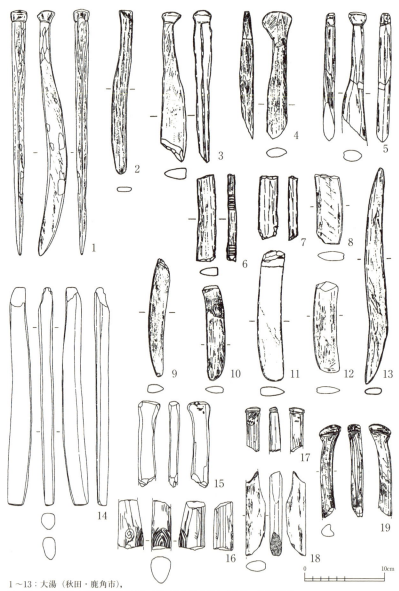

1〜13：大湯（秋田・鹿角市），
14〜18：伊勢堂岱（秋田・北秋田市），19：森吉家ノ前A（秋田・北秋田市）

第40図　米代川流域の石刀

いる（第40図14〜18）。14は柄部を欠損するが，現状で長さ約27cm×幅約2.6cmを測る比較的大形の石刀である。背面には溝を持たず，刃部中ほどに微細な欠損が見られるが，使用によるものかは不明である。全体的に長軸方向に研磨が施され，刃先端部がよく研磨されている。石材は白色系の片岩と推測される。15・17は柄部の破片資料で，15は逆三角形の柄頭を作出するもので，17は棒状の端部に沈刻を一周めぐらせるものである。15の柄頭には黒色付着物が確認され，報告者はアスファルトとしている（五十嵐 1999）。16は刃関部分の破片資料であるが，背面に同心円状の沈刻と片側側面には渦巻文が描かれる珍しい事例である。この石材は比較的軟質な凝灰岩と思われる。18は刃先端部と柄部を欠く破片資料で，刃部の折損面にはアスファルトと思われる黒色付着物が認められる。背面はやや丸みを持ち溝は沈刻されていない。第40図19は北秋田市の森吉家ノ前A遺跡（山本・菅原ほか 2006）出土の石刀柄部である。背面には幅広い溝を有し，柄頭は背面に偏る逆三角形状を呈し，溝が一周する。

　この地域の石刀の特色は，柄頭形態はA類とともにB類が主体的で，柄頭を作出しないI類や溝を巡らせるD類やH類など多様性がある。刃先端部は尖頭状になるⅠ・Ⅱ類とともに角状のⅣ類も同様な割合で存在している。背面に溝を持つものも多く，背面に沈刻による文様を描くものも存在する。石材は白色の片岩系の石材も見られるが，粘板岩を多用する傾向は他地域と同じである。

f) 東北地方北部の石刀の特色

　東北地方北部における後期前葉の石刀の大きさ[4]の平均は，長さ約27.7cm，幅約3.0cmほどである（第41図）。また未成品とされる2点と大平遺跡の石刀は分布のまとまりから外れ，製品の規模とは明らかに異なっている。形態は，柄部が直線的で刃部が湾曲し，内反り側に刃部（鈍い尖頭部）が作出されて，その背面には細い溝（幅2mm前後）が施されるものが多い。柄頭の形態は多様性があり，9種類ほどに分類でき

　4）　長さと幅の計測値は，基本的に報告書の記載に準拠したが，先端部を欠損するものは大きさを推定して計測値を算出した。

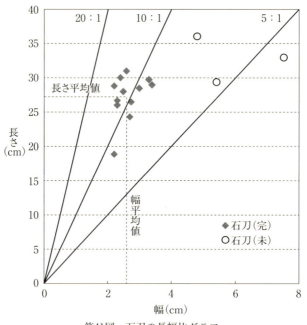

第41図　石刀の長幅比グラフ

る。多くの石刀は三角形状や方形・逆台形状に加工されて，振りかざし
ても手から抜け落ちないような端部成形となる。文様は稀で，柄部と刃
部の境を区切るものや刃部背面に装飾的に沈刻するものがある。また折
損部にアスファルトが付着する例や柄部などにアスファルトか漆が付着
する事例がある。平川市木戸口遺跡（葛西・高橋ほか 1983）では朱塗り
であったことが指摘され，また晩期の石刀の柄部に赤彩される事例が存
在することから，全面もしくは柄部に赤彩が施されていた可能性もある。
折損部の場合は補修の可能性も考えられ，また柄部の場合は有機質のも
のが巻き付けられて固着されていた事も想定される。偶然の付着も考慮
しなければならないが，幾つかの可能性を検討していく必要があるだろ
う。
　石材は粘板岩が主体的に使用され，一部に片岩系の石材や凝灰岩系の
石材が使用される。これらの石刀形態の多くは，いわゆる「萪内型・保
土沢型石刀」（後藤 1986・1987・1998）に相当し，この地域の後期前葉

の特徴的な石刀型式であると言える。

3　石刀製作工程について

　石刀の主要な石材である粘板岩は，東北地方各地で採取することが可能で，特に太平洋側の新井田川流域（斎藤 2002）や米代川流域では竜が森周辺や米代川流域の田山図幅の八森（藤本 2007），北上山地北部の折瓜岳周辺・北上山地南部・岩手県南部の藤沢町大籠周辺など（池田 2001）で産出するとされる。また石刀の製作工程に関しては，晩期の石刀に関する記述が多いが，石刀製作跡や製作工程が復原されている（松本 1988，鈴木素 2002・2005，長田 2005，など）。

　例えば，晩期の石刀の製作工程は，鈴木素行（2005）が茨城県本覚遺跡における石棒製作について，①原石採取，②剥離成形段階，③剥離調整段階，④敲打段階，⑤研磨段階，⑥文様彫刻段階の製作工程を想定し，本覚遺跡では主に敲打段階及び研磨段階という工程の作業が行われたことを指摘する。一方，福島県真野ダム関連の岩下 A 遺跡（松本ほか 1988）では，松本茂が①素材獲得から②敲打による折り取り，③剥離調整・敲打調整，④研磨の製作工程を復原し，他の製作工程も存在する可能性を指摘している。また長田友也（2005）は，福島県稲荷塚 B 遺跡の石剣・石刀の未成品を中心として製作工程を検討している（第43図）。長田は，松本の板状剥片からの切断といった製作工程に，板状剥片からの成形を加えて，粘板岩を板状に剥いで剥離・敲打・研磨調整を経て仕上げるという石剣・石刀製作技法が，一般的な製作技法であったことを指摘し，板状剥片の剥離作業が石材産出地や露頭で行われたと想定している。

　東北地方北部でも後期前葉の石刀製作遺跡が調査され（白鳥 1998，など），特に八戸市内の新井田川流域の遺跡で顕著に認められる。例えば，弥次郎窪遺跡（白鳥・神 1998）からは，未成品が大量に出土している（第42図1～3）。これらは，側縁部に細かな敲打痕が特徴的に見られることから，敲打成形段階のものが多いと考えられる。2や3のような資料は，柄部を欠損するものや柄部のみの破片であることから，敲打成形

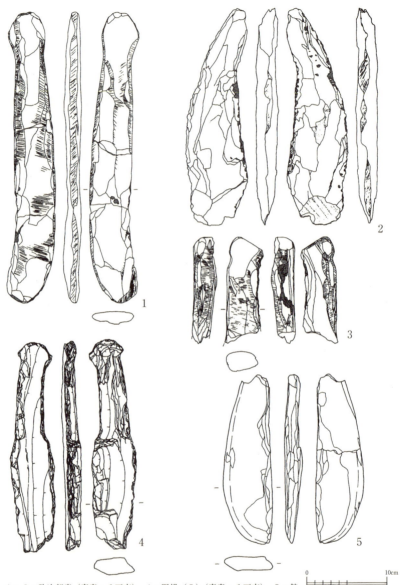

1～3：弥次郎窪（青森・八戸市），4：野場（5）（青森・八戸市），5：館
野（青森・南部町）

第42図　石刀の製作工程を示す資料

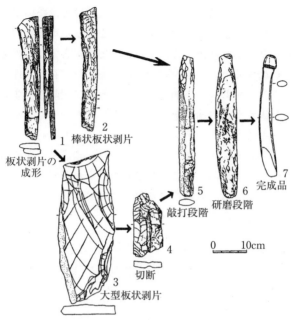

第43図　石剣・石刀の製作工程（長田 2005より）

もくしは研磨成形途中で破損したために廃棄された可能性が高い。1は
刃先端部から柄部まで遺存する長さ約36cm の石刀で，背面や柄部を中
心として部分的に研磨が施される。刃部には，敲打による剥離が残る部
分が確認される。この石刀も製作途上の未成品であると考えられ，研磨
途中で刃部幅を細くしようとして敲打調整に失敗した可能性がある。

　第42図 4 は，階上町の野場（5）遺跡出土の石刀で，ほぼ石刀の形状
を呈しているが，未成品の可能性がある。刃部と背面に相当する両側縁
部には敲打による潰しや研磨の痕跡が認められ，側面には剥離面や節理
面が残る。刃先端部が欠損していることからも，製作途中で先端部を折
損してしまったと想定される。

　第42図 5 は館野遺跡（白鳥・石戸谷ほか 1988）の出土資料で，柄部が
欠損する刃部に相当する。刃部には打製石斧の側縁部に加えられる階段
状剥離に類似する剥離が見られる。これらは使用や破壊に伴う欠損か，
または研磨調整の過程で刃部幅を細くしようとして失敗した可能性もある。

　網羅的に製作工程に関する資料を観察したわけではないが，一部には研磨途中で刃部幅を狭めるなどの敲打調整を行った可能性のある資料が確認される。基本的な作業工程はあるとしても，必ずしも当地域では敲打成形後に研磨するといった一系統的な作業工程で石刀製作が行われた訳ではないことが窺われる。加えて，薄く板状に剥離しやすい粘板岩の性質上，敲打調整などの衝撃を加えたことによる損傷も多かったと予想され，柄頭形態等もアクシデンタルな要因によって左右される部分も少なくないと思われる。1や4のような石刀は，未成品である可能性が高いが，どの時点で完成品として認識されたのかが問題である。さらに，比較的軟質な石材でも，研磨による整形は容易ではなく，相当な時間を要したことが想定される。

4　石刀の顕在化のプロセス

a) 石刀の系譜に関する諸説

　石刀もしくは刀剣状の石製品や骨角器は，少なくとも縄文時代前期まで遡ることが明らかになっているが，これらが同じ機能・用途を有し，系統的に変化したものとは言い切れない。

　縄文時代の石刀の系譜については諸説あり，古くは喜田貞吉（1926）によって示された「大陸起源説」である。喜田は，津軽半島の宇鉄の石刀について中国春秋戦国の刀貨に似ているとして，奥羽地方の石器時代の人々が北海道樺太を経て大陸と交通していた可能性を主張した。その後も，野村崇（1983）や，西脇対名夫（1998），後藤信祐（2007）などによって大陸との関係性が指摘される。特に西脇は，石剣の起源について中空の柄頭を表現したと思われる枠と枠内の彫刻から，「商代のある時期，ユーラシア大陸の深部に発して極東に達する青銅刀剣の伝播がおこり，中国北部や日本列島東部にそれぞれ痕跡を残したと理解するべきなのである」と説明する。また後藤信祐（2007）は，後期前葉の「莇内型・保土沢型石刀」に関しては中期の石刀からの系譜や骨刀からの系譜を考えているが，「成興野型石棒」に関しては，西脇の説（1998）を支

持し，商代晩期に並行する時期のシベリア南部に起源をもつ鈴首の青銅
剣に原型が求められることを主張する。このような大陸の青銅刀子の影
響は，山形県三崎山遺跡出土の青銅刀子の存在以外になく，直接的に影
響を及ぼしているとは考えにくい。大陸からの影響については，特に東
北地方北部や北海道西南部といった地域性を考慮すると，北海道東部な
どでは縄文時代前期までに大陸から石刃鏃やアムール編目文に類似する
土器（女満別式）の存在から多少なりとも樺太を経由する影響関係を有
していた可能性があり，そういった間接的な影響が北方から及んでいた
ことも想定される。しかし，北海道東部や北部において，同様の石刀や
骨刀が確認できていない現状において[5]，大陸からの影響は否定的に捉
えざるを得ないであろう。

　一方，山本暉久（1979）は，屋内の石棒は後期前半を境に小形化の傾
向を辿り，後期後半～晩期に至って，形態上の変化を生み，石剣・石刀
へと分化することを指摘し，これらは中期末～後期初頭をピークとして
徐々に屋外石棒祭祀主体へと移っていくなかで生じると説明する。これ
らの石刀の系譜に関しては，縄文時代前期から刀剣形の石製品や骨角器
が存在していたことから，石棒とは別の系譜と考えられる傾向が強いが，
これらが全く別ものとして存在していたとは考えにくい事実がある。そ
れは後期前半期の東北地方での石刀と石棒のあり方である。つまり，東
北地方北部では，中期末葉までは竪穴住居内（屋内）に取り込まれるな
ど大形石棒が存在していたものが，後期前葉に至って明確な石棒がほと
んど姿を消してしまう。環状列石や配石墓，日時計型石組のように屋外
配石に伴う立石は多いが，遺物としての石棒はほとんど存在しない。こ
のことは十腰内I式期の環状列石造営期に至って，屋外に石棒祭祀の主
体が移った可能性（山本 1979）とともに，石棒の担う役割を石刀が取っ
て替わったことも考慮する必要がある。これは，同時期の東北地方南部
や関東地方・新潟県において，小形石棒が普及することからも，両者は
補完関係にあった可能性を示している。両者は系譜が異なりはするもの
の，その系譜のなかで相互に影響関係を有して，融合した可能性は否定

5）　野村崇（1974・1985）は，北海道東部や北部に分布する梶棒形石器について，帰属
時期を縄文時代中期として，その南側に分布する青竜刀形石器との関連性を指摘している。

できない。これは後期後半期から晩期の石棒・石剣・石刀が，非常に類
縁性が高いことからも蓋然性は高いと思われる。

　両者の関係については，個々の系統関係を明確にすることも重要では
あるが，遺物・遺構を含めた縄文社会全体の動態から総合的に検討すべ
きである。次に後期前葉の石刀が成立する以前に特徴的に広がる青竜刀
形石器や中期末葉の石刀・骨刀の帰属時期を検討し，系譜関係を明確に
しておきたい。

b）縄文時代中期後半期の青竜刀形石器・石刀・骨刀

　後期前葉の石刀が顕在化する以前は，青竜刀形石器など刀形の製品が
存在している。これらの石刀に関しては，中期の骨刀や青竜刀形石器か
らの出自が有力視されており，出現過程を考えるうえで必要不可欠であ
る。青竜刀形石器の帰属時期は，資料が少ない時期は中期初頭から後期
末に比定されたが（江坂 1965），近年では中期末葉から後期初頭に帰属
するとの見解がある（冨樫 1983，野村 1985）。しかし，後期前葉の石刀
への系譜関係が明らかにされた訳ではない。東北地方北部に数多く存在
する中期末葉の集落では青竜刀形石器は少ないのも気にかかるところで
あり，最近の出土資料を加味して，青竜刀形石器が中期末葉から後期初
頭に帰属するものなのかをここで検証しておきたい。

　資料が増加した現在においても時期が明らかな青竜刀形石器は少ない。
例えば，岩手県八幡平市長者屋敷遺跡（高橋ほか 1980）H Ⅵ-5 住居址
覆土からは完形の青竜刀形石器が出土している（第44図1）。本住居跡
の床面〜覆土にかけて，最花式期（大木9式新段階並行期）の土器が出
土していることから，本資料も最花式期に帰属する可能性が高い。また
岩手県軽米町叺屋敷Ⅰa遺跡（小平・三浦ほか 1983）のA Ⅳ-4 住居址
から完形の青竜刀形石器が出土しており，刃関部に突起を有する（第44
図2）。この住居跡覆土からは大木10式期中段階の土器が出土しており，
青竜刀形石器もこの時期に帰属する可能性がある。同様に，北海道八雲
町栄浜1遺跡（三浦・柴田ほか 1983）17号住居跡から完形の青竜刀形石
器が出土している（第44図4）。住居跡床面から覆土にかけて中期末葉
の土器群が出土しており，住居形態からも中期後半期であるのは確実で
ある。162号住居跡覆土からも完形品が1点出土しており，出土土器は

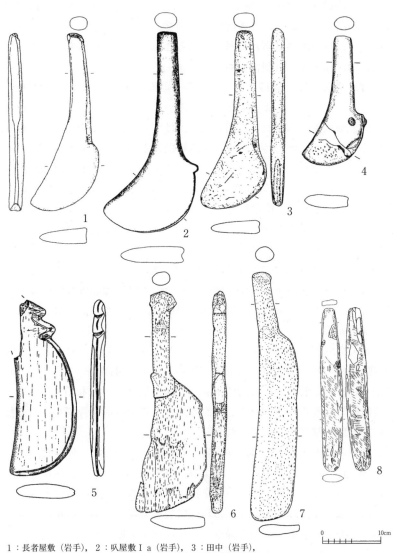

1：長者屋敷（岩手），2：叺屋敷Ⅰa（岩手），3：田中（岩手），
4：栄浜（北海），5：二ツ森貝塚（青森），6・7：戸井貝塚（北海），8：柳上（岩手）
　　第44図　東北北部から北海道西南部の青竜刀形石器・骨刀及び中期末葉の石刀

不明であるが，住居形態から中期後半期に帰属すると考えられる。また青森市三内遺跡（桜田・石岡ほか 1978）J-13号土坑からも青竜刀形石器の刃部が出土している。この底面より縄文のみの深鉢が出土しており，最花式期に特徴的に見られる器形であることから，本石器も中期末葉の最花式期に帰属する可能性がある。

　一方，遺構外出土資料では，岩手県一戸町田中遺跡（高田・中村ほか 2003）の青竜刀形石器は表採資料であるが，完形品である。本遺跡からは円筒上層式や大木10式～後期初頭にかけての土器が多く出土しており，少なくともいずれかの時期に帰属する可能性が高い。青森県五戸町二ッ森貝塚（上野 2007）からは，青竜刀形石器1点と青竜刀形骨器1点が確認される（第44図5）。遺跡からは，円筒上層式を主体として，中期後葉（榎林式・最花式），後期初頭の土器片も僅かに出土している。青森県鰺ヶ沢町餅ノ沢遺跡（太田原・野村 2000）第1号遺物包含層からは，青竜刀形石器の刃部が検出されている。この包含層からは，円筒上層式土器の破片も含まれるが，大木10式並行期（大曲1式期）を主体として中期末葉～後期初頭の土器群から構成される。これらは詳細な時期は不明であるが，少なくとも円筒上層式期～後期初頭に青竜刀形石器が帰属する可能性が高い。また北海道函館市戸井貝塚（西本・古屋敷 1993）からは青竜刀形石器や骨器が多く出土しており，クジラ骨製の青竜刀形骨器や後期前葉の石刀に類似する形態が認められる（第44図6・7）。この遺跡からは，縄文時代前期の円筒下層式土器に加えて，大木10式並行期～直後段階の土器群が主体をなしており，青竜刀形石器や骨器も中期末葉～後期初頭に帰属すると思われる。

　これらの青竜刀形石器は，安山岩や輝緑岩などの石材を使用し，棒状の柄部と幅広い半月状の刃部を有する。刃部は石刀と同様に内反りの部分に作出されて，背面に幅広い溝を持つものが多い。この刃部の占める割合は柄部の半分以下であり，刃関部に突起を持つものと持たないものがある。刃部背面側の縁辺を縁取るような加工を施すものも存在する。これらは一遺跡における出土数が少ないことに加えて，完存しているものが石刀に比べて多いように見える。時期的に複合する集落遺跡からの発掘調査事例が多いことからも帰属時期が明確なものが少ないが，従来の指摘通りに，青竜刀形石器は中期末葉～後期初頭に帰属すると結論づ

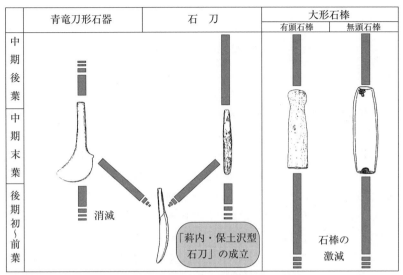

	青竜刀形石器	石　刀	大形石棒	
			有頭石棒	無頭石棒
中期後葉				
中期末葉				
後期初～前葉	消滅	「萪内・保土沢型石刀」の成立	石棒の激減	

第45図　東北地方北部における石刀出現過程模式図

けられる。

　一方，中期末葉には僅かながら石刀状の石製品が存在する。例えば，岩手県北上市柳上遺跡（上原 1995）G20③住居跡から出土した石刀は，長さ約28.7cm の板状を呈する（第44図8）。刃部は片側にのみ作出されて，背面は平坦になる。石材はチャート質の粘板岩に同定されている。この他にも，岩手県九戸村江刺家遺跡（田鎖・高橋ほか 1984）や一関市中野台遺跡（小野寺・小野寺 1997），一戸町田中遺跡などの中期末葉の遺跡からの石刀出土例がある。これらは岩手県を中心に分布が認められ，形態的には後期以降の石刀のように反りや柄頭を持たない簡素なものであるが，明確な刃部を有する。また粘板岩を使用している点は，後期前葉の石刀との共通点としてあげられる。

　中期末葉の石刀と青竜刀形石器との関係は今のところ明確ではないが，前者は岩手県南部を中心に分布することから，両者は分布域を違えて存在していた可能性もある。以上のことから，これらの刀剣形石製品は，骨角器とともに材質を変えながら変遷し，中期末葉の石刀と青竜刀形石器が融合することによって，後期前葉の石刀（「萪内型・保土沢型」）の顕在化へと至るものと考えられる（第45図）。

5　石刀の機能・用途について

a) 従来の機能・用途に関する見解

　石刀の用途に関しては，一般的に実用的なものではなく，祭祀・儀礼具や威信財として評価されることが多い。このなかで注目すべき見解に，「サケ叩き棒説」（西脇 1991）や「武器説」（小杉 2004）の二つがあげられる。対象物の違いこそあれ，いずれも物理的に対象物に打撃を与えるもの，もしくはその儀礼的行為として捉えられている。これは棒状で刃部を持つといった形状によるものである。

　石刀などの用途を「サケ叩き棒」もしくは「魚叩き棒」とする解釈は，江坂輝彌（1965）もその関係性について言及しているが，ここでは西脇対名夫（1991）の青竜刀形石器を扱った論考を取り上げる。西脇は，青竜刀形石器についてチャタム諸島の棍棒などを引用し，棍棒の形は本来棍棒の犠牲となった魚や海獣の形である可能性を指摘している。また西脇は，送り儀礼のような行為が存在した可能性に言及し，火を受けているのもこの儀礼の結果であると捉えている。

　このような解釈は，北海道アイヌの魚叩き棒の存在が大きく影響しており，アイヌ以外にも東北地方一帯に広がる鮭叩き棒とその儀礼行為が明らかにされている（菅 1994・1995a・1995b，赤羽 2006など）。特に，石刀が分布する北海道西南部や東北地方北部はサケの遡上するエリアであるとともに積雪地帯にも含まれる。かつて山内清男（1964）によって「サケ・マス論」が示されて賛否両論が展開された。当時は縄文文化の東西の格差を説明するために用いられたことや，遺跡出土のサケ骨が他の魚類に比べて多くないことから食料としての重要性には否定的な意見が多い。実際に，北海道西南部〜東北地方北部における中期末葉から後期前葉の遺跡では，岩手県清田台遺跡（小原 2003）や上米内遺跡（佐々木・阿部ほか 1995），北海道石狩紅葉山49号遺跡（石橋・工藤ほか 2005）などでサケ骨が確認されている。石刀の用途とは別に，東北地方北部におけるサケの位置づけや，その遡上の光景の特異性とともに積雪地にお

ける越冬の食料源としての重要性について捉えなおす必要もあるだろう。

一方,「武器説」もしくは「儀礼的な模擬戦説」は,大塚達朗（1994）や小杉康（2004）が提唱している。大塚達朗は,"祭儀としての模擬戦"に使用した祭祀具と考え,破損品が大多数であることの原因を手に持って打ち付ける動作に求めている。また小杉康は,縄文時代後・晩期を武器使用の集団戦闘が発生する段階と捉え,「実際的な戦闘から威嚇的な戦闘へ,さらには戦闘行為の儀礼化への進展」といった流れを想定している。縄文時代にも,小規模な個人同士・世帯同士・集落同士の喧嘩やもめ事が存在したことは十分考えられるが,小杉が言うような集団戦闘の存在や発生は考古学的に明らかではない。また儀礼的な戦闘であるとしても,果たして長さ30cmほどの軟質石材の石刀が,戦闘に適した形態と言えるのか疑問である。加えて,これらは非常に壊れやすく,また反復性を持つ儀礼行為に用いたとすると,遺跡から出土する数量が余りにも少なすぎる。

以上のように,用途に関して諸説あるものの,いずれも実証性にかけるものであり,遺物自体に残された痕跡や出土状況などから考古学的に検証する必要がある。

b) 破損部位と使用痕等

十腰内I式期の石刀は,完存するものが稀で,柄部と刃部の間や刃部の先端部もしくは中ほどで破損するものが多い。石刀の遺存状態は,廃棄後の人為的・自然的要因による破損も含まれるが,廃棄以前の行為が反映されている可能性がある。これらの遺存状態を分類すると,A～F類に分類される（第46図）。

A類：ほぼ完形の状態を留めているもの（1～6）。
B類：刃先端部（鋒）のみが欠損するもの（7～9）。
C類：柄部が欠損し,ほぼ刃部全体が残るもの（10～15）。
D類：刃部の真ん中ほどで折損し,刃先端部が残るもの（16～20）。
E類：刃部中ほどから柄部が残るもの（21）。
F類：刃部を欠損して,柄部のみが残るもの（22～31）。

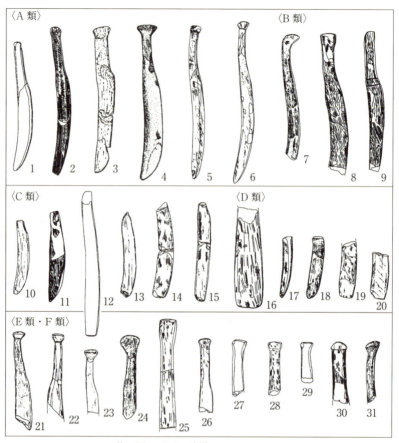

第46図　石刀の破損パターン分類図

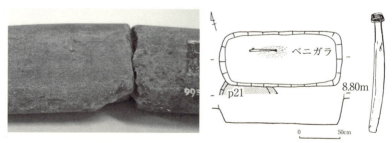

1．三内丸山（6）遺跡出土石刀の破損部位　　2．札苅遺跡42号土坑墓

第47図　石刀の破損部位（左）および石刀の墓坑出土例（右）

　これらのB類・E類とD類，C類とF類は，相互に対の関係にある
が，これらの欠損部は，石刀の使用や破壊行為の際に力を受けた部位を
示している可能性がある。特に先端部が欠損するものと柄部のみの出土
例が目立つことは，刃先端部か刃部中ほどに衝撃が加えられたことによ
ると推測される。第46図16は，折損部に打点を観察することが可能であ
り，そこが対象物に当たった衝撃で壊れたと考えられる。このことは実
際に実験をして検証する必要があるが，石刀の遺存状態も重要な要素で
ある。

　加えて，石刀のなかには意図的に壊されたと考えられる資料も見られ
る。これらが使用による破損なのか，廃棄に伴う破壊の痕跡なのか判断
は難しいが，その中には破損部分の周囲に敲打痕が密集する事例が存在
する。例えば，三内丸山（6）遺跡（成田・小笠原ほか 2002）出土の石
刀は接合資料であり，刃部の所々に敲打痕が認められる（第46図14・第
47図左）。これらの敲打痕は，刃部の中ほどの接合部に集中し，また柄
部側の折損部にも集中箇所が認められる。これらは製作後の使用に伴う
破損もしくは廃棄に際して意図的に破壊されたものと推定される。しか
し，これらが当該期の石刀全般に当てはまるとは言い切れないものの，
石刀に残された痕跡は用途や廃棄行為を考えるうえで重要である。

c) 石刀の機能・用途と顕在化の意義

　「第二の道具」の機能・用途を明らかにすることはその形状からは非
常に難しく，慎重な検証が必要である。前節までに述べてきた形態的特
色や系譜・系統関係，遺物に残された痕跡からまとめる。

　形態的には，①長さ30cm前後で，②内反りの刃部，③柄頭を持つこ
と，から片手に持って鎌のように振り落とす動作が想定され，鈍い刃部
からは切るというよりも叩くための刃部であったと考えられる。また逆
三角形の柄頭や柄頭をめぐる溝は，手から離れないようにするためや腰
等に吊るすための紐が付属していた可能性が想定される。軟質で節理が
発達している石材から，石刀同士で打ち合うことはなかったのではない
かと思われる。

　石刀の遺存状態や刃部の使用痕などからは，刃部に細かな刃こぼれ状
の欠損が見られるものや，刃部に加えられた衝撃によって折損した可能

性のある事例，刃部折損部周辺に刃こぼれ状の敲打痕が見られる事例が確認される。これらは意図的に破壊されたものもあるが，刃部で何かを叩いた痕跡を示すものもある。遺存状態も，刃先端部もしくは刃部の中ほどで折れるものや柄部の付け根で折れるものの存在から，ある対象物を叩いた時に刃先端部や刃部に受けた衝撃によって折れた可能性を示している。この点については，今後，実験考古学的に検証する必要がある。

　系譜的には，前期や中期に見られる棒状の石刀と青竜刀形石器からの系譜が読み取れる。これらの系譜からは，石棒とは異なる刀形製品の系譜にあると考えられ，大陸からの直接的な影響があったとは考えられない。また，東北地方北部の後期前葉には石棒が非常に減少することから，石刀と石棒は全く無関係であるとは考えにくい。これらは山本が指摘するように，中期末葉段階では屋内中心の石棒が，屋外配石に伴う大形立石などの屋外石棒へと変化した可能性もあり，十腰内I式期に盛んに造営される環状列石を含めて検討が必要である。また東北地方南部や新潟県などで，対照的に普及する緑泥片岩製の小形・中形石棒との関係性も興味深い。

　加えて，石刀の出土状態は遺物の持つ性格の一端を示していると考えられる。石刀の遺構出土資料は稀であるが，良好な出土例として八戸市丹後谷地遺跡（藤田・小笠原ほか 1986）の第28号住居跡がある。本住居跡の例は，詳細な位置は不明であるが床面から先端部が欠損した石刀（第39図1）が出土している。また時期は新しくなるが，北海道札苅遺跡（野村・仲田ほか 1976）42号土坑墓からは，ベンガラとともに石刀1点が出土している（第47図右）。このような出土状態も，石刀の性格を考える上で重要な要素ではあるが，より多くの出土事例から検討する必要がある。

　以上のことから，十腰内I式期における石刀は，従来言われているような儀礼的道具[6]であるとともに，何らかの対象物を叩くような動作が行われたことが想定され，全くの推測ではあるが，石刀の大きさから小動物や魚類などに関わる狩猟・漁撈儀礼に用いられた可能性を想定して

　　6)　儀礼とは，広義には挨拶などの世俗的行動も含めることが多いが，狭義には「非日常的な場で求められる形式的行動で，神秘的な存在や神（powers）への信仰と関連のあるもの」と定義される。

いる。東北地方北部における石刀の顕在化は，大規模な環状列石が盛ん
に造営される時期にあたり，土器器種の多様化，土偶などの「第二の道
具」が多様化するなかで認められる。この時期の変化は，柄鏡形系統の
住居形態や環状列石に見られるように，東北地方南部や関東地方を含め
た南方からの文化的影響が顕著である。その一方で，地域色の強い土器
様式や「第二の道具」を生み出すなど独自性が顕示される。このような
文化的・社会的複雑化のなかで，世界観や儀礼行為もより複雑に分化し
た結果ではないかと推測される。

6　ま　と　め

　後期前葉の石刀の特色と顕在化の意義について検討を加えてきた。最
後に本論の要点をまとめて，今後の課題について明確にしたい。
（1）形態的特色は，後藤が設定した「莇内型・保土沢型石刀」の特
　　徴を有し，①内反りの刃部で，②逆三角形などの柄頭を持ち，③
　　背面（峰）に 2mm 程の溝を持つものである。④大きさは長さ
　　32.7cm ×幅3.5cm で，⑤石材はほとんどが粘板岩である。大き
　　さは未成品のそれとは明らかな違いが認められた。柄部や刃先端
　　部の形態には地域性が認められた。このような節理の発達した石
　　材から製作される石刀は，アクシデンタルな部分があり，必ずし
　　も意図した形状に仕上がったものばかりではない。
（2）製作工程は，従来の研究で提示された製作工程で製作されたも
　　のと考えられるが，弥次郎窪遺跡の未成品のなかで，研磨途中で
　　刃部幅を狭めるために敲打して失敗した可能性のある資料がある。
（3）系譜関係は，縄文時代前期から中期にかけて散見される刀形石
　　製品や骨角器，特に青竜刀形石器を介して，後期前葉の石刀が出
　　現するものと考えられる。石刀は，石棒とは異なる系譜上にある
　　と考えられるが，石棒と石刀の分布や動態はその関連性を示して
　　いる。
（4）用途は，儀礼に関わる道具で，具体的には草刈鎌のように手首
　　のスナップで振るような動作が想定される。また石刀の遺存状態

　　は，刃先端部もしくは刃部中ほどに衝撃が加わり折損したと推定
　　されるものが認められる。これらは狩猟・漁撈に関わる儀礼具で
　　ある可能性が想定される。
　十腰内I式期の石刀については，青竜刀形石器との系譜関係とともに，
機能・用途に関して多くの課題が浮き彫りになった。特に「第二の道
具」の用途の解明は，その性質上，「第一の道具」よりもさらに難解で
ある。それ故に，良好な出土状況や遺物自体に残された赤彩や使用痕や
折損部位，形態的・材質的特性などからの検討が必要である。特に使用
痕や折損部位に関しては，実験考古学的な観点から検証していく必要性
を痛感する。これらは今後の課題であり，遺物の詳細な観察を含め，製
作・使用・破壊実験を行う予定である。

第7章
縄文的世界観における「第二の道具」

1 「第一の道具」と「第二の道具」の認識

　人類は，道具を作り使用することで，厳しい環境のなかの生存競争を生き残り，さらに多種多様な道具を生み出して発展させてきた。これらの道具の種類も次第に多様化を増して複雑化してきている。これらの道具のなかに，「第二の道具」（小林達 1977など）と呼ばれるものがある。小林達雄の定義によると，「その形態の物理的特徴によって機能を果たしたものではなく，その形態に与えられた象徴的意味づけによって目的を完遂した」ものである。また，その機能とは，「第一の道具の果たしえない分野を広く分担することで」，「第一の道具の働きが目に見えて効果を確認できるのに対し，そうした可視的な働きによる因果関係とは別に，第二の道具の働きは優れて観念的な次元で納得されるべきもの」である。つまり，「第二の道具」とは心理的・観念的領域で機能するが故に，普遍的形態を有する「第一の道具」とは異なり，形態的にユニークであり，かつ普遍性は認められず，流行り廃りも早いのである。

　しかし，このカテゴリーに関しては幾つかの矛盾点がある。一つは，縄文時代の道具は，両方の性格を有するものが存在することであり，必ずしも明確に「第一の道具」と「第二の道具」に区分できないことである（第48図）。例えば，「第一の道具」に含まれるナイフなどの刃物も，マタギのクマ儀礼で用いられる専用のナイフがあるように，儀礼行為に

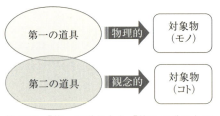

第48図　「第一の道具」と「第二の道具」の
　　　　関係模式図

　用いることがある。この他にも，対象物に物理的に作用する道具であっ
ても，その行為が儀礼化したり，象徴的意味を帯びることで儀礼専用具
となることもあるだろう。縄文時代の石槍や石鏃・石匙などの利器にお
いても，儀礼的に使用されたり，威信財や神話的性格を帯びたものが存
在していたとしても不思議ではない。土器の場合，注口土器や有孔鍔付
土器などの特殊器種は別としても，煮炊きに使用する深鉢でもいわゆる
「物語性文様」に代表されるような文様を特徴とする縄文土器には，彼
らの世界観が記号的もしくは象徴的に表現されている可能性が高い。一
義的には煮沸具ではあるが，その背後にある世界観や思考などが反映さ
れているのである。このような道具のもつ機能的側面を，便宜的に「第
一の機能」と「第二の機能」に整理することができる。前者は物理的に
作用し，後者は心理的ないしは観念的に作用し，一義的にどちらの機能
が優先されるかが重要である。「第一の機能」が優先されるものであれ
ば，物理的に機能するために普遍的形態を保持せざるを得ないのである。
　「第二の道具」の多くは，ある集団の共有する世界観，コスモロジー
の中で機能したと推測される。これらの世界観の具体的な内容を測り知
ることはできないが，厳しい自然環境のなかで生きるために，自然現象
や災害（火山，地震，津波，洪水，土砂崩れ，火災），疫病，動植物，さら
には自らの出自や周辺の地形・景観などを理解するために創造されたも
のであり，「第二の道具」はこれらの見えない大きな力，「超自然的存
在」（super natural being）へ働きかけるために必要なものであったと考
えられる。このことは，多くの民族が神話や独自の死生観・世界観とこ
れに関わる儀礼行為や道具を有していることからも首肯される。
　現代人は，科学的知識や歴史，地図などのように自身の肉眼で実際に

見ることのできないものを，書物や画像を通して知ることができるが，縄文時代の人々は，それぞれに蓄積された知識を基礎に生み出された世界観のなかで生きていたのである。例えば，現代人は地球が宇宙の中の太陽系の太陽の周りを自転しながら公転していると信じているが，実際はほとんど誰も見たことがない。16世紀の多くのヨーロッパ人のように，キリスト教的世界観のなかで生きていたとしたら，世界の周りを太陽が回っていると信じて疑わないであろう。

　縄文時代にどのような世界観が存在したか解明することはほぼ不可能であるが，その一端を垣間見ることは不可能ではない。景観論を用いた空間認識の解明とともに，その世界観のなかで機能した「第二の道具」の性格や用途を明らかにすれば，世界観の一端をうかがい知ることができるだろう。縄文時代の「第二の道具」は，土偶や石棒以外にも多種多様であるが，これまでの研究において編年研究は一定の成果をあげている。しかし，これらの機能・用途については，その性質ゆえに研究は進展しておらず，解明するための方法論が必要である。もちろん，考古学の基本である型式学的手法や遺物に残された痕跡の観察記録は最も重要なものであり，今回の研究もこれを基本とする。加えて，特に本稿で提示したい視点は，①ライフサイクル論，②自然科学分析の応用，③実験考古学的手法，である。

2　「第二の道具」の研究法

（1）ライフサイクル論

　「ライフサイクル」という観点は新しい概念ではなく，すでに縄文研究のなかで，石器を中心に土器や住居などでもライフサイクルが提示されてきた（小林謙 1995・1996，澤田 2003など）。このような視点は，「第二の道具」でも石棒製作跡などを中心に示されているが（戸田 1997，鈴木素 2002，長田 2010など），土製品など製作跡が明瞭ではないためか，全般的に浸透していない。このような視点から，「第二の道具」を評価することはとても重要である。例えば，藤本強（1985）は，遺物に残さ

れた属性の観察の重要性を指摘し，①製作の過程，②使用の時点の属性，③廃棄の属性をあげている。「第二の道具」のそれぞれの属性の前後関係の認定，それぞれの属性の相関関係のありかた，類似の製作法によって製作されたと推測される通常の道具の属性との相関関係，それらから浮かびでる法則性，その法則性のなかに，また法則性の相関関係のなかに流れる精神的側面を探ることなどを，「第二の道具」のアプローチ方法として提示している。

　従来までの儀礼研究では，多くの場合，「祭祀遺物」や「祭祀遺跡」などの背景にある複雑な行為が考慮されることなく，単純に儀礼の結果（祭祀場）とする傾向が強い。従って，モノのライフサイクルという視点から出土資料を捉え直して，道具や場の背景にある行為を検討する必要があるだろう。ここでは，「第二の道具」のなかから，土偶，石刀，などを例にしてライフサイクルを検討してみたい。

a)　土偶のライフサイクルモデル

　土偶に関しては，管見に触れる限り，これまで製作遺跡や製作跡は発見されていない。山梨県釈迦堂遺跡などの多出遺跡が製作遺跡の可能性も否定できないが，明確に製作遺跡と言えるものは存在しない。しかし，土偶の胎土を観察する限り，土器と同様に粘土に混和材を混ぜて生地を作成していると推測される（第49図）。製作手法に関しては，釈迦堂遺跡の土偶を中心として，土偶の製作法が研究されている。特に，小野正文（1984a・1984b）による「分割塊製作法」の提唱は画期的なものであるが，その後の土偶製作法に関して目立った研究は認められない。中空土偶に関しては，中期から晩期の土偶に共通して，土器と同様に輪積みで製作されることがわかる（阿部1998a，守矢2003など）。また新潟県の土偶に関して，著者は何度か言及したことがあるが，縄文中期の中実土偶では，津南町道尻手遺跡（佐藤・阿部ほか2005）の出土土偶の観察から，頭部・腕部・脚部がソケット状に接続し，胴部は複数のパーツから構成され，①中心軸棒タイプと②中心分割タイプなど存在することが分かる（阿部2011d）。このように，土偶は手捏ねではなく，複数のパーツに作ったものを合体して製作されるのが通常である。土偶の焼成遺構などは存在しないが，失敗品と思われる資料，焼成時に破裂したと推測

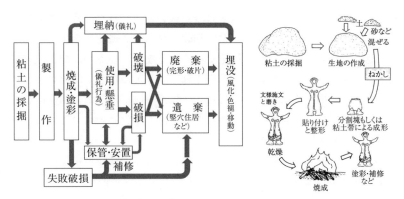

第49図　土偶のライフサイクルモデル

される資料が存在する[1]。

　使用に関しては，出土状態は使用段階ではなく，廃棄段階を示してい
るため謎の部分が多い。稀に，八戸市風張（1）遺跡第15号住居跡（小
笠原・村木 1991）のように住居跡床面から出土する事例があるが，概し
て使用・安置場所などは明確ではない。使用に関して，著者は東北北部
の後期前葉の土偶は，肩部に縦位の貫通孔を有していることから，懸垂
して使用されたのではないかと推測した（阿部 2010a・2011a）。その視
点で土偶の観察を試みたが，貫通孔周辺に磨痕は認められなかったもの
の，貫通孔部分や肩部が欠損するものが多いことに気づく。これは懸垂
孔に紐を通して使用したため，その部分で破損したのではないかと推測
される。

　土偶は古くから意図的な破壊行為の可能性が指摘されている（谷川
1926，小林 1977など）。最近では，意図的に破壊されたとする意見が優
勢になってきている。もし，意図的な破壊があった場合に，その用途の
一部としての破壊行為なのか，機能停止もしくは廃棄段階での破壊行為
なのか見解が分かれるところである。前述したような使用による破損も

---

　1)　土偶の焼成時の失敗例としては，幾つかの遺跡で確認される。また道尻手遺跡から
も，脚部が後ろに反り返り，文様も不明瞭であり，失敗したものである可能性がある。さら
に，同遺跡では土偶状に作られた粘土片があり，極めて粗雑であり，通常の土偶ではないと
判断される。このような事例は上述の遺跡に特有なものではなく，ごく一般的に存在するも
のと推測される。

確実に存在し，破損と破壊の痕跡の峻別も必要になるだろう。さらに，土偶は簡単に壊せるものなのかという問題がある。遺跡から出土する土偶は地中で水の影響や風化作用を受けて脆くなっているが，製作段階ではしっかり焼き上がっていたと推測される。手・頭などは細いので，何かの拍子で破損することもあり得るが，脚部や胴部は簡単に偶発的に壊れるものではなく，意図的に破壊した可能性も十分考えられるだろう。加えて，廃棄後に土偶破片の転用の可能性も考慮する必要がある。これはほぼ検証不可能であるが，土器片を砕いて土器の混和材に使用した例が確認されることから（西田 2004），土偶も土器片と同様に砕いて混和材や粘土などに使用されたことも想定される。

b）石刀のライフサイクルモデル

　石刀は，石棒と同様に，これまで製作遺跡の資料を中心に製作工程が復元されてきた（松本 1988，白鳥 1998，鈴木素 2002・2005，長田 2005など）。これらの研究では，原材料の採取から荒割による素材獲得，素材の敲打による成形，研磨，仕上げ，といった工程が示されている。東北北部の後期前半期の資料でも石刀製作工程を示す良好な資料が出土している。例えば，八戸市弥次郎窪遺跡（白鳥・神 1998）や八戸市栖館遺跡（小田川・平山 2005）などで製作過程の敲打整形段階〜研磨段階の未成品が確認されるが，製品はほぼ皆無である。さらに，遺跡によって保有量もしくは廃棄量に大きな違いが見られ，例えば，鹿角市大湯環状列石では96点の石刀が出土しているが，青森市小牧野遺跡では3点のみの出土である。大湯環状列石の場合，石刀製作遺跡である可能性も想定されるが，多くが製品であることから，単純に製作遺跡ともいいがたい状況にある。これらから，東北北部における後期前葉の石刀製作に関しては，次のようなモデルが想定される（第50図）。多くは，素材荒割段階のものと敲打整形のものであるが，一部の資料に敲打整形段階で研磨が加えられ，その後にまた敲打による整形を行ったと推測されるものがある。研磨段階で剥離によって厚みを減らそうと調整したものであろうか。

　また，石刀の使用から廃棄に関しては，出土状態から見ると完形で出土するものも数例確認されるが，多くは壊れた状態で出土している。廃棄された後の攪乱などによって壊れたものもあるだろうが，ほとんどが

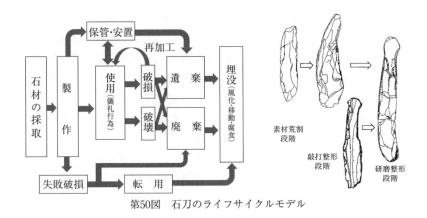

第50図　石刀のライフサイクルモデル

　廃棄以前に壊れているとみられる。その中でも，破損部分に敲打痕が観察されるものもある。例えば，青森市三内丸山（6）遺跡（成田・相馬ほか 2000）の接合資料や岩手県一関市清田台遺跡（小原 2003）などがあげられ，破損面に打点が観察されるものがある。これらは使用段階でアクシデンタルに破損した可能性もあるが，廃棄段階で意図的に破壊された可能性も考えられる。廃棄段階での破壊は，儀礼的な性格も考えられるが，転用に際して必要な部分を抜き出すために破壊した可能性も否定できない。出土位置は，廃棄場などからの出土が多いが，住居跡床面や墓からの出土例も僅かに存在する。

　これらの遺物に共通して言えることは，壊れている道具と壊されていない道具があることである。これらの石棒などの石製品では被熱を受けているものが目立ち，遺物の観察から"破壊"と"破損"の識別をどのように行っていくのか重要な問題である。

（2）土偶変形に見る縄文人の思考

a）型式学的手法：時間的変形と使用法

　東北地方北部の後期前半期の土偶の有脚化について，型式学的に検討した（阿部 2010a）。従来の研究でも，後期前葉に土偶が有脚化することが指摘されていたが（葛西 1986，鈴木克 1999b，成田 1999など），有脚化の過程やその意義については不明瞭な点が残される。

　筆者は，従来の研究を踏まえて，第51図1のように大木10式期から十腰内Ⅱ式期にかけての土偶変遷を示した。また土器との共伴資料から土偶の形態変化（変形）について再検討を加えて，十腰内Ⅰ式期新段階に有脚化・有腕化すると結論づけた（阿部 2010a）。さらに，この有脚化した段階では，土偶脚部が内側に反り返り，胴部に比べて脚部は短く安定性を欠くことから，自立させるために脚部を必要としたのではないと考えた。この点について，筆者は肩部貫通孔の存在からアプローチを行い，大木10式期から肩部貫通孔が伝統的に存在したものが，有脚化した段階に至っても貫通孔を有することから，脚部が自立させるためのものではないと理解したのである。この肩部貫通孔については，使用法の観点から検討を加え，自立させるために支え棒を刺したものか，紐を通して吊り下げるためのものといった2つの使用法を想定した（第51図4）。後者の可能性が高いと考え，紐で吊るした場合でも，人に帰属する「携帯型」と「場」に属する「固定型」（「安置型」）に二分され，さらには，常時ある場所に安置されて，臨機的に携帯されるなどの中間的な場合も想定される。この肩部貫通孔の周縁部を観察しても，目立った摩痕や破損は確認できないのも事実である。しかし，紐で吊るした根拠としてあげられるのが，肩部貫通孔部分で欠損する事例が比較的多いことである（第51図5）。肩部に貫通孔が存在することで，他の部分よりも脆弱であることが破損の要因である可能性もあるが，懸垂による加圧が原因であると推測される。次段階の後期中葉（十腰内Ⅱ式期）になると，肩部の貫通孔が消えるが，脚部は依然として不安定である。後期前葉の有脚化の意義は，自立させるためではなく，造形的な要因，特に東北南部のハート形土偶からの影響が強かったものと理解される。さらには，脚部は従来の板状胴部にそのまま接続したものであり，ソケット状に差し込むような製作手法の変化までは及ばなかったようである。この有脚化は土偶自体の大きさの変化を引き起こし，大形と中形・小形に分化した可能性も否定できない。このような土偶の変形は，複雑な背景を持ち，同じ土偶の有脚化でも中期初頭における中部地方や北陸地方での土偶変形とは，全く異なる背景を有していると考えられる。

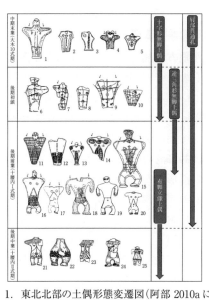

1. 東北北部の土偶形態変遷図（阿部 2010a に加筆）

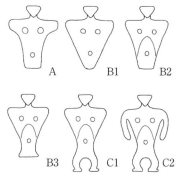

2. 土偶形態分類図

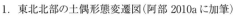
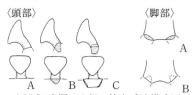

3. 十腰内I式期の土偶の接合手法模式図

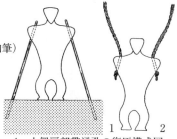

4. 土偶肩部貫通孔の復原模式図
（阿部 2010a）

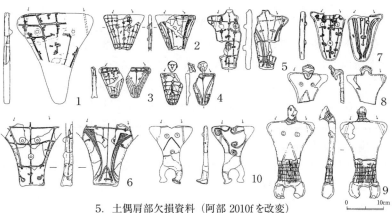

5. 土偶肩部欠損資料（阿部 2010f を改変）

第51図　土偶有脚化と肩部貫通孔

b) 土偶形態と文様の地域性：空間的変異の意義

　十腰内Ⅰ式期における土偶は，東北地方北部を中心に分布し，北海道西南部や岩手県南部・秋田県南部のものは変容が強い。十腰内Ⅰ式土器の中心部に本土偶が分布するとみてよいだろう。第52図 1 は，前十腰内Ⅰ式期の土偶分布図である。この段階は，目の粗い格子目状沈線文が胴部全面に施されるのが特色であるが，馬淵川流域や北上川上流域において刺突列による格子目文の土偶が特徴的に認められる。さらに，この刺突列を特徴とする土偶の分布域は，胴部形状が三角形ではなく，中期末葉の土偶に特徴的な十字形を呈するものが多いようである。

　第52図 2 は，十腰内Ⅰ式期の土偶の分布図であり，有脚化した土偶も分布域に一定の広がりを持ち，地域的な偏りがないと言えるだろう。腕部に関しては，明確ではないが，米代川流域や青森平野に偏り，太平洋側に稀薄であるように見える。以前，十腰内Ⅰ式期の土偶の有脚化について，南側からのハート形土偶の影響である可能性を指摘したことがある。宮城県や岩手県南部の遺跡では折衷的な土偶が存在することからも，ハート形土偶の影響も否定できないだろう。このような影響関係が，腕部の有無に影響している可能性もある。

　このような土偶形態の空間的差異に関しても，他の文化要素（土器など）を重ね合わせて検討する必要があるが，今後の課題としたい。

c) 実験考古学的検証：製作と使用・破壊実験

　縄文土偶に関しては，前述したように，古くから意図的な破壊の可能性が指摘されてきた（谷川 1926，小林 1977など）。土偶の意図的破壊を検証するためには，①出土場所，②接合関係，③破損部位の傾向（粘土塊接合部との関係など），④破損部の状態の観察など基本的方法が重要である。これに加えて，実験考古学的手法が必要であると考える。遺物は埋没過程での風化により当時よりも脆くなっているし，遺物を破壊するわけにもいかないので，土偶を意図的に破壊することが想像しにくいからである。小林達雄が指摘するように，分割塊製法が土偶を破壊するために適用された技術なのか検証が必要である。

　まずは，土偶製作に関して出土土偶の観察から明らかにすることから

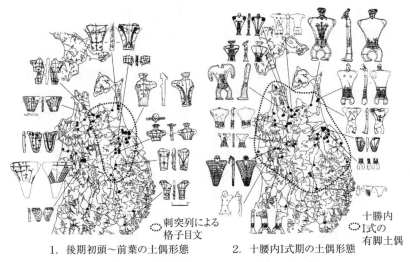

　　1. 後期初頭～前葉の土偶形態　　　　2. 十腰内I式期の土偶形態
　　　　第52図　後期前葉期における土偶形態の地域性

始めた。信濃川流域の中期土偶に関しては，津南町道尻手遺跡と堂平遺
跡の出土土偶の観察から復元を行った。これらの特色は，頭部・腕部・
脚部ともにソケット状に胴部に差し込む手法をとり，胴部は中心で左右
に分割されるもの（中心分割タイプ）と中心部に心棒状の粘土を挟むも
の（中心粘土棒タイプ）の２種類が認められた（阿部 2011d）。また接合
部に心棒状の痕跡は，中部高地（南信）に比べて顕著ではなく，数例が
認められるのみである。さらに，東北北部の後期前葉土偶に関しては不
明瞭な部分が多いが，幾つかの特色が認められる。例えば，以下のよう
な特色があげられる（第51図３）。

①頭部と胴部は，１. 平坦面同士での接合と２. ソケット状に頸部を
　差し込むものがある。
②胴部は，非常に板状に薄くなるものが多いことからも不明な点が多
　いが，板状の粘土を二枚重ねたと推測されるものが存在する。
③脚部や腕部は，ソケット状の接合部もあるが，平坦面での接合例が
　目立つ。

　このような製作法をもとに，土偶の製作実験を行った。

製作時間と収縮率について　　　実験用土偶は新潟の在地で採取された粘土を用いて14個体を製作した（第 3 表）。粘土には，砂とローム土を合わせて約 1 割の割合で混ぜ合わせた。製作にかかる所要時間は，中実土偶は 1 個体につき約 1 時間で製作することができ，中空土偶の場合は輪積み手法で製作するため，1 個体に 4 時間を要した。また土偶の大きさは，製作直後から乾燥完了までに約10％の収縮が認められた。これは焼成後も変化はなく，乾燥段階で収縮はほぼ完了するものとみられる。

粘土接合部の心棒について　　　土偶製作において，粘土接合部に見られる「心棒痕」について幾つかの素材で実験を試みた。最初は硬質の竹串を用いて接合面を繋いでみた。その結果，乾燥段階で次第に接合面同士が剥がれて破損したり，心棒がはみ出したり，破損が生じた（第53図2）。これを踏まえて，より軟質で中空の草茎を使用して接合面を連結した。その結果，乾燥段階でも接合部で破損することなく乾燥し終えた。この芯棒を入れた土偶を壊してみたが，遺物で観察される痕跡と大きく変わらないようである（第53図 3）。心棒の問題は，縄文時代の土偶製作において重要な要素であることから，さらに硬さや中空の度合いなど幾つかの素材で実験を重ねて検討する必要があるだろう。

懸垂実験について　　　次に，土偶使用に関しては，懸垂による携帯を行った。これは土偶の破損度を観察するためである。特に懸垂による貫通孔周辺の破損である。実験自体は，1 日のみで終了したが，これを継続することで実際の破損率を解明できるものと考えられる。その結果，土偶自体に大きな欠損はなく，貫通孔自体にも目立った損傷は認められなかった。

破壊実験と接合面　　　最後に，土偶の破壊実験を行った。土偶の意図的な破壊の可能性については，以前より指摘されている重要な問題であるため，粘土塊接合手法と破壊との関係性について検討するため，実験的に製作土偶の破壊を行った。今回は，土偶を手の掌に載せて指で折り取る方法をとった。粘土塊の接合部分を中心に折り取りを行ったが，簡単に折り取ることはできなかった。力をかけて，ようやく折り取る事ができたが，ソケット状に接合した粘土塊接合部が他よりも脆いとは言い難い状況であった（第53図 4）。さらに，片脚を折り取った後にもう片方

第3表　製作土偶一覧

個体番号	形態	大きさ 製作時 (cm)	大きさ 乾燥後 (cm)	大きさ 焼成後 (cm)	焼成後の状態	破壊	懸垂	赤彩	芯棒	備考
No. 1	道尻手	不明	17.7	17.6	完存	○	—	—	—	
No. 2	十腰内	不明	18.1	18.1	完存	○	—	—	—	
No. 3	河童形土偶	不明	9.8	9.8	完存	○	—	—	—	
No. 4	仮面形土偶	不明	22.6	22.4	完存	—	—	—	—	保管。
No. 5	道尻手	26.5	24.4	24.3	左胸部破損	—	—	—	—	保管。
No. 6	十腰内	17	15.4		頸破損・接合	—	—	○	—	
No. 7	道尻手	11.4	10.2	10.1	完存	○	—	○	—	
No. 8	道尻手	5.8	5.2	5.2	完存	—	—	—	—	
No. 9	道尻手	14.2	13	13	完存	—	—	—	—	
No. 10	道尻手	13	—	—	破損	—	—	—	竹串	乾燥時に、櫛がつっかえ棒の役割を果たして接合面から破損。
No. 11	道尻手	16	14.9	14.7	完存	—	—	—	—	
No. 12	十腰内	11.5	—	—	破損	—	—	—	竹串	乾燥時に、櫛がつっかえ棒の役割を果たして接合面から破損。
No. 13	仮面土偶	不明	不明		胴上半部の輪積み繋ぎ目で破損	—	—	—	—	
No. 14	道尻手	16			完存	○	—	—	中空の草茎	乾燥による破損は認められない。

1. 土偶焼成実験　　　　　　　2. 乾燥時の心棒の突出　3. 破断面の心棒痕

4. 粘土塊接合部　　5. 焼成時の破損面

第53図　土偶製作と破壊実験

を折り取ろうとしたが，より折り取りにくい状態になった。これは粘土
の焼成温度などの諸条件によって異なると思われるが，現状では容易に
折り取れるものではないと結論づけられる。その一方で，実験用土偶を
立てて実測図を作成していたところ，偶発的に転倒して胴部で真っ二つ
に割れてしまった。このような土偶の意図的な破壊行為に関しては，ま
だ結論を出せるほどのデータは蓄積されていないが，少なくとも接合部
で折り取るつもりであれば，ソケット状に接合することはしないのでは
ないかということは指摘できるであろう。

（3）鐸形土製品に関する自然科学分析と実験考古学的手法

a）鐸形土製品の内面付着物の自然科学分析

　「第二の道具」研究において，自然科学分析の導入を行った。この種
の遺物の場合，適用できる資料は少ないが，後期前葉の鐸形土製品を対
象とした。本土製品は，以前より内面に黒色付着物が特徴的に見られる
ことから，火の使用によるススの可能性が指摘されている（遠藤 1987，
成田 2009b ほか）。その一方で，塗付された漆の可能性も指摘されてい
る（成田 2007）。このことから，付着物の起源を解明するために，これ
らの付着物を採取して炭素−窒素同位体比分析などを行うこととした
（阿部・國木田・吉田 2011）。

　鐸形土製品は，東北地方北部を中心に十腰内I式土器分布圏と似たよ

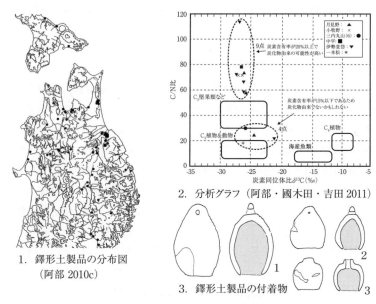

1. 鐸形土製品の分布図
   （阿部 2010c）

2. 分析グラフ（阿部・國木田・吉田 2011）

3. 鐸形土製品の付着物

第54図 鐸形土製品の用途に関する分析

うな広がりを示し（第54図1），本土器様式に特徴的な土製品である（阿部 2010c）。本土製品の黒色付着物は，内面全体（斑になる場合もあるが）に黒色物質が付着するものであり，肉眼観察からは複数の物質があると判断される（第54図3）。一つは，指で触れると付着するほどで，斑状に付着するものである。二つ目は，膜状に付着し光沢を持つ塗布された漆状のものである。さらに，層状に付着するもので，塗布されたというよりは内面に付着したものと推測されるものである。これらの黒色付着物は内面に顕著であるが，外面にも僅かにスス状の付着物が観察される。このことから内面だけに付着物が付いたのではなく，外側は風化によって薄くなって消えたものと想定される。

　これらの内面付着物の由来を解明するために，東京大学の吉田邦夫・國木田大両氏との共同研究により，炭素−窒素同位体分析などを行った。その結果，まずはアセトン液で呈色しなかったことからアスファルトなどの油に由来するものはないことがわかり，炭素−窒素同位体比からC3植物に起源することが明らかとなった（阿部・國木田・吉田 2011）。ま

た内面に塗付された漆ではなく，スス状の付着物であることが明らかになった。

b) 鐸形土製品の使用実験と付着物

　最近の縄文時代の土器や石器の研究において，実験考古学的手法が導入されている（小林正編 2011，山田 2008など）。これらのデータは，考古資料を解釈する時に直接的に用いることは危険であるが，研究進展のためには不可欠な作業であると考えられる。本研究では，鐸形土製品の内面付着物の由来を解明するために，鐸形土製品を製作して3パターンの使い方で実験を行った。一つは，内側に乾燥した植物質繊維を入れて燃やす実験である（サンプルA）。この場合，ほとんど内容物は燃えずにすぐに火が消えてしまった。これは燃焼に必要な酸素の供給ができないためであると考えられ，内面で何かを燃やすことには適した構造ではないと結論づけられる。さらに，外側にもスス状の付着物があることからも，内面だけで火使用したとは考えにくい。

　次に，土製品の内面で植物由来の油（エゴマ油）で火を灯す実験である（サンプルB・C）。油を満タンにいれるサンプルB，油を半分くらい入れたサンプルCを設定した。その結果，サンプルCは火が点いた紐の接地面にのみススが付着しただけである。サンプルBは最初，上部にススが付着し，油が燃えて減少するなかで，次第に上部から下部までススが付着していった。しかし，火が点いた紐が片側に偏っていたために約半部側にだけススが付着した。

　もう一つは皿状の器の上で植物由来の油（エゴマ油）の火を消す実験である。ここでは火をすぐに消すサンプルDと火の上に1分ほど吊るしてから火を消すサンプルEの2つの条件を設定した。蝋燭や燈明皿を想定した火を，鐸形土製品で数回ほど消してみた。しかし，この場合ほとんどススの付着は認められなかった。次に火の上に吊るしてから消したサンプルEは，多量に内面全体にススが付着し，さらには表面の下側にもススの付着が確認された。この場合が最も鐸形土製品の黒色付着物の付き方に類似している。しかし，ススが付着する別の状況も想定され，例えば炉の火の上に吊るしたりする行為が想定される。今回行った実験は幾つかの条件を設定して今後とも繰り返す必要があるだろう。

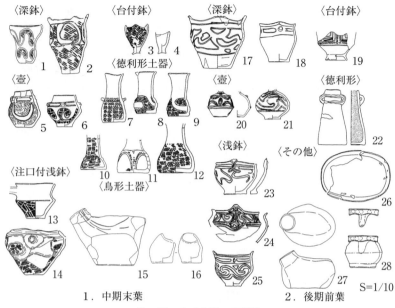

〈深鉢〉 〈台付鉢〉 〈深鉢〉 〈台付鉢〉
1 2 3 4 17 18 19
〈徳利形土器〉
〈壺〉 〈壺〉 〈徳利形〉
5 6 7 8 9 20 21 22
10 11 12 〈浅鉢〉 〈その他〉
〈注口付浅鉢〉 〈鳥形土器〉 23 26
13 24
14 15 16 25 27 28
1．中期末葉 2．後期前葉 S=1/10

第55図　小形土器の多様性

（4）ミニチュア土器の機能・用途について

　縄文時代のミニチュア土器と呼称されるものは，便宜的に器高10cm
以下といった定義も示されているが（菅野 2008），定義は極めて曖昧で
ある。少なくとも，手捏ねで作られた器高 5cm 以下のものと，10cm 前
後の大きさの輪積みで製作されるものの二者が存在することが分かって
いる。後者は小形土器と呼ばれるものを含んでおり，文様も丁寧に施さ
れ，稀に漆の付着や煮沸に使用した例が認められる。これに対して，前
者は文様も比較的粗雑で，使用痕と言えるものはほとんど確認できない。
このように，従来ミニチュア土器の範疇で捉えられるものは，用途の違
う複数の種類を含んでいると言える。

　東北地方北部のミニチュア土器は，縄文時代中期の円筒上層式期や榎
林式期にも通常の深鉢と類似するミニチュア土器が存在する。中期末葉
には，深鉢と同様な文様や器形を有する小形土器が普及するようである
（第55図１・２）。その中でも特徴的なのが「徳利形土器」である。以前，

この徳利形土器に着目して，竪穴住居跡の床面（火災住居跡に多い），特に奥壁寄りから出土する傾向があることを指摘した（阿部 2009b）。この徳利形土器は，中期末葉の東北地方に特徴的に分布する小形土器であり，内容物や使用痕は残っていないが，出土状況から家屋の廃絶儀礼に使用された可能性が想定される。この他にも台付鉢や深鉢，注口付浅鉢の小形土器も存在し，竪穴住居跡の柱穴から出土するなど特殊な出土例が多く見られる。中期末葉の東北北部で注目されるのが，鳥形土器や鳥形土器などと呼称される小形土器である（成田 2005，熊谷 2007）。これらは後期初頭まで継続する特殊な形態を有し，無文のものが多い（15・16）。一方で，漆の生成に関わったと見られる小形土器が存在する（岡村 2010など）。多くは，赤色顔料や固形状の漆が残存するもので，実用的に使用された痕跡を持つ。ただし，赤色顔料の塗彩や漆は，浅鉢や有孔鍔付土器などの特殊な器種にのみ施されることから，特殊な意味が付された器だった可能性も考慮されるだろう。

　一方，後期前葉になると全体的に小形土器が多くなり，ミニチュア土器との境が不明瞭である。深鉢や台付鉢，壺，浅鉢など通常の土器と同様な器種が存在する（第55図17〜25）。その一方で，徳利形の土器や鳥形土器のようなもの，や皿状土製品がみられる。さらに，注目したい事例として，青森県八戸市松石橋遺跡（工藤・水野他 2003）の 4 号住居跡から出土したミニチュア土器とキノコ形の土製蓋である（第55図28）。本事例はやや頭部が角張ったキノコ形を呈するが，ミニチュア土器の蓋であった可能性を示唆するものである。これらの土製品は，目黒吉明（1997）によると，カサが半球状のものは，ナメコ，シメジ，マツタケ，ヤマドリダケなどに類似し，カサが平板状のものは，ハツタケ，ツチカブリ，アミタケで，カサの上面が凹状のものは，カヤタケ，カワリハツ，ウスタケ，などに類似することが指摘されている。これらは形態的に，キノコを模した可能性は高いが，蓋として使用された可能性も探る必要があると考えられる。

　このような観点から，ミニチュア土器の機能・用途について検討してみたが，実際に使用痕跡をとどめるモノは少なく，出土状況などから推測する他にないようである。

（5） 大形石棒の基礎的研究——東北北部の事例から

　東北地方北部には，特徴的な大形石棒が存在する。先行研究では，澁谷昌彦（2007a・b）による全国的な集成研究や北海道泊村堀株遺跡（土屋 1992）や函館市石倉遺跡（田原 1999）での集成研究などがあるが，当地域の実態はほとんど明らかにされていなかった。本研究は，新たな方法論といった視点はないが，事例集成と遺物観察といった基礎的研究の成果である（阿部 2010d）。

　東北地方の石棒とされるものの多くは，無頭であるとともに，加工のない柱状礫や棒状礫などであり，その中でも特徴的な石棒として「端部彫刻石棒」と命名したものが存在する。この石棒は，円筒状の棒状を呈し，端部平坦面に彫刻により，同心円状の文様等（稀に十字状文もある）を施すものである（第57図1：1〜23）。これらの大形石棒は，北海道西南部から東北地方北部を中心に南部まで広がる石棒タイプである（第56図1）。時期的には，これらの石棒は中期中葉〜後葉（円筒上層d式期〜榎林式期）の時期に製作されたと考えられる。この時期は，北陸地方から「彫刻石棒」や「鍔を持つ石棒」（小島 1986・1995）が日本海側の男鹿半島の大畑台遺跡（児玉ほか 1979）まで広がりを見せる時期でもあり（第56図2），東北北部での端部彫刻石棒の出現は，北陸地方から流入してきた彫刻石棒が関与している可能性が想定される。

　さらに，これらの大形石棒の出土状況は，住居跡床面や土坑内から出土する事例が多く，樹立して出土する事例はほとんど認められない。このことと両端部に彫刻を施すことを考慮すると，他地域の石棒とは異なり，安置時においては樹立した状態で使用したものではなかった可能性が想定される。一方，前庭部付石組炉が出現する中期末葉になると，端部彫刻石棒は廃れて，有頭石棒が主流となる。多分，単頭で端部に窪みを有するものが多く，前段階までの彫刻の伝統を引き継いでいるものと考えられる。石材は多孔質安山岩などが使用されるが，東北南部では中期終末に緑色片岩などの小形・中形石棒が出現する（阿部 2008・2010d）。これらは壁際から出土するものが多く，中期後葉の端部彫刻石棒は横位で出土するものがあるが（第57図2-①），中期末葉の無頭・単頭石棒は斜めに傾いた状態で出土するものが見られることから当時は樹立・安置

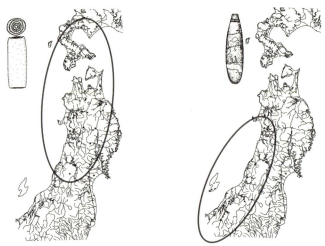

1. 大形石棒：端部彫刻石棒の分布　　2. 大形石棒：彫刻石棒・鍔を持つ石棒の分布

第56図　東北地方の大形石棒の分布

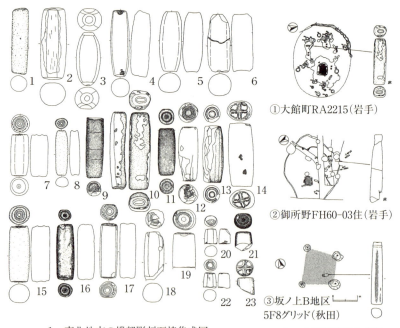

①大館町RA2215（岩手）

②御所野FH60-03住（岩手）

③坂ノ上B地区
5F8グリッド（秋田）

1. 東北地方の端部彫刻石棒集成図

2. 大形石棒出土状況

第57図　東北地方の大形石棒

されていたと想定される（第57図2-②）。しかし，同時期の関東地方や中部地方のように石組炉端部に石棒が樹立して出土する例はほとんど確認できなかった。このことは，一つの地域差としてあげられ，石棒が持つ象徴性とも関わるものと考えられる。これらの大形石棒には，被熱を受けた赤化や破砕が認められる。これは他地域の石棒とも共通する痕跡である。

　その後の後期初頭になると，東北北部では次第に大形石棒が衰退し，後期前葉（十腰内Ｉ式期）にはほとんど確認できなくなる。これと関連するように，当地域では石刀が製作されるようになる。これは同時期の他地域では認められない現象であり，十腰内Ｉ式土器分布圏の特徴的道具の一つとして理解される。このような大形石棒の衰退現象は興味深く，中期的な文化の終焉を象徴していると考えられる。

（6）石刀に残された痕跡の意味

　東北地方北部の後期前半期の特徴的な石製品には，石刀がある。石刀は，東北北部を中心として十腰内Ｉ式土器分布圏と同様な広がりを示す（第58図1）。例外的に，山形県村山市川口遺跡（阿部・月山 1990）のような遠隔地での出土例も確認されるが，川口遺跡の場合は十腰内Ｉ式土器も一定量出土するなど特殊な事例として注目される。

　これらの石刀は，長さ30cm前後の石製品で，握るための柄部と反りを持つ刃部からなり，刃部は内反りの部分に作出される（第58図2）。これらの石刀の形態は，後藤信祐（1986・1987など）により「保土沢型・莇内型石刀」と呼称されるものに類似する。多くは粘板岩製で，数例のみ白色の片岩系の石材も見られる。これらは，1遺跡から大量に出土するわけではなく，1遺跡から数点出土するのが通常である。大湯環状列石のように96点と多出する遺跡もあるが非常に稀である。これらは第58図2のように，完形品で出土する事例もあり，必ずしも壊れて出土するわけではない。これらの石刀は，長さ30cm前後で，内反りの刃部を持つことから，片手に持って振り下ろすような動作が想定される。例えば草刈鎌のような動作であり，柄の端部に手から抜け出さないようなグリップエンドが作出されている点も振り下ろすような動作を行った可能性を示していると考えられる。

　一方，これらの石刀の残存部位には一定のパターンが認められる（第59図1）。以前，このような残存部位をA類〜F類の6つに分類したことがある（阿部 2010b）。これらは破壊もしくは破損時における衝撃を受けた箇所もしくは，力点と関連する可能性が想定される（第59図2）。つまり，破損箇所は衝撃を受けた部位とは限らず，先端部に力が加わったことで根元が折れることもある。例えば，野球の木製バットがいい例である。このように石刀の残存部位は，壊れた際に力が加わった部位を間接的に示している可能性があり，今後とも実験などを通して検討していく予定である。

　また，石刀の刃部の多くは何も痕跡が認められないが，何例かで刃部に敲打痕や打点が観察される。これらが使用時に偶発的に壊れた痕跡なのか，意図的に破壊された痕跡か，もしくは廃棄後の埋没過程で付いたのかが問題である。多くの石刀の刃部には使用痕と思しき痕跡はなく，使用時とも断言しにくい。一つは，青森市三内丸山（6）遺跡（坂本・成田ほか 2002）の石刀であるが，この事例は少なくとも3つか4つに分割され，刃部の2点が接合したもので，同一個体と思われる柄部1点が接合せずに存在する[2]。本資料の刃部には無数の敲打痕が観察され（第58図2-2），使用による痕跡というよりは破壊に伴う敲打痕と理解される。もう一つは，岩手県一関市清田台遺跡（小原 2003）出土の石刀片であり，刃部の折損部分の剥離面に打撃による打点とリングが観察される（第59図1-16）。これが使用時によるものかは明確ではないが，少なくともこの打撃によって刃部が損傷した可能性が高い。

　このように刃部に何らかの痕跡を残すものは非常に稀であり，数例だけで石刀の用途や性格を推測するのは危険である。今後とも，石刀に残された痕跡や残存部位から石刀の用途について検討を深める必要がある。さらに，後期前葉ではあまり良好な出土例がないものの，後期後半や晩期では墓坑から出土する例などがあり（第59図3），出土状況からも石刀の持つ性格が読み取れると言えるだろう。いずれにしても，これらの石刀は切れない刃部を有することから，儀礼行為において何らかの対象

　2）　三内丸山（6）遺跡出土の石刀は，資料閲覧の際に偶然接合したことから，青森県埋蔵文化財調査センターの担当者の御好意で再実測させて頂いたものである。

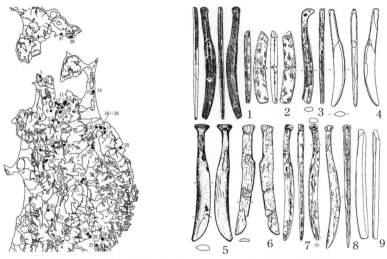

1. 後期前葉の石刀分布図（阿部 2010b）　　　2. 石刀の主要事例

第58図　後期前葉の石刀分布と主要事例

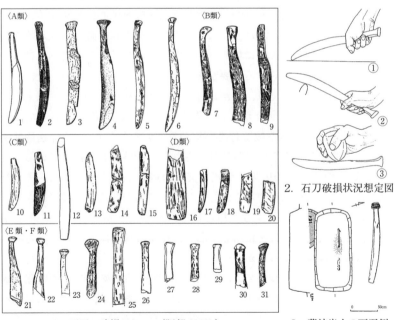

1. 石刀の破損パターン（阿部 2010b）　　　3. 墓坑出土の石刀例

2. 石刀破損状況想定図

第59図　石刀の破損パターンと出土状況

物を叩くか，見えない存在を切るなどの行為に使用されたと想定される。

（7）三角形岩版の用途研究

　後期前葉の東北地方北部では，三角形岩版や三角形土版，三脚石器，土冠などの"三角形"を呈する遺物が特徴的に存在する。これらの分布域は，十腰内Ⅰ式土器分布圏内にあるものの，非常に局地的なあり方を示している（第60図）。例えば，三脚石器（「第二の道具」かも見解が分かれるところではあるが）は，米代川流域に特徴的に分布する石器であり（第60図1），伊勢堂岱遺跡では多量に出土している（榎本 2007）。またこの時期に特徴的な石製品として三角形岩版がある。これらの三角形岩版は，青森平野を中心に分布し，米代川流域では数点出土する程度で主な分布域からは外れると言ってよいだろう（第60図3）。特に，青森市小牧野遺跡（児玉 2006）では406点，稲山遺跡（小野・児玉 2004）では381点出土するなどで，他の遺跡に比べると突出した量が出土している。またこれと類似する三角形版が存在する。第60図2は中期末葉の三角形土版も含めた分布図であるが，やはり青森平野を中心に分布するようである。十腰内Ⅰ式期における，これらの分布は青森平野と米代川流域で相互補完関係にあるように見えるが，関係性に言及するのであれば，やはり機能・用途を検討する必要があるだろう。

　三角形岩版については，葛西勵（1970）や成田英子（1974），児玉大成（1997・2001）による研究がある。児玉（1997）は，「必要に応じて故意に破砕あるいは目ある破壊行為が行われていた」として，「葬送儀礼あるいは季節や経年の祭祀の時に使用された可能性」を指摘している。さらには，「環状列石の広場で祭祀・儀礼の道具として使用され，その行為が終わると道具は片づけられ」，「多くは斜面や凹地などに形成される捨場に廃棄されたり」すると想定している（児玉 2001）。これらの石製品は比較的軟質な石材を使用しており，使用痕跡も確認できないため，出土状況から検討するしかない。

　一方，三脚石器については，実用的な利器（成田英 1974）や祭祀・儀礼に関わるもの（児玉 2001）といった捉え方があるが，機能・用途は不明である。北秋田市伊勢堂岱遺跡や石倉岱遺跡（加藤・阿部・朝倉 2011）出土の三脚石器を観察しても，明確な使用痕は確認できない。こ

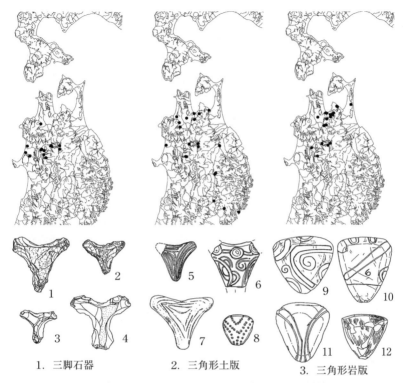

1. 三脚石器　　　　2. 三角形土版　　　　3. 三角形岩版

第60図　三角形岩版と三脚石器・三角形土版の関係性

　れらの三脚石器は，上下面が節理面や原面を残しており，これらの面に
はあまり使用痕は確認できない。三脚石器のなかには，中心部にアスフ
ァルトが付着するものが存在するが，これは頂部に紐などを括り付けて
接着した痕跡の可能性が想定される。例えば，網漁などの錘や狩猟にお
ける飛び道具として使用された可能性であり，石錘に共通する道具とも
考えられる。

　また，これらは縄文時代前期や中期の新潟や東北南部などの別地域に
も存在している。これらの系譜関係は明確ではなく，単なる“他人の空
似”である可能性もあるが，このような時期や地域的な連続性がない場
合や，材質を超えたカタチの普遍性は，「第二の道具」を考えるうえで
注目される特色である。

(8)「第二の道具」の研究法について

　今回の「第二の道具」を対象とした研究では，従来の研究方法に加えて，自然科学分析や実験考古学的な手法を取り入れた。これらの道具の持つ機能・用途を解明するのは，非常に困難であるが，幾つかの視点からの解釈は可能であると考えられる。材質の選択性，形状，文様，色の選択性，遺物に残された痕跡，道具としての扱われ方，などがある。道具の種類によって重要な要素は異なるため，それぞれの遺物にあった属性から，その機能・用途を検討していく必要がある。

　今回は，自然科学分析や実験考古学的手法を用いたが，この他にも縄文時代研究では，X線やCTスキャンを用いた製作手法等の解明（白鳥2003，宮尾 2009など）や顕微鏡を用いた使用痕観察など多くの研究法があり，モノから読み取れることはまだ多く残されていると言える。

3　「第二の道具」と環状列石──「道具」と「場」の関わり

　前節まで，「第二の道具」の機能・用途とその研究法についてまとめてきた。ここでは，「道具」と「場」の関わりから，そこで行われた行為を復原し，どのような世界観が反映されているのか検討を加える。

a）遺物組成グラフから──遺跡と道具組成

　東北地方の「第二の道具」は，中期中葉ごろまでは十字形土偶に代表されるように土製品・石製品は豊富であり，中期後葉の榎林式期には土偶に加えて「端部彫刻石棒」（阿部 2010d）などが存在する。また東北地方南部でも有脚立像土偶やなどが盛んに製作された。しかし，中期末葉になると東北地方北部では，土製品・石製品は非常に乏しくなり，一時的に土偶も衰退するとみられる（阿部 2011a）。これに対して，東北地方中部や南部では土偶が継続的に作られ，当時期の土偶の衰退は関東地方や北陸地方でも共通した現象であると言える。この時期の土製品としては，土製耳飾が東北地方一帯へ，東北南部には土製腕輪が分布し，岩手県を中心に斧状土製品が分布するなど，地域性が出てくる。石棒は東

北北部では有頭石棒へと変化し，竪穴住居の奥壁よりに設置されるものが出てくる。東北南部では，大木10式期には緑泥片岩製の石棒が製作されるようになり，関東地方と同様な変化を示す。東北北部では，青竜刀形石器や棒状の石刀が製作され，南北で大きな地域差が見られる。中期末葉は，東北地方から新潟県にかけて大木9式・10式土器が広がり，複式炉が造営される時期でもある。土器器種においても，注口付浅鉢や壺形土器が作られる。

　後期初頭になると，東北北部でも再び土偶が増加する一方で，大形石棒が消滅する。この時期は，住居形態が複式炉を持つ住居から柄鏡形住居へと転換する時期であり，これとともに大形石棒も姿を消してしまう。後期前葉（十腰内Ⅰ式期）になると土製品・石製品の種類が多様化するとともに数量が増加する傾向がある。

　縄文時代の「第二の道具」の多くは，捨場から廃棄された状態で出土することは明白である。ここでは，東北北部の主要遺跡から出土した「第二の道具」の組成を比較してみたい。遺物組成研究は，土器や石器でよく用いられる研究法の一つであるが，土製品・石製品の場合はその数量だけが注目されるなど，まだ成熟した方法論とは言い難い。

　組成グラフ（第61図1・2）を見ると，土製品は環状列石が検出されている大湯環状列石や伊勢堂岱遺跡，石製品は稲山遺跡や小牧野遺跡で多量に出土している。これらは調査面積や調査対象となった集落の区域によって出土数が左右されると考えられる。しかし，石製品では三角形岩版や円形岩版，三脚石器を除けば，遺跡間での大きな違いは認められない。石刀に関しては，大湯環状列石以外は各遺跡数点の出土数に限られる。また石刀の場合は，弥次郎窪遺跡のように未成品を多く含む遺跡があり，製作遺跡の存在も注意する必要があるだろう。また土偶の場合，伊勢堂岱遺跡や大湯環状列石も多くの土偶が出土しているが，青森市の三内丸山（6）遺跡や近野遺跡からも100点前後の土偶が出土している。このように，必ずしも環状列石を持つ遺跡やその周辺に偏る訳ではないことが言える。

　ライフサイクルの項目で言及したように，これらの大多数は廃棄の状態を示し，廃棄前に破損もしくは破壊された可能性もある。さらに，多様な「第二の道具」のすべてが環状列石といった単一の場だけで使用さ

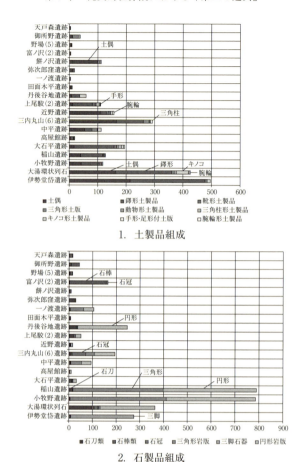

1.　土製品組成

2.　石製品組成

第61図　主要遺跡における「第二の道具」組成グラフ

れたとするのは，あまりにも偏った見方であろう。従って，道具と場との関係性，もしくは遺跡内での分布とそのコンテクストが重要である。

b) 遺物分布図の分析から：特に濃淡図と接合関係

環状列石周辺から出土する遺物を評価するためには，ライフサイクルの中で捉える必要がある。ここでは，環状列石における①遺物分布図もしくは濃淡図，②遺物接合関係関係を取りあげて，遺物と場の関係性について検討したい。遺物濃淡図については，以前，新潟県の環状列石の

分析のなかでその特徴を指摘したことがある（阿部 1998b）。つまり，環状列石内部は出土遺物が稀薄であり，中央広場と同じような傾向を示すことから，環状列石が広場空間から派生した構築物であると結論づけた。さらには，列石内部空間は遺物が希薄であることから，意図的な清掃行為の存在も想定される。

　東北北部の環状列石では，小牧野遺跡や伊勢堂岱遺跡をはじめとして，多くの遺跡で濃淡図が作成されているため，その傾向は明らかである。例えば，青森市小牧野遺跡（児玉 2006）では，環状列石周辺の下側（北東〜南東）に捨場が形成される（第62図1）。また北秋田市伊勢堂岱遺跡の環状列石Aでも，同様な傾向を示している（第62図3）。青森市稲山遺跡（小野・児玉 2004）の遺物出土傾向も同様であり，環状列石周辺の捨場から土器や石器とともに出土する傾向がある（第62図2）。

　またそのなかでも，大形土偶は特殊な出土状況が確認される（成田 2002c，播磨・小林 2008）。例えば，小牧野遺跡では，環状列石から北へ20mほどのところから頭部を欠く大形土偶が出土し，右脚部の一部は列石北側2mの位置から出土している（第62図1）。また伊勢堂岱遺跡では，環状列石Aの西側にある不整形土坑上層からほぼ完形の土偶が出土し，頭部が約20cm上層から出土しており，播磨芳紀と小林克（2008）はこうした土坑埋納土偶について，「家神」としての祖先祭祀にかかわるものであるという見方を示している。このほかにも伊勢堂岱遺跡では，土坑SK135やSK510から大形土偶片が出土している。また稲山遺跡では，環状列石周辺径35mの範囲から土製品や石製品などが出土しており，そのなかで大形土偶1が環状列石を挟んで約70mはなれて接合している。このような大形土偶の特殊な出土状況もあるが，多くは近くの廃棄場から出土する傾向は明白である。これについては，六ヶ所村大石平遺跡は半径300mほどの範囲に同時期の居住域が広がっているが，土偶や石刀は環状列石周辺の捨場などから出土しており，環状列石周辺に集中している（第63図）。第63図は，主な土偶と石刀の分布を示したものであるが，例えば土偶9は環状列石の近くと約100m離れた破片が接合している。環状列石以外でも，野辺地町有戸鳥井平（4）遺跡（瀬川 2001）の大形土偶では，墓域とされる場所から胴部で二つに割れた状態で土器に覆われるように出土している（第62図4）。

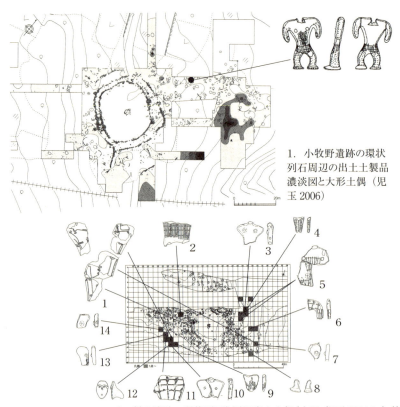

1．小牧野遺跡の環状
列石周辺の出土土製品
濃淡図と大形土偶（児
玉 2006）

2．稲山遺跡の環状列石と周辺出土土偶（小野・児玉 2004 に加筆）

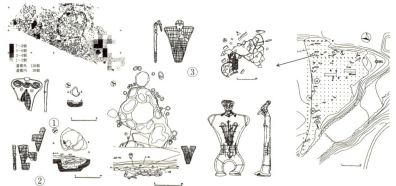

3．伊勢堂岱遺跡の環状列石周辺出土土偶　　　4．有戸鳥井平（4）遺跡の大形土偶
　　（播磨・小林 20008 など）　　　　　　　　　　出土状況（瀬川 2001）

第62図　環状列石と「第二の道具」の分布（1）

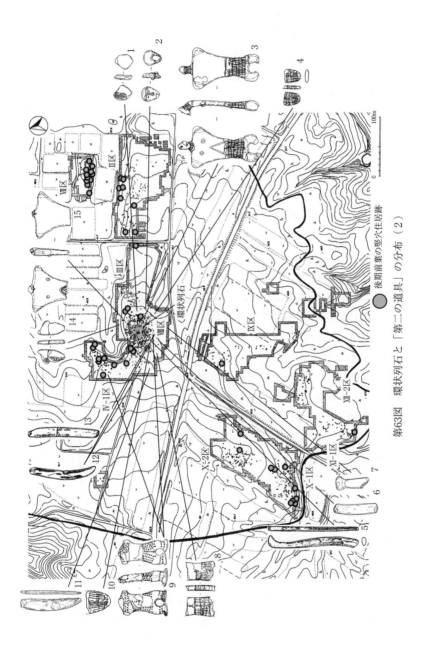

第63図 環状列石と「第二の道具」の分布（2）

　これらの出土状況や濃淡図から，環状列石周辺に捨て場が形成されて，そこから土器や石器に加えて「第二の道具」が多く出土する傾向が読み取ることができる。

c）儀礼行為の復元

　縄文時代中後期に限ってみると，想定しうる儀礼行為は以下のものがあげられる。

　　1）通過儀礼：出産，成人，婚姻，葬送儀礼
　　2）建物に関わる儀礼：建築儀礼，屋内儀礼，廃絶儀礼
　　3）モノに対する儀礼：狩猟儀礼，送り？
　　4）その他の祈祷・呪術：病，災害，災い，飢餓

　これらは想像に過ぎないが，これ以外にも儀礼行為は存在したであろう。これらは，周年的に行われる儀礼や臨機的に行われる儀礼などがあるが，特に毎年決まった時期に行われた儀礼行為も存在したと考えられる。環状列石では集落共同で執り行う重要な儀礼行為が行われたことが推測される。さらに，一般的に儀礼行為には，①声（歌），②動作（舞），③音（楽器），④道具，⑤空間，⑥明かり（火・光），⑦食物，⑧飲物（酒など），などを伴っていたと推測されるが，多くの場合は道具や空間が考古資料として残るだけである。これらの儀礼行為を復元するのは不可能であるが，残されたものからその一端を推測することは可能であると思われる。ここでは東北地方北部の環状列石と「第二の道具」の関係性について，著者なりの解釈を述べたい。

　まずは，環状列石と「第二の道具」との関係性であるが，列石周辺に廃棄場が形成されたことは明確であるが，これらの分布はどのようなコンテクストのなかで形成されたものであろうか。一つの可能性としては，環状列石内外で行われた集団による儀礼行為の後に，用が済んだため環状列石外で破壊されて廃棄されたという過程である。このことは，道具組成の遺跡間比較でも明らかなように，環状列石周辺にのみ「第二の道具」が出土するわけではないのである。さらには，多様な全ての道具が環状列石で行われる儀礼行為のみで使用されたという見方は，あまりに

も現実的ではない。もう一つの可能性は，環状列石で廃棄儀礼もしくは送り儀礼のようなものを行う"送りの場"であり，そこで「第二の道具」も破壊されて，廃棄されるという見方である。もちろんこの種の儀礼行為は，環状列石のみで行う必要はない訳である。しかし，根拠と言える考古学的根拠も提示できないが，冬至の日没や日出が意識されたり，記念物に反映されたりする事例は非常に象徴的である。冬至は，太陽の死と再生を意味することが多く[3]，環状列石で行われる儀礼行為とも密接に関わるのではないかと推測される。これは積雪地域における越冬とそのための準備とも関わる問題であり，秋季には食料としての堅果類，サケなどの食料，暖や調理のための燃料材の確保などが想定される。東北北部の冬至の頃は降雪や積雪がある時期であり，環状列石は雪に埋もれていることも想定されるが，積雪量にもよるが配石は地面よりも雪が溶けやすい。また貯蔵は各竪穴住居で行われたとみられるが，掘立柱建物などが冬季の貯蔵庫としての役割を果たしていたのではないかと推測される。東北北部では中期末葉には掘立柱建物が出現して普及する。中期末葉の集落の広場周囲にめぐる点も，後期前葉の環状列石でのあり方と共通性を有している。これらの掘立柱建物は後期後半以降も集落のなかで重要な構成要素となる。

　後期前葉は，環状列石の造営とともに，「第二の道具」の多様化と多量化の現象が引き起こされる。これらが単純に環状列石での儀礼行為の活発化を示しているとは考えにくいが，多様な儀礼行為が存在したことは疑いないと言えるだろう。このような「第二の道具」の多様化・多量化は後期後半になっても変わらず，縄文時代の終わりごろまで継続する。このことは，信仰体系や世界観に大きな変革がなかったことを物語っていると言えるだろう。

　一方，他地域の環状列石のあり方を見ると，例えば新潟県の信濃川上流域に位置する津南町道尻手遺跡（佐藤・阿部ほか 2005）や堂平遺跡

---

[3]　冬至に関わる儀礼は，世界各地でみられる。例えば，西欧のクリスマスももともとは冬至のまつりに合わせたものと言われている。
　この他にも，アイルランドのニューグレンジの羨道付墳墓（紀元前3200年頃）は有名で，冬至の日出の光がまっすぐの羨道を通って玄室に達するといわれ，葬送観念と冬至というものが密接に結びついたものと考えられる。

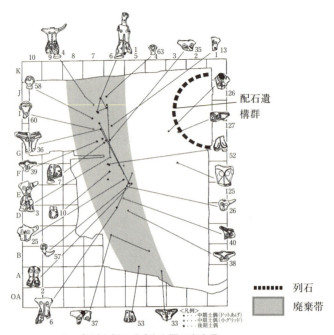

1. 主要土偶の分布と中期の廃棄帯

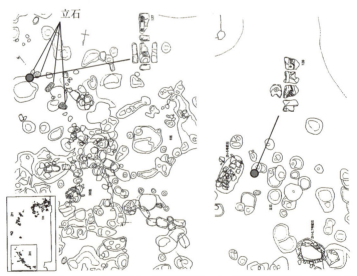

2. 3号配石群の立石遺構脇出土の後期土偶片   3. 2号配石群出土の後期土偶片

第64図　他地域の集落遺跡における土偶分布：新潟県道尻手遺跡

（佐藤・阿部ほか 2011）からも環状列石が検出されている[4]。これらは「中間地帯の環状列石」（阿部 2008）と捉えているが，この地域では中期後半期の環状集落が継続して，中期終末～後期初頭になって環状列石が中期後半期の集落の中央広場に構築されると理解される（阿部 1998a・2008）。このことも中部高地や東北北部では見られない現象である。しかし，これらの地域では東北北部のように多様な「第二の道具」が多量に作られることはなく，土偶や小形の石棒が僅かに存在する程度である。これらの「第二の道具」の出土状況においても違いがあり，特に道尻手遺跡が特徴的である。この遺跡では，中期の土偶が140点，三角形土版が216点出土しており，これらはほぼ廃棄帯から出土している（第64図1）。これに対して，後期の土偶は5点ほどだが，列石や立石の近くから出土する例が目立つ（第64図2・3）。このように，明らかに中期の土偶の扱い方と後期のものでは大きな違いが認められる。

　東北地方北部の環状列石と「第二の道具」のあり方は，特徴的であるが，他地域との比較からそれぞれの地域における「第二の道具」の種類や数量，扱い方などが大きく異なることが明らかであり，このような文化的差異は儀礼を研究するうえで非常に興味深い事象である。

　4）　両遺跡ともに，筆者が整理作業に従事した遺跡であり，道尻手遺跡からは県内で最も多くの縄文中期土偶が出土している。

第 8 章

縄文研究における「景観論」

1　「景観論」の提唱

　縄文時代研究における「ランドスケープ論」は，小林達雄（1995・2002・2005）が1990年代半ばごろから展開した「縄文ランドスケープ研究会」によって提唱されたものである。それ以前の研究においても，「景観」という用語は漠然としたイメージで用いられていたが，明確に一つの研究法として提唱されたのは，小林達雄が最初であると言えるだろう。これらの研究は，記念物を持つ遺跡と「二至二分」の関係を中心として展開し，数多くの事例が報告されている。例えば，秋田県鹿角市大湯環状列石（斎藤ほか 1953など）では，以前より川口重一（1956）によって夏至の日没方向と環状列石の配置との関係性が指摘されている（第65図 1）。その後，再び大湯環状列石が注目されるとともに（冨樫1995），群馬県安中市天神原遺跡や野村遺跡（大工原 1995・2002・2005），青森県青森市三内丸山遺跡（川口 2002・2005），など多くの遺跡で，遺構もしくは遺跡と二至二分と特定の山との関係性が指摘されている（第65図 3 〜 5）。これらは遺跡での観測とともに，カシミールを用いたシミュレーションによって明らかにされたものもある。これらに関しては，否定的な意見があるのも事実であるが，縄文ランドスケープ研究の本質は天体観測を行っていたことを主張するものでもなく，「二至二分認識」だけを明らかにすることでもない。本質は，二至二分認識を含めた当時

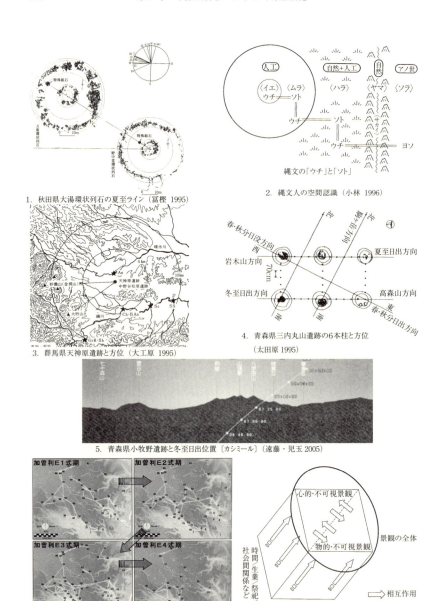

1. 秋田県大湯環状列石の夏至ライン（冨樫 1995）

2. 縄文人の空間認識（小林 1996）

3. 群馬県天神原遺跡と方位（大工原 1995）

4. 青森県三内丸山遺跡の6本柱と方位（太田原 1995）

5. 青森県小牧野遺跡と冬至日出位置〔カシミール〕（遠藤・児玉 2005）

6. 視認ネットワーク（西本他 2001）

7. 景観モデル（内山 2011）

第65図　景観論に関わる研究

の人々の空間認識を読み取ることであり，さらにその背後にある世界観，つまり観念的景観を解明することにあると著者は考える。二至二分は，その要素の一つにすぎないのである。小林達雄が示した図は，縄文人の「ウチ」と「ソト」の認識を示したものである（第65図2）。つまり，定住化によって竪穴住居のウチとソトの認識が発生し，また集落の発生に伴って，ムラとハラの区分が成立するということである。さらには，その向こう側にハラやヤマがあり，その上にソラがあるといった空間認識の存在を示したものである。またこれらは，「自然の社会化」（小林1995など）というキーワードで説明されるが，定住生活のなかで周辺地形や景観，多種多様な資源が認知されて，名前が付けられることでカテゴリー化されて，彼らの世界観の中に取り込まれたものと理解される。

　このような空間認識や空間分割に関する研究は，決して新しい研究視点ではなく，従来の竪穴住居跡の研究（水野 1969，橋本 1976，山本1979，田中 1985，小笠原 1982，小林 1988，金井 1993，小川 2001，櫛原2009など）や集落構造の研究（水野 1969，丹羽 1978・1988・1993・1994，谷口 1998など），領域論（向坂 1958など）のなかですでに一定の成果をあげている。最近の研究でも，GIS（地理情報システム）を用いた空間分析などの研究が普及してきており，人工遺物と「視認範囲」（西本・津村・小林・坂口・建石 2001など）の分析研究（第65図6）などがある。しかし，これらの研究は個別的であり，体系的に過去の空間認識を捉えるところまでは到達していない。

　また最近，景観論について踏み込んで議論しているのは，谷口康浩（2009a）である。谷口は，生活のなかで形づくられた行動の空間的痕跡を広く「景観」と捉え，「集落論」と呼び慣れた研究の枠組みから脱却し，あらゆる空間情報を駆使する「景観の考古学へと研究を昇華させていく意識改革」の必要性を説く。また谷口は，縄文的景観を，①機能としての景観，②社会構造としての景観，③観念としての景観の3つをあげ，景観の考古学の究極の目標を「景観復原を通して人間の生きざま，文化，精神を洞察すること」であるとする。

　安斎正人（2007）は，著書『人と社会の生態社会学』のなかで「景観考古学」について，海外の考古学研究を引用して，これらの方法論について詳述している。安斎は，「景観を表す英語 landscape という言葉は，

中世オランダ語の landscap に由来する。-scap は名詞を抽象化する接
尾語（中略）であるから，ランド（土地・大地）が抽象化したランドス
ケープとは土地柄・大地性，すなわち，客観的な地理的地形ではなく，
その土地に生きる人々が抱く大地のイメージである。社会的に生み出さ
れる多様な空間は異なる社会・集団・個人が生活を営む場所である。そ
れらの空間は主体的個人または集団の日常的実践の一部として意味ある
ように構成されるので，再生産あるいは変化が生じるのである。つまり，
景観は人々の目に写り，耳に聞こえ，鼻に香り，舌に味わい，肌に触れ
るところから生じた，人びとに共有される自然観，社会化された自然と
いうことができる。日々の活動や信仰やコスモロジーを通じて，人々の
属する共同社会が物理的空間を『意味に満ちた場所』に変換する」と説
明する。

　内山純蔵（2010・2011）も，地球総合環境研究所の研究プロジェクト
で「景観論」を展開している。そのなかで，内山は「景観」を「人間の
物理的な環境とその環境に対するメンタル像を組み合わせた統合的な概
念である」と定義し，「人間の文化と自然環境との相互作用のような多
面的な問題を研究するためには，目で見える物理的な側面と目で見えな
いメンタルな側面を統合した〈景観〉という概念と，〈景観〉の機能や
実践を考え，文化的な文脈を理解しようとする努力がぜひとも必要であ
る」と説明する（第65図 7）。これらは動物考古学を基礎とし，学際的
側面もあってその成果が注目される。

　このように，「景観」といっても多様な捉え方があるが，概して，①
物理的な地形や目に見える景色や現象としての自然的景観と，②集落や
住居や環状列石などのように人工的に作り出された人工的景観，③それ
らの景観に世界観・神話や実際に起きた出来事によって意味が付された
観念的景観，があると言えるだろう。著者は，特に観念的景観，つまり
人々の空間認識を視座に据えて，「景観論」を展開しようとしている。
旧稿で，環状列石と居住域の関係，集落範囲について検討を加えたこと
があるが（阿部 2011c），どこまでが「ムラ」空間として認識されたのか
は容易に解明できるものではない。このような認知・認識に関する研究
は，日本でもすでに松本直子（2000・2006）や櫻井淳也（2004）によっ
て認知考古学として導入され，浸透しつつある。景観論も，空間の認

知・認識を扱うことから認知考古学の一分野としても捉えられる。このような景観論は，すでに民俗学では議論されてきたテーマであり（今里2006など），より情報の欠落が多い縄文時代では，アプローチ方法を構築していく必要がある。

　本章では，縄文時代の空間認識において基本になると考えられる「イエ」つまり，竪穴住居における空間分割，空間認識について検討を加える。これまでの竪穴住居跡の空間分割研究史を紐解くことで，空間構造分析としての「景観論」の問題点などが浮き彫りになると思われる。

2　屋内空間構造の研究史

　縄文時代における竪穴住居は，明確に外界（ソト）とは区切られた空間である。屋内空間は，炉や入口，主柱，埋甕，石壇・石柱などの諸施設が配置されるなど複雑に利用された基本的空間であり，古くから空間分割の可能性について指摘されてきた。

　最初に，考古学的データに基づく研究としては，水野正好（1969）の研究があげられる。水野は，基本的に出入口，作業場，炉辺という奥に連なる共通の場と左右や奥に設けられた居間にわかれていたと指摘する（第66図1〜3）。また水野は，左居間に女性祭祀と関連する土偶や埋甕葬が見られ，右居間に男性祭祀に関連する石棒があり，奥居間には祖霊を祀る石柱が発見されることなどから，それぞれの空間を占有する性別を推定している。さらに水野は，集落の構造やその周辺の不可視的な場，領域についても言及する。これらの空間分割は，遺構・遺物をもとに行われているものの，やや考古学的根拠は明確ではなく，解釈の背景には民族誌などの知識があることが指摘されている。しかし，最初に階層的に住居跡や集落・領域の空間分割について着眼したその視点は先見的なものであると評価できるだろう。

　桐原健（1969）は，炉の中の出土遺物（黒曜石やシカ・イノシシ骨など）から，炉の火によって供犠物を浄化し，立石に憑るマナを祭る儀礼が存在したことを想定している。

　橋本正（1976）は，竪穴住居の型を分類して系譜関係を概観するなか

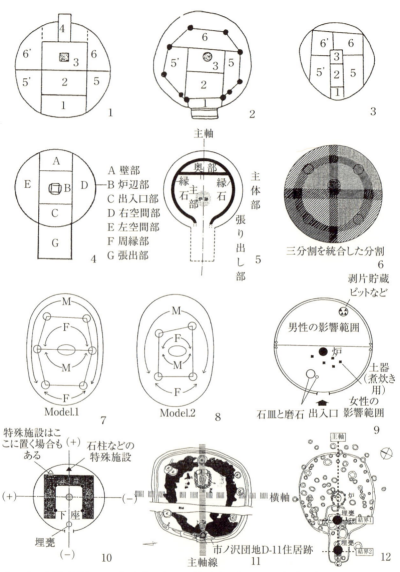

第66図　竪穴住居の空間分割の研究例

1 〜 3：水野 (1969)，4：山本 (1979)，5：村田 (1985)，6：田中 (1985)，7・8：小笠原 (1982)，9：佐藤 (1987)，10：浅川 (2000)，11：小川 (2001)，12：谷口 (2010)

で，平面構造に触れている。橋本は，段（テラス）や周壁溝・主柱・炉
などの規則性をもつ配列が，平面利用の型と大いに関係すると理解し，
住居の〈主軸〉の重要性を指摘する。これらから，出入口から住居内の
通路・中央部（火所を含むばあいが多い）までを〈共用平面〉とし，それ
を〈個別平面〉が馬蹄形に囲むと理解する。また橋本は，共用平面の方
向性と主軸の方向が一致するものと，そうでないものが存在することに
着目して，出入口とそれに伴う通路などの位置の違いに由来するといえ，
主軸の方向とほぼ一致する例は〈妻入り〉，一致しない例は〈平入り〉
であると考え，前者を〈Ⅰ型の平面利用〉，後者を〈T型の平面利用〉
と仮称する。

　また山本暉久（1979a・1979b）は，柄鏡形敷石住居を研究するなかで，
便宜的に，奥壁部，炉辺部，出入口部，右空間部，左空間部，周縁部，
張出部の7つの空間に区分する（第66図4）。また山本は，特に奥壁－
炉辺－出入口部といった主軸上の空間部位が重要であるなどの指摘を行
う。その後も，埋甕や床面出土の深鉢の分析，床面出土石棒から屋内空
間の研究を進めている（山本 1996・1997・2006・2007など）。

　村田文夫（1985）は，住いの構造は，正面入口－炉－奥柱と直線的に
並び，特に奥壁空間が聖なる重要な空間であることを強調する（第66図
5）。村田は，住居の奥壁に据えられた柱には，神を勧請する柱〈神柱〉
に相応して呪術をこめた彫刻芸術が施されていた可能性を主張する。ま
た伊皿子貝塚4号住居跡を例にあげて，奥壁側床面に間仕切りがあるこ
とから，奥部空間は踏み込むことのできない聖なる絶対空間であったと
する。

　田中信（1985）は，中部山岳地帯の中期住居を対象として，床面出土
の石皿に着目する。田中は，その出土位置から，「主軸分割」と「同心
円的分割」の空間分割原理を推測する（第66図6）。さらに，石組炉の
存在などから「横軸分割」の空間分割を加えて男女の空間を予想する。
つまり，右が女性，左は男性空間，同心円の内側が公の空間，外側は私
的空間という空間分割である。

　小笠原忠久（1982）は，北海道ハマナス野遺跡の例を対象として，集
落構造が内帯を住居跡群，外帯を土坑群に二分される構造を持ち，さら
に住居内部空間にも二分構造が反映されることを指摘する（第66図7・

8）。小笠原は，住居内部空間について床面出土遺物を用いて，それぞれの遺物が男女の機能を有するという区分を前提に，住居内部の占有域が内側と外側で男女の配置が逆転すると推測する。

　このような男女の視点から，佐藤広史（1987）は，東北地方の後・晩期の住居跡の床面出土遺物に着目して，入口側が石皿や磨石，炉周辺に土器の出土が見られることから女性の影響範囲，奥側から剥片貯蔵ピットなどが検出されることから男性影響範囲といった見方を示している（第66図9）。

　小林達雄（1988・1996）は，竪穴住居の出現が新たな居住空間の創造であり，縄文時代住居の歴史における最初の画期であると高く評価する。また炉の重要性について強調し，火災を蒙った竪穴住居でも床面上に土器が残されていないことから，煮炊き料理を屋内で行わなかったと主張する。つまり，炉は炊事用ではなく，日常の機能を超えた世界観にかかわる機能を備えているのであり，炉の非日常的性格を帯びていたことを指摘する。さらに小林は，縄文ランドスケープ研究のなかで，住居や集落における「ウチ」と「ソト」の空間認識についての重要性を説く。

　金井安子（1993）は，竪穴住居の間取りについて論じるなかで，基本的機能として，①睡眠，②休息，③育児・教育，④炊事，⑤家財管理，⑥接客，⑦隔離などをあげる。また間取りのアプローチ方法として，遺構配置と出土遺物のあり方の二つの要素をあげる。金井は，各研究者の間取り研究を概観して，住居跡の出入口と炉を結ぶ主軸によって住居内空間を左右に分割し，炉を起点に前と奥あるいは炉辺部（炉空間）と周辺部（非炉空間）という構造が導き出されると指摘する。また金井（1997）は，水野の言説を引用して，炉の実用的な機能の他に象徴的機能があると説明する。

　浅川滋男（2000）は，建築学の立場から縄文時代の竪穴住居の間取り研究を概観する。そのなかで，浅川は，日常性と非日常性の両面を備えるという理解は誤ったものではないが，日常性と非日常性の差異が住居空間のなかの領域区分と対応するのか，それとも空間全体の時間的な意味の転換なのかが問題であると主張する。また浅川は，民族誌やオホーツク文化を引用するとともに，凹字形の着座領域，主軸のシンボリズムを指摘する。これまでの研究で指摘されている「右＝男／左＝女」の分

節原理は，にわかには容認しがたいと批判するものの，入口＝埋甕＝地下世界，炉（火）＝家の中心＝人間世界，上座＝祭壇＝天上界などといった解釈を展開している（第66図10）。

　小川岳人（2001）は，これまでの民族誌援用による竪穴住居の屋内空間研究について，考古学的データからの検証の必要性を説く。そして，小川は加曽利E式期の住居跡を対象として，床面の硬化面に着目した点はこれまでにない研究視点である。これらの硬化面範囲から，中期後半期の住居址に水野流の「間取り」や居住者の「着座」「休息」「就寝」に割り当てられる特定の機能空間は存在せず，着座領域を分節するものではなく，空間そのものを分割していると結論づける（第66図11）。さらに，居住者が入口を起点に左右に分かれて行動し，主軸線を越えることがなく，立ち振る舞いを規制する作法が存在したことを想定する。

　櫛原功一（2009）は，縄文時代中期の竪穴住居を対象として，①石皿・台石，②石棒，③立石・石柱，④丸石，⑤黒曜石貯蔵ピット，この他にa.貯蔵穴，b.石壇，c.副炉，d.炉間埋甕，e.釣手土器，F.伏甕，g.出入口埋甕，などに着目する。櫛原は，①〜⑤の配置から左側が男性，右側が女性区分という傾向が認められ，特に丸石が竪穴住居内に加わる中期後半になると空間区分が一層明確化し，この傾向が広く顕著になると結論づける。また屋内のフラスコ状土坑が2期は左，3〜5期は右にあることから，右側空間は女性空間であることを補強する。

　筆者も，縄文時代中期の竪穴住居跡を対象として，内部空間について言及したことがある（2007b・2008）。一つは，信濃川流域の竪穴住居跡を対象として，「ベッド状遺構」の存在から炉辺部と周縁部に区分され，さらに入口・炉（炉辺部）・奥壁部の主軸線による区分が存在することを指摘した。この住居主軸線（入口）の意識は，当該期の環状集落における住居跡主軸方向が放射状に配置する傾向が強いことからも読み取れる。また東北地方の中期末葉の複式炉を持つ竪穴住居跡を対象として，内部施設と出土遺物から検討を加えた（阿部 2008）。内部施設としては，「ベッド状遺構」や炉周辺への敷石，床面埋設土器，石組など，出土遺物としては石棒を対象として分析を加えた。その結果，「入口部」の複式炉，主柱が配置する「中央床面（炉辺部）」，「奥壁部」，その他の「側縁部」といった区分が存在することを指摘した。この中で石棒が出土す

る奥壁部については，同時期の火災住居跡で壺形土器などが奥壁部から出土することからも（阿部 2006aなど），奥壁部への強い意識が窺われる。

　谷口康浩（2009b・2010）は，中期前葉〜中葉が主軸を境とした左右の空間分節（二項対立的）であるのに対して，中期後葉〜末葉は主軸に対する意識・内外の意識が強くなる，といった変化があることを指摘し，入口部の埋甕を結界として理解している（第66図12）。さらに谷口（2010）は，家屋や集落構造に，縄文人の観念的世界に根差すシンボリズムやコスモロジーが表現されることを指摘する。

　これまでの竪穴住居跡の空間構造については，屋内の遺構・遺物の配置から空間区分を読み取るのが通常である。特に，ベッド状遺構や主柱配置，埋甕，石柱・石壇，敷石範囲などの内部施設は特に重要であり，これらから比較的明瞭に空間への意識が読み取ることができる。また出入口，炉，奥壁部を結んだ主軸線というものは，少なくとも中期以降には上屋構造と密接に関係して，非常に意識されていたことは明らかである。また屋内にフラスコ状土坑などの貯蔵施設が伴うのかどうかという問題もある。一方，出土遺物については問題も多く，それらが必ずしも屋内での使用状態を留めているとは限らず，廃絶時に不用品を単に遺棄していった可能性もあるが，その一方で，廃絶などの儀礼行為に伴って意図的に配置された可能性もある。無論，廃絶後の移動なども考慮されるだろう。さらに，モノの性別の帰属であるが，多くの場合は現代的感覚や民族誌のイメージでしかなく，考古学的に検証するのは難しい。上記のような課題が残されるものの，これまでの研究ではおおよそ同心円状の区分や入口と奥側といった前後の区分，さらには入口−炉−奥壁部の主軸線などの区分が共通して見られ，一定の共通理解とも言えるかもしれない。

3　民俗例・民族誌に見る屋内空間のコスモロジー

　一方，考古学のなかでも民族誌が引用されることも多いが，大林太良など人類学の立場からも積極的に縄文時代の住居内部構造が論じられて

いる。大林太良（1975）は，民族事例をあげて，家屋のシンボリズムについて言及し，「世界諸民族は，いろいろな形で宇宙の構造を考え，また事物を分類している。伝統的な社会においては，家屋はこのような世界観ないし世界像の体系と無関係でないばかりか，しばしばその明瞭な表現でさえある」と説明する。事例として，北アメリカ大平原のオグララ族の円錐形テントやインドネシアの大黒柱，樺太アイヌのアイヌモシリ・アイヌコタンの配置，北海道アイヌの川上・川下の方位観と集落配置・家屋構造，などをあげる。

　竪穴住居の民族例において地理的に近いのは，樺太アイヌの竪穴住居の事例である。鳥居龍蔵（1919・1976）の記載によると，盛土屋根で入口からは梯子で内部に入るようになっている。内部構造は，炉の周囲に腰かけあるいは板がめぐり，住人は日中そこで仕事をし，夜はそこで就寝するらしい（第67図1）。奥壁部にはイナウが立てられており，特殊な空間であると理解される。

　渡辺仁（1980）は，北海道ライトコロ川口遺跡の報告のなかで，アイヌの家屋について引用している。アイヌの家屋（第67図2）は，入口正面の窓＝神窓が存在し，コタンの望む河川の上流方向に向くように選ばれ，この神窓はクマ祭のときにクマの頭の出入口として使用されるという。これは，彼らの重要な kamui が彼らの住む川筋の上流に住むという信仰に基づいているという。また中央にある炉は，火の kamui の住処で，ほかの自然神である kamui －クマの kamui，サケの kamui 等との交渉はこの火の kamui の仲介なしには不可能であり，総ゆる kamui に対する儀礼は炉辺における火の kamui への儀礼で始まると説明する。また，アイヌの住居は単なる寝食の場ではなく儀礼の場でもあり，しかも彼等の超自然的環境との関係を維持し制御する仕組みの中心となる場所でもあるという。

　これらのアイヌのチセは平地式であるが，非常に興味深い空間構造を示している（第67図1）。炉は入口側に置かれ，炉を挟んで左右に空間が分かれている。奥側はロルンソと呼ばれ，さらに奥の一角にはソバと呼ばれる神器置場が存在する。特に，奥壁部につくられる神窓の存在は興味深く，入口は川の下流に向けられ，この神窓は上流に向けられる。これらはサケ漁を中心とするアイヌの世界観に基づくものであり，この

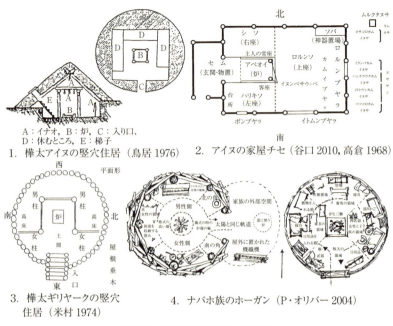

A：イナオ，B：炉，C：入り口，
D：休むところ，E：梯子
1. 樺太アイヌの竪穴住居（鳥居 1976）

2. アイヌの家屋チセ（谷口 2010, 高倉 1968）

3. 樺太ギリヤークの竪穴
住居（米村 1974）

4. ナバホ族のホーガン（P・オリバー 2004）

第67図　民族誌における屋内空間

ような世界観は，東北地方や新潟のサケ漁における「エビス講」や「鮭
の大助譚」などとも共通するかもしれない。

　この他に，樺太ギリヤーク族の竪穴住居ドーラフ（土の家）であるが，
こちらは 4 本主柱の円形の竪穴住居である（第67図 3）。屋内空間は，
中心部に炉を持ち，その周囲はコ字状の高床空間になり，入口側が土間
になる。主柱は，入口側 2 本が女柱，奥側 2 本が男柱で，それぞれ男女
の顔が彫りこまれ，男女の像は居住者たちの和合をはかるものである
（米村 1974）。この柱根の穴には火打石と野ばらの枝を入れ，火打石は
家を浄めるもので，野ばらは魔よけになると信じられている。

　また北アメリカのネイティヴであるナバホ族の事例であるが，円形の
住居である。中心部に炉を持ち，周囲に馬蹄形に居住空間がめぐる（第
67図 4）。ナバホ族にとって，ホーガンは宇宙の象徴であり，中央が皿
のように窪んだ床は大地と関連付けられ，女性を表しており，凹型屋根
は空に相当し，男性を象徴する。また支柱は空を支える 4 本の柱のシン

ボルであり，神聖な花粉を家の支柱に塗りつける。ナバホ族の多くの
神々は女性であり，入口の東側の柱は大地の女神で，西側の柱は水の女
神で，北側はトウモロコシの女神の柱，南側の柱は山の女神であるとい
う（オリバー 2004）。

　このように，狩猟採集民や農耕民における住居は単なるシュルターで
はなく，居住者のコスモロジーを反映した構造になることが多く，複雑
な世界観を反映している事例もある（原 2001，久武 2001など）。このよ
うな民族例は，縄文時代の住居跡を研究する上で非常に魅力的であるが，
もちろん従来から指摘されるように，文脈的に無関係な民族誌を直接的
につなげることは難しい。このような屋内空間分割をモデルとしても，
考古資料の分析から導き出さなければならない。さらに，民族例におけ
る屋内空間のコスモロジーと遺構配置にみられる空間構造，周辺地形や
景観との関係性については，縄文研究のなかではあまり注意されておら
ず，今後の研究の中でその関係性について検討する必要があるだろう。

　狩猟採集経済を営む縄文時代の住居においては，彼らの世界観（コス
モロジー）や社会構造などが反映されている可能性は高く，遺構や集落
遺跡の空間構造分析から，当時の空間認識や分割について解明を進める
必要がある。さらに，時期的変化や地域的多様性があることも予想され，
このような居住空間の細分化や複雑化は，屋内空間における行動・行為
の細分化を示している可能性があると推測される。

4　竪穴住居跡に見られる空間分割・認識

（1）縄文時代中期末葉から後期前葉の竪穴住居跡の概要

　東北地方北部の中期末葉の竪穴住居跡は，土器埋設複式炉や石組複式
炉，前庭部付石組炉などの大形炉が入口側に設置され，独特の空間構造
を有している。さらに，岩手県一戸町御所野遺跡に代表される良好な火
災住居跡から「土葺屋根の竪穴住居」の存在が明らかにされている（高
田・西山・浅川 1998a・1998b など）。これは御所野遺跡に限ったもので
はなく，東北地方の複式炉を持つ住居跡に土葺屋根の可能性を示す事例

が広範囲に認められるのである（阿部 2002a・2008）。土葺屋根について
は，非火災住居跡から論証することは難しく，さらには焼失実験から焼
土層の形成も検証されたわけではない，など検討を要する問題が残され
る。内部構造については，屋内の諸施設と床面出土遺物を中心に，①入
口部と入口側に偏在する複式炉，②石棒などが出土する奥壁部といった
主軸線上の空間区分の意識や，③主柱と埋甕の関係，④ベッド状遺構や
敷石範囲と主柱の配置などから，炉辺部（もしくは中央床面）と周縁部
との同心円的な空間区分，入口と炉・奥壁部をつなぐ主軸線の存在につ
いて指摘したことがある（阿部 2008）。ここでは旧稿に基づいて，東北
地方北部の事例を中心に，中期末葉から後期前葉における屋内空間の特
色をまとめておきたい。

a）中期末葉の竪穴住居屋内空間（第68図）

　この時期の竪穴住居は，平面形が楕円形や円形，隅丸方形を呈するも
ので，入口寄りに複式炉もしくは方形石組炉が付属する（第68図 1 ～ 9）。
東北北部の複式炉は，多くが前庭部付石組炉であり，石組複式炉や土器
埋設複式炉も存在する。主柱穴は，4 本・5 本・6 本・7 本・8 本主柱
があるが，竪穴のやや内側に配列する。幾つかの事例では，竪穴と主柱
穴配列の間にベッド状遺構がめぐるものがある（第68図 2・6・7）。こ
のベッド状遺構に関しては，信濃川流域の卵形住居跡の分析で，機能・
用途に関して検討を加えたことがあり（阿部 2007b），屋内空間を考え
るうえで重要な要素と理解される。

　この時期の住居跡では，埋甕を伴う事例は普遍的に認めるわけではな
いが，岩手県盛岡市などの大木 9 式期に局地的に見られる。これらの埋
甕は，住居跡床面のほぼ中央部もしくはやや奥側寄りの場所に位置する
傾向にある（第68図 1）。これらの埋甕は，逆位で底部穿孔を加えるも
のが多く（阿部勝 1998），例えば盛岡市繋遺跡の RA180住居跡では，床
面のほぼ中央部とやや東側に 1 基ずつ埋甕がいずれも逆位で埋設される。
これらは埋葬の可能性も否定できないが，住居造営期における儀礼的な
埋納行為として理解される。

　また床面出土遺物では，火災住居跡の床面に完形土器や石棒が伴う事
例が目立ち，土器器種にも偏りがあり，深鉢のほかにも壺や徳利形土器

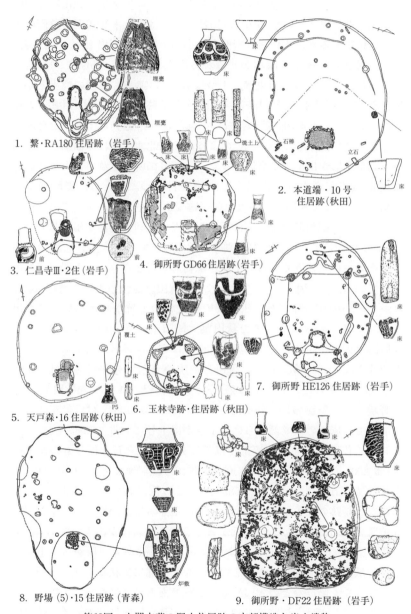

1. 繋・RA180 住居跡（岩手）
2. 本道端・10 号住居跡（秋田）
3. 仁昌寺Ⅲ・2 住（岩手）
4. 御所野 GD66 住居跡（岩手）
5. 天戸森・16 住居跡（秋田）
6. 玉林寺跡・住居跡（秋田）
7. 御所野 HE126 住居跡（岩手）
8. 野場 (5)・15 住居跡（青森）
9. 御所野・DF22 住居跡（岩手）

第68図　中期末葉の竪穴住居跡の内部構造と出土遺物

などのミニチュア土器類が多い（第68図 2 ～ 9）。例えば，秋田県比内町
本道端遺跡（田村・本間 1986）の10号住居跡は，大木10式期新段階の火
災住居跡であるが，本住居跡床面から小形土器 3 点が出土し，壺が南西
端，台付鉢が奥壁部，深鉢が北側から出土している（第68図 2）。石棒
も 3 点出土し，2 つは南東壁，1 つは奥壁部（西壁）付近の焼土上から
出土している。3 は岩手県一戸町仁昌寺遺跡 2 号住居跡（中村・北田
2002）であり，大木10式期の複式炉の前庭部から徳利形土器 1 点と磨石
1 点が一緒に出土している。このように，東北北部では床面上から完形
の徳利形土器が出土する事例が多く，一戸町御所野遺跡では火災住居跡
床面から徳利形土器が出土する事例が目立つ。例えば，御所野遺跡
GD66住居跡は大木10式期の火災住居跡であるが，この奥壁部の主柱穴
脇から 4 点の徳利形土器，炉付近から 2 点の徳利形土器が出土している
（第68図 4）。同じく，御所野遺跡 DF22住居跡では，火災住居跡の床面
奥壁部の主柱穴の近くから壺 1 点と徳利形土器 2 点，小形土器 1 点が出
土している（第68図 9）。このほかにも，秋田県鹿角市天戸森遺跡（秋元
ほか 1984）の16号住居跡の床面下の柱穴状の土坑から徳利形土器が出
土している（第68図 5）。また秋田県大館市玉林寺遺跡（板橋 1986）の
住居跡は火災住居跡であり，奥壁部からは完形深鉢 3 点，小形土器 1 点
が出土している（第68図 6）。御所野遺跡の HE126号住居跡では，床面
奥壁部から立石とともに小形深鉢 1 点が出土している（第68図 7）。ま
た野場（5）遺跡の15号住居跡（三浦・成田ほか 1992）は，最花式期の
住居跡で，床面の奥壁部からは壺 1 点が出土している（第68図 8）。

　一方，住居跡床面からは土器以外にも石棒や立石を伴うものが多い
（阿部 2008・2010d）。前述の本道端遺跡10号住居跡でも入口部の脇から
石棒 3 点が出土しており（第68図 2），この他にも11号・17号・23号住
居跡など炉跡の近くから石柱・石棒が出土する事例がめだつ。また玉林
寺遺跡の住居跡では，入口付近から 2 点の無頭石棒が出土しており（第
68図 6），米代川流域ではこのような立石や石柱が入口側から出土する
のも地域性の可能性がある。このような入口部に棒状礫を伴う事例は，
立石ではなく階段などの入口施設の痕跡である可能性もある。複式炉消
滅後の住居跡では，炉跡の主軸とはややずれた場所に 2 本の棒状礫が伴
う事例が多く，入口部施設として理解されている。また天戸森遺跡16号

住居跡では，大形石棒が右側の側縁部壁際から出土している（第68図5）。奥壁部からの出土例は，御所野遺跡HE126号住居跡などがあげられ，本住居跡では奥壁部から無頭大形石棒が横位で出土している（第68図7）。同遺跡のDF22号住居跡では，奥壁部（北西部）から無頭石棒とともに花崗岩の大形礫が出土している（第68図9）。この大形礫は，馬淵川を挟んだ北西方向にある茂谷山で産出するものであることが明らかにされている（高田・久保田ほか 2004）。このように，石棒を伴う事例は普遍的には認められないが，奥壁部などの特定の場所から立石や石棒を伴うものが一つのパターンとして存在することは明らかである（阿部2010d）。

　このように，東北地方北部の中期末葉の住居跡は，主柱配列の外側にベッド状遺構が認められるものが散発的に見られることから，普遍的にベッド状の施設によって空間区分されていた可能性もある。床面出土遺物では，奥壁部に壺や小形土器，立石や石棒を伴う傾向があり，地域によっては入口部（前庭部に相当する空間）に棒状礫や石棒を伴う場合もある。これらの多くは火災住居跡であり，住居を廃棄する際に儀礼的に遺棄された可能性もある。この他にも，屋内空間において特殊な遺構が存在し，床面下に剥片を埋納する事例が岩手県などで認められる（阿部勝 2003）。これらは単なる貯蔵や保管の可能性もあるが，屋内空間に対する行為として注意されるだろう。

b）後期前葉～後葉の竪穴住居屋内空間（第69図）

　一方，縄文後期になると，東北地方では関東地方から影響を受けた柄鏡形住居系統の竪穴住居へと変貌する（阿部 2000a・2008，石井 2003，山本 2000など）。これらの住居形態は，急速に東北地方へ広まり，北海道西南部から道東・道北へと拡散し，礼文島船泊遺跡（西本ほか 2000）でも後期中葉の同系統の住居跡とみられる事例が存在する。このことから，屋内空間の構造にも変化を及ぼしたことが予想される。東北地方の後・晩期の住居空間については，佐藤広史（1987）による分析があり，佐藤は床面出土物の分析から前後で屋内空間を二分して，奥側が男性，入口側が女性の影響範囲であると解釈している。果たして，このような空間分割が東北地方北部でも確認できるのかを含めて検討する必要があ

1. 重地・18住居跡（青森）

2. 上尾駮（2）・CJ-35住居跡（青森）

3. 大石平・9住居跡（青森）

4. 小牧野・2住居跡（青森）

5. 船泊・4号址（北海）

6. 安田（2）・26住居跡（青森）

7. 風張（1）・15住居跡（青森）

8. 馬場平Ⅱ・LN-06住居跡（岩手）

0　　　2m

第69図　後期前葉から後葉の竪穴住居跡の内部構造と出土遺物

る。しかし，当該期の竪穴住居跡は，平面形態が明瞭な事例に乏しく，床面出土遺物を伴う良好な事例もほとんど確認できないのが現状である（第69図1〜4・6）。

　当該期の住居形態は，円形プランに4本もしくは5本の主柱穴が配列するもので，稀にベッド状遺構を持つ事例が存在する。例えば，小牧野遺跡2号住居跡であるが，主柱穴に沿って内側に五角形の床面が形成される（第69図4）。この他にも，ベッド状遺構と考えられる床面の高まりを持つ事例が存在することから，少なくともベッド状施設を有していた住居が存在した可能性が考えられる。加えて，入口部には柄鏡形住居に特有なコ字状やH字状などの溝状遺構が存在する。これらは入口施設の痕跡と考えられるが，入口部に対する何らかの儀礼的行為が行われた可能性も残される。他地域の事例であるが，北海道礼文島にある船泊遺跡（西本ほか 2000）の竪穴住居跡について触れておきたい。この遺跡は，砂丘上に造営された集落であるが，竪穴住居跡の壁際から盛土状遺構が検出されている。この4号址（竪穴住居跡）の盛土下部からは，ニホンアシカやオットセイもしくはアザラシ，アホウドリの骨などが組まれた状態で検出されている（第69図5）。この盛土のある方向は，海岸部に向けられることも重要な点である。これが入口か奥壁のどの空間にあたるのか評価が分かれるところであるが，柄鏡形住居との関係性を考慮すると入口部の可能性が高い。

　一方，床面出土遺物は明瞭な事例が少ないながらも，目立つのが炉跡上面から深鉢が出土する事例である（第69図1・2）。青森県八戸市重地遺跡18号住居跡（小笠原 2002）では，韮窪式期の地床炉上面から狩猟文土器が出土している（第69図1）。この土器は完形ではないが，約8割が残存している。また青森県六ヶ所村上尾駮（2）遺跡 CJ-35住居跡（遠藤・白鳥ほか 1988）は，十腰内I式期の円形住居跡で，地床炉の上から7個体の深鉢と壺1点が出土している（第69図2）。加えて，床面出土遺物では壁際から出土する事例が認められる。例えば，大石平遺跡では9号住居跡の壁際床面から，深鉢2点と壺2点が出土している（第69図3）。この場所が屋内のどの部分に当たるかは明確ではないが，奥壁部か側壁部と想定されるだろう。

　さらに，住居跡から「第二の道具」が出土する事例も存在し，偶然紛

れ込んだのか，意図的に遺棄されたりしたのか検討が必要である。例え
ば，小牧野遺跡の2号住居跡の柱穴状の土坑から鐸形土製品1点が出土
している（第69図4）。土偶出土例では，青森県安田（2）遺跡の26号
住居跡（畠山 2001）があり，後期前葉（前十腰内Ⅰ式期）の竪穴住居跡
の床面から欠損した土偶が出土している（第69図6）。本住居跡は，半
分側が不明瞭であるため屋内のどの部分に相当するかは明確ではないが，
斜面の上側に当たることから奥壁部の可能性が想定される。ここからは，
深鉢2点と完形石皿1点，磨石1点，頭部と下端部を欠損する土偶1点
が出土している。このように土偶を出土する例は稀であるが，やや新し
い時期の八戸市風張（1）遺跡の15号住居跡（藤田ほか 1991）からは有
名な屈折像土偶が出土している（第69図7）。この事例は後期後葉であ
るが，土偶が床面奥壁際から出土しており，脚部が約2.5m 離れて接合
する。さらには，軽米町馬場野Ⅱ遺跡 L Ⅳ-06住（工藤・田村ほか 1986）
においても奥壁際から土偶が出土している（第69図8）。この事例は後
期末葉の竪穴住居跡であるが，出土土偶は両腕と脚部を欠損するが大部
分が残存している。この場合，どのようなコンテクストで残されたもの
か判断が難しい。安置段階ですでに土偶が欠損していたのか，遺棄する
際に破壊されたのか幾つかの可能性が想定される。このような出土状況
は，当時の土偶の安置場所を示している可能性があり，慎重な検討を要
する。

　さらに，後期前葉になると，前段階まで見られた大形石棒が消滅する
こともあって，奥壁部に石棒が出土する事例がなくなる。また壺形土器
や徳利形土器のような特殊な土器が奥壁部に伴う事例もほとんど確認で
きていないが，床面から注口土器や壺・深鉢などの出土例がない訳では
ない。これらの多くは，床面出土位置が記載されていないものが多いた
め，検討対象から除外したものである。このような要因もあり，必ずし
も例事したものが当該期の傾向を示しているとは言いがたいが，屋内空
間とそこに残される遺物との関係性に変化が生じた可能性が高い。つま
り，奥壁部空間への意識の希薄化である。一方で，住居跡の入口部や炉，
奥壁部に対す意識は普遍的に認められる。

5　竪穴住居の入口と集落構造のなかの入口方向（主軸方向）

　住居の入口部もしくは入口方向は，立地する地形（傾斜など）や日当たり，風向き（風位）などを考慮して決定されたものと考えられるが，これ以外にも社会的関係や世界観（コスモロジー）などもこれらを規制している可能性が高い。縄文時代のような狩猟採集社会ではなおさらである。例えば，信濃川流域の縄文中期集落などに代表されるように，広場や特定の空間・方位へ向けられることがある（阿部 1998c・2000b など）。一方で，入口方向と風位との関係性も指摘される（駒木野 2009など）。さらに，もともとは日照や地形などが要因であったものが，次第に世界観のなかで説明づけられるようになる可能性も否定できない。ここでは複式炉を入口部に持つ住居形態から柄鏡形住居の系統へ変化した住居形態とで入口部の方位傾向に違いが見られるのか検討する。

a）中期末葉の住居跡入口方向（第70図・第71図）

　当該期の入口方向は，複式炉の前庭部のある部分が入口部であると考えられ，そのため入口方向が明確なデータは膨大な量が存在する。ここでは一遺跡でまとまって住居跡が検出されている良好な遺跡として，秋田県鹿角市天戸森遺跡（秋元ほか 1984），秋田市松木台Ⅲ遺跡（柴田 2001），青森県六ヶ所村富ノ沢（2）遺跡（岡田・成田ほか 1991），八戸市田代遺跡，岩手県一戸町御所野遺跡，田中遺跡，大平遺跡を対象とする。

　まず鹿角市天戸森遺跡は，米代川右岸の段丘から北西方向に突き出した舌状台地に位置し，そこから140軒の住居跡が検出されている。集落構造は明確とは言えないが，中期末葉の住居跡の入口方向は，東側と南側に集中が認められ，西側や北側に向けられるものも僅かに存在する（第70図1）。日照との関係性も考慮されるが，入口とほぼ平坦な地形であることから傾斜との関係性はなく，また調査範囲内で見る限り，広場などの特定空間に向けられるわけではないようである。

　秋田市松木台Ⅲ遺跡は，雄物川の支流である岩見川は東から西に流れ，その左岸にある七曲台地北端に位置する。本遺跡からは，中央広場とと

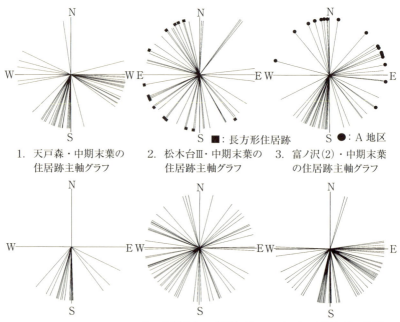

1. 天戸森・中期末葉の
   住居跡主軸グラフ

2. 松木台Ⅲ・中期末葉の
   住居跡主軸グラフ

3. 富ノ沢(2)・中期末葉
   の住居跡主軸グラフ

■：長方形住居跡　　●：A地区

4. 田代・中期末葉の
   住居跡主軸グラフ

5. 田中・中期末葉～後期初頭
   の住居跡主軸グラフ

6. 大平・中期末葉～後期
   初頭の住居跡主軸グラフ

第70図　中期末葉の住居跡主軸方向

もに中期末葉の住居跡44軒，掘立柱建物跡18基などが検出されている。
これらの住居跡の入口は，中央広場に向けられて求心性を示しているが，
方位的には西側半分への集中が認められる（第70図2）。この傾向は，
入口方向と地形的傾斜との関係性も考慮されるが，やはり中央広場とい
った特定空間への求心性によると考えられる。

　六ヶ所村富ノ沢（2）遺跡は，調査区A区に中央広場が存在する。こ
の空間と入口方向について検討する。本遺跡では，住居跡が多数検出さ
れており，円筒上層c～e式期200軒，榎林式期85軒，最花式期41軒，大
木10式並行期15軒である。これらの中期末葉の住居跡の主軸方向は，北
側から東北東方向に向けられる傾向がある（第70図3）。一方，北側に
位置するC区からは79軒の住居跡が検出されるが，ほとんどが大木10式
並行期に帰属する。これらの入口方向は全体的に南側に集中する傾向が
あり，入口方向と南側に傾斜する地形との関係性も考慮されるが，南側

1.　御所野遺跡の調査区配置図（高田・久保田ほか 2004）

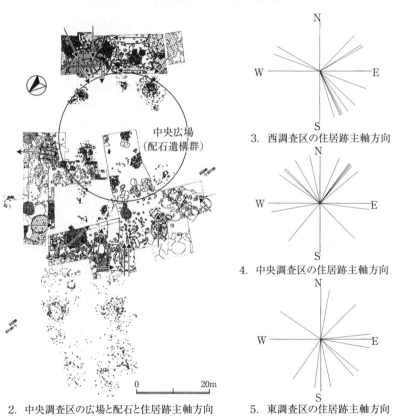

2.　中央調査区の広場と配石と住居跡主軸方向

3.　西調査区の住居跡主軸方向

4.　中央調査区の住居跡主軸方向

5.　東調査区の住居跡主軸方向

第71図　御所野遺跡の住居跡主軸方向

に存在する広場空間との関係性も無視できない。このC区における傾向は，広場がある調査区とは大きな差異があると言えるだろう。

　八戸市田代遺跡（坂本 2006）は階上岳山麓の南面する丘陵上に立地し，中期末葉から後期前葉の住居跡が29軒検出されている。これらの住居跡の入口方向は，南側（S-0°-W～S-45°-W の範囲）に集中する（第70図4）。これは日照条件とともに，南に傾斜する斜面地に位置することも密接に関わるとみられる。

　次に，御所野遺跡は南から北側に流れる馬淵川の右岸の河岸段丘にあり，中期後半期の住居跡が約600軒確認されている。中央調査区に広場に相当する空間があり，この場所から西に約130m，東に300m の範囲で中期末葉の住居跡が確認されている（第71図1）。最初に御所野遺跡の住居跡の入口方向を調査区ごとにみると，中央調査区は北西～北東方向にまとまりが認められ，東調査区は北側～東側，南側に散漫な分布を示し，西側調査区は北東側と南東側にまとまりが認められる（第71図3～5）。これらを遺構配置と照らし合わせると，広場周辺の中央調査区の竪穴住居跡の多くが入口方向を広場へ向けて求心性を示している（第71図2・4）。これに対して，西側調査区では，5軒が広場空間方向へ入口を向けるものの，大半は異方向に向けられるといった興味深い傾向が認められる（第71図3）。東側調査区では主軸方向が明確なものが少ないが，方向が分散する傾向がある（第71図5）。

　本遺跡の周辺には，田中遺跡が北側300mのところに近接し，地切川の小谷を挟んだ北側にある下地切遺跡（中村・久保田 2008），馬淵川を挟んで対岸に大平遺跡がある。いずれも中期末葉の住居跡が多数検出されている。田中遺跡は馬淵川東岸の中位段丘面の東斜面に位置しており，丘陵上面から斜面にかけて分布する。ここからは住居跡が97軒検出されて，そのほとんどの約80軒が中期末葉～後期初頭に帰属する。これらの住居跡の入口方向は，集中する方位はなく東西南北に分散する傾向がある（第70図5）。本遺跡は，西～北西方向に傾斜する段丘上に立地し，東西南北に分散する住居跡の入口方向との関係性は明確ではない。下地切遺跡は小谷を挟んで御所野遺跡の北側にあり，中期末葉から後期初頭の18軒の住居跡が検出されており，御所野集落の一部であると考えられる。これらの住居跡の主軸方向は南～南西方向を向き，南西方向に傾斜

する地形との関係性が窺われる。

　一方，馬淵川を挟んで御所野遺跡の対岸にある大平遺跡からは，中期末葉～後期前葉の住居跡が約60軒検出されている。これらの住居跡の入口方向は，東側～南側・南西方向にまとまる（第70図6）。これらの入口方向と地形との関係性は，やはり傾斜方向に向けられるとみるのが妥当であろう。

　以上のように，中期末葉の竪穴住居跡の入口方向が，中央広場などの特定空間に対して求心性を示すのは，御所野遺跡や松木台Ⅲ遺跡のように，特に広場周辺の住居跡で認められるものである。これに対して，広場から離れると求心性が薄れる傾向にある。少なくとも，入口方向には単なる日照や地形的傾斜，道などとの関係性とともに，社会的・観念的規制が存在していたことは間違いない。

b）後期前葉を中心とする住居跡の入口方向

　当該期の住居跡入口方向に関しては，成田滋彦（2000）が青森県内の住居跡を対象として分析し，「真北はみられず北東～南東にかけて多くみられ南側を意識して」おり，「遺跡毎に出入り口の位置が決められる」という特徴を指摘する。また成田は，台地斜面と入口方向との関係について検討し，台地斜面下位方向のものと斜面下位方向と90度ずれる二つのグループが存在し，その設置位置は斜面の下位方向で南側という規定が存在したことを想定している。しかし，環状列石が造営される後期前葉は，入口方向が明確な住居跡が少ないため中期末葉に比べて傾向を導き出すのが難しい。ここでは比較的多くの住居跡が検出されている八戸市丹後谷地遺跡（小笠原・村木ほか 1986），田面木平（1）遺跡（藤田・宇部ほか 1988），環状列石を伴う大湯環状列石と大石平遺跡を対象とする（第72図）。

　まず，八戸市丹後谷地遺跡と田面木平遺跡では，環状列石や広場にあたる空間は確認できていないが，後期前葉の住居跡がまとまって検出される。これらの入口方向は，一定方向に偏る傾向がある（第72図1・2）。丹後谷地遺跡では，N-50°-E～S-160°-E の約110度の範囲に集中する。これは東側から南側にかけて傾斜する斜面地に立地することも影響しているとみられる。一方，田面木平遺跡の入口方向は，東側半分にまとま

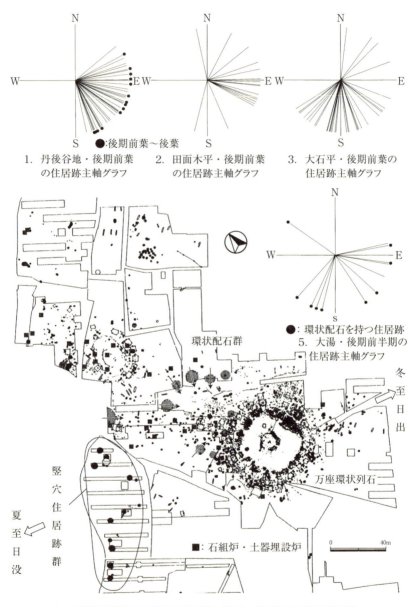

1. 丹後谷地・後期前葉
の住居跡主軸グラフ

2. 田面木平・後期前葉
の住居跡主軸グラフ

3. 大石平・後期前葉の
住居跡主軸グラフ

●:後期前葉〜後葉

環状配石群

●: 環状配石を持つ住居跡

5. 大湯・後期前半期の
住居跡主軸グラフ

冬至日出

万座環状列石

竪穴住居跡群

夏至日没

■:石組炉・土器埋設炉

0　　　　40m

4. 大湯環状列石の住居跡主軸方向（秋元・藤井ほか 2005 に加筆）

第72図　後期前半期の住居跡主軸方向

るが，特に東側の N-90°〜120°-S に集中する傾向がある。本遺跡は，北西に延びる舌状台地に立地するが，住居跡は東側に傾斜する斜面に偏在することから，このような地形適応により東側への集中傾向が生じたと推測される。

　大湯環状列石（秋元・藤井ほか 2005）は，有名な環状列石を持つ遺跡であるが，万座・野中堂の２つの環状列石から構成されている（第72図5）。環状列石の周囲には，掘立柱建物跡がめぐるものの，竪穴住居跡が少ないことから，通常の集落ではないといった見方がなされている。西側縁辺部には，竪穴住居跡が16軒検出されているが，入口方向が明瞭なものはほとんどない。一方，石組炉が23基検出されており，これらは竪穴住居に伴っていた炉跡であると推測される。これは同時期の炉形態の特色からも蓋然性が高く，この時期の床面構築面が高くなることが竪穴を検出できない要因の一つと推測される。また，万座環状列石の周辺西側などに環状配石遺構が13軒確認され，多くが竪穴住居跡に伴うものと考えられる。これらは後期中葉（十腰内Ⅱ式期）のものと報告されているが，張出部の存在から入口方向が想定される。これらの入口方向を見ると，万座環状列石の北側の空間に入口方向が向けられ，環状列石への求心性は認められない（第72図4）。しかし，これは環状列石が使用されなくなったことや，埋没したことを示しているわけではなく，万座環状列石と関係するものと考えられる。つまり，この空間に対して，万座環状列石から通路状の２列の列石遺構が存在していることから，求心性を示す空間からこの通路へと繋がっているとみることも可能である。

　大石平遺跡（遠藤・一条ほか 1987）は，環状列石を中心として半径300m〜400m の範囲に十腰内Ⅰ式期の住居跡約40軒が分布する（第73図）。環状列石の周囲には，明確な事例は少ないものの掘立柱建物跡がめぐるようである。列石自体は非常に配石が少なく，小規模な部類に入るだろう。土坑墓はこの環状列石の内側などに分布している。竪穴住居跡の入口方向は，環状列石周辺のⅣ-1区は東側に向くものが多く，Ⅲ区は北東方向に向くものがある（第72図3）。また環状列石の東側のⅡ区は，北側や東側に向くものが多く，Ⅵ区は南側に向けられるものが多い。環状列石から南西300m ほどにあるX-1区は，竪穴住居跡の入口のほぼ全てが南側へ向けられる。これらは，それぞれの住居跡群の間で

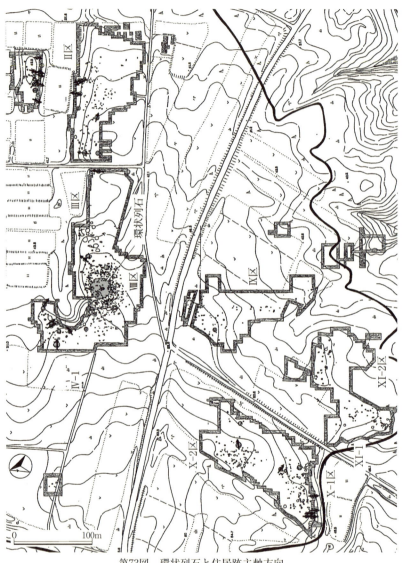

第73図　環状列石と住居跡主軸方向

も入口方向に多様性があるとともに，環状列石が存在する空間（Ⅷ区）へ向けられるものはほぼ皆無である。これは日照条件とはあまり関係なく，地形的な要因が強いものと推測される。

　このように，後期前葉の竪穴住居跡は，中期末葉と比べると平面形や入口方向が明瞭な事例が乏しいものの，主軸方向における大きな違いが認められる。つまり，中期末葉の御所野遺跡などで特徴的に見られた中央広場などの特定空間への求心性が後期前葉の集落遺跡では認められず，別の原理で入口方向が決定されていることである。特に，十腰内Ⅰ式期は大規模な環状列石が造営されるなど，中心的な空間としての役割を担っていたことが予想されるが，住居の入口とは空間的に関連性が乏しいとみられる。このような東や南側への偏りも日照条件によるものであろうが，このような太陽の日照や光に対して象徴的な観念を抱いていた可能性も否定できない。

　他地域において，竪穴住居跡の入口方向が特徴的傾向を示す地域として新潟県があり，特に縄文中期の環状集落のあり方は注目される（阿部1998c・2000b など）。当地域の環状集落は，中央広場への住居跡主軸方向が求心性を示す傾向が強く，特に中期前半期における長方形住居跡，中期後半期では卵形住居跡を含めた住居跡全般の主軸方向が広場に向く傾向が強い。これは入口が単に地形や日照条件などに左右されたものではないことを示しており，「広場」という空間と住居の入口・炉を結んだ主軸方向が密接な関係を有していたと考えられる。また信濃川支流の魚野川流域にある南魚沼市の五丁歩遺跡（高橋・高橋ほか 1992）と原遺跡（佐藤・長澤 1998）は，小川を挟んで河岸段丘上に形成された拠点的集落である（第74図 1）。前者は，中期前葉〜中葉（大木 7 b 式並行期〜大木 8 a 式並行期古段階）にかけての環状集落であり，長方形住居跡と円形プランの住居跡が並存している（第74図 3）。一方，後者は段丘北側に形成された中期中葉〜後期中葉（大木 8 a 式並行期後半期〜加曽利 B 1 式並行期）にかけて形成された拠点集落である（第74図 2）。これらは，出土土器からも前者から後者へと居住地を移動したことが推測され，隣接地における居住地の移動例として注目される。ここで興味深いのは，原遺跡の住居跡の一部が五丁歩遺跡の方向を向いている点である。単に，南側ないしは斜面谷側を向いている可能性もあるが，本地域における住

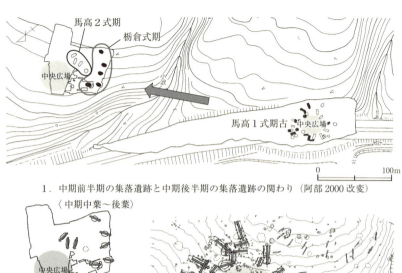

1．中期前半期の集落遺跡と中期後半期の集落遺跡の関わり（阿部 2000 改変）

〈中期中葉〜後葉〉

〈中期末葉〉

2．原遺跡の中期住居跡の
　配置と入口方向

3．五丁歩遺跡の中期前葉〜中葉の住居跡配置図
　（高橋・高橋他 1992）

第74図　隣接する集落遺跡と居住域の移動：五丁歩遺跡と原遺跡

居入口と中央広場との密接な関係性を踏まえると，旧集落の広場へ向け
ている可能性もあながち否定できないのではないだろうか。このような
時期や地域による入口方向の違いは，少なからず日照や地形などとは異
なる規制要素があったと推測されるのである。これらの諸規制について
は，周辺景観や地形（川の上下流など）を含めて再検討する必要がある
だろう。集落移動について，安孫子昭二（1997）も多摩ニュータウン遺
跡群の二つの集落間の移動を指摘しており，旧集落との関係性が興味深
いところである。東北北部でも，中期後半期の集落から数点の十腰内Ⅰ
式土器が出ることがある。例えば，鹿角市天戸森遺跡などがあげられる
が，このような時期の重なり合いは偶然ではなく，集落を放棄した居住

者が何らかの形で記憶していたのではないかと推測される。そのほかの可能性としては，単なる偶然の重複や廃絶後の森林の形成状態，偶然に過去の遺物を採取したことから特殊な場所として認識された可能性などである。このような過去の「場」，「空間」に対する行為や意識・記憶については，今後も検討が必要な問題であろう。

6　竪穴住居の空間認識と世界観

　世界の民族誌に見られる住居は，前述のように，居住者の世界観ないしは宇宙観が反映されることが多い。逆を言えば，住居構造がその居住者のコスモロジーをよく反映したものと理解される。このことは，縄文時代の竪穴住居にも当てはまるとみられ，特に中期中葉以降は屋内空間がより複雑化することからも，屋内空間にコスモロジーが反映されている蓋然性は高い。

　東北地方北部の中期後半期の住居形態は，大形石組炉である前庭部付石組炉（複式炉の一種）などを入口部に持つ竪穴住居であり，上屋が土葺屋根である可能性が指摘されている（高田・西山・浅川 1998a・b，阿部 2002a・2008など）。この入口部には，象徴的な複式炉が偏在することもあり，入口への強い意識が認められる。他地域の住居跡でも，入口部に埋甕や特殊土坑，「特殊施設」などの遺構を伴うことが多く，単なるある空間への入口というだけではなく，居住者を外敵から守る役割も有し，内と外の空間の境界にあたる。このような空間の境界には，何らかの儀礼的行為が行われた可能性も高く，空間の境界性（Liminality）（ターナー 1969）は重要である（中村耕 2009）。しかし，後期になると柄鏡形住居系統への変換によって複式炉が消滅する。これらの住居形態の変化は，在地の住居形態に取り込まれるように受容されたと推測され，特徴的施設である「前庭部」が消えるが，入口部に石組炉が偏在する傾向は変わらない（阿部 2000a）。縄文後期の入口部への意識は，入口部の二対の溝や二つの棒状礫の存在に表れる。

　炉跡は，中期末葉は複式炉を持つことからも，その特殊性が窺われる。中期末葉の場合，複式炉と奥壁部の間の空間にもう一つ炉跡を持つもの

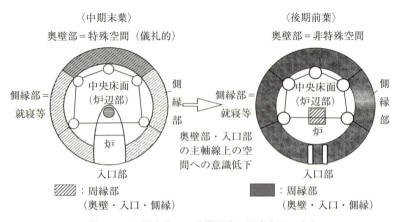

第75図　中期末葉から後期前葉の屋内空間の変容

が目立つ。これは石井寛によって指摘され,「炉奥部空間」と呼称される。縄文後期になると,方形や円形の石組炉や斜位土器埋設炉,地床炉などになる。これらから完形に近い土器の出土が見られるなど,これらは住居廃絶時に行われたものだと推測されるが,中期末葉にはあまり認められなかった出土状況である。

　中期末葉の奥壁部は,石棒を奥壁寄りに残す事例や,火災住居跡の奥壁寄りに壺形土器や徳利形土器などの小形・ミニチュア土器類,台形土器が残される事例などから,奥壁部への特殊な意識を読み取ることができる。これらは,「廃屋儀礼」の一種と考えられる傾向にあるが,徳利形土器や壺が遺棄された空間というのも単なる偶然で配置されたものではなく,意識されたものだろう。一方,縄文後期前葉では,奥壁部空間への意識は顕著ではない。これは後期前葉の竪穴住居跡の主軸（入口）方向が,広場・環状列石へ求心性を示さないことと密接に関わると考えられる。中期末葉の竪穴住居跡は入口・複式炉・奥壁部の主軸に空間の意識が認められ,後期前葉には主軸線への意識が崩れて,入口と炉を中心とした同心円的空間の意識が強くなると推測される。

　このような竪穴住居における空間分割や認識が,集落構造とどのように関係しているかは,現状では明らかではない。今後は,主軸方向と広場などの特定の人工空間との関係性以外にも,検討して明らかにしていく必要がある。ただし,住居の入口は日照や地形的傾斜なども決定要因

の一つであることから，観念的な要素だけに固執せずに，多角的な角度からのアプローチが求められるだろう。

7　集落境と周辺景観の認識──「空間」と「時間」

a)　集落構造と空間認識について

　縄文時代の人工的空間である住居や集落構造は，東北地方北部の場合，後期前葉（十腰内Ⅰ式期）の環状列石周辺には掘立柱建物跡が環状に配列するものが多く，そこに竪穴住居跡が重複したり，やや離れた場所にまとまって分布する。一方で，東北地方北部の環状列石は，周辺に明確な竪穴住居跡が検出されないことから，「葬祭センター」（秋元 1989，小林克2007など）や「集落外環状列石」（佐々木 2001・2005・2007）として捉えられることが多い。

　これらの居住域との関係性に関しては，色々な捉え方があるだろうが，筆者は分散した小規模集落ではなく，広範囲に拡散した一つの「拡散型集落構造」として理解している（阿部 2011c）。これは環状列石を持つ小規模集落と周辺にある小規模集落群から構成されるという解釈とは根本的に異なる。このような集落構造は，環状列石の受容によって形成されたものではなく，中期の集落構造のなかに伝統的に存在するものである。後期になって，より「場」の選択性が強くなり，環状列石は眺望のよい場所等が選択されるようになったと言える。また縄文集落の境界や範囲に関しては，重要な問題でありながら便宜的な捉え方に終始せざるを得ない。ただ，単なる「集落遺跡」とイコールではないことは確かであり，当時の居住者が持っていた認識・認知の問題である。しかしながら，これを解明するのは非常に困難であり，現状では遺構・遺物の分布範囲・密度・距離，遺構主軸方向，遺構組成などを総合して捉えるほかにない。少なからず言えることは，同時期の縄文集落は台地上のみで完結するものではなく，谷の利用，さらには谷を越えた台地上に広がる場合がある。もちろん，移動性の問題や同時性の問題などもあるだろうが，「縄文モデル村」といった関東地方の環状集落のあり方が通常なのではなく，時

期や地域によって多様であることは明らかである。

　また集落外には，生活に必要な資源が散らばる野・山，川・湖・海などの自然空間が広がり，これらのフィールドを歩き回ってあらゆる資源を獲得してきたと推測される。このような生活領域は半径4kmといった見解があるが，当時は現代社会のような体系化された住所や地図がないので，資源獲得可能な場所へ行くために特徴的な周辺地形に名前を付けたりして記憶したと推測される。方位に関しては，太陽の動きにもとづく東西の認識や，川や山などのような自然地形がランドマークになっていたことも想定されるだろう（太田原 2007・2009）。河川は水が流れているので，流れて来る方向と流れて行く方向（上流と下流）が認識可能である。さらには大木，露頭の岩，奇岩，洞窟，滝などもランドマークとなり，特定の石材や食料が獲得できる場所も認識されていたと推測される。例えば，大形石棒に使用される柱状節理の石材や環状列石に使用する石やその産地，サケが遡上してくる河川など特殊な光景を生み出す場所も存在したであろう。さらには，石材における非在地石材の存在や土器型式における異系統土器のあり方は，少なからず人の行き来を背景にしていると考えられる。そのような生活領域を越えたコミュニケーションは，遠隔地に存在する集団や集落を認識していた可能性を示している。

b）集落造営と時間認識について

　無論，縄文時代に時計や暦は存在しないが，時間の認識はあったであろう。日本列島では，四季とともに，日本海側を中心とする積雪がある。これらの地域では，計画的に食糧を獲得して越冬に備えなければ，すぐに全滅してしまう可能性が高い。これまでの縄文時代の調査研究で明らかになっているように，縄文人は多種多様な資源を利用しており，食物資源の利用には季節や時間の感覚は欠くことができない。このような時間を認識するための手段として，太陽の日出・日入の位置による「絶対的な時間」とともに，ある山上の残雪や紅葉，降雪などの「相対的な時間」が存在する。例えば，東北地方北部の縄文時代後期の遺構で，周辺の景観が取り込まれたと言える事例は多くはないが，大湯環状列石の日時計型組石は有名である。二つの環状列石の中心部と日時計型組石を結

ぶ線がほぼ夏至の日没方向と一致するとされるが（川口 1956・冨樫 1995），反対方向はほぼ冬至の日出方向になる。その他では，青森市小牧野遺跡では冬至の日出が八甲田山の山並みのやや脇に位置するらしい（遠藤・児玉 2005など）。単純ではあるが，日が短くて寒い日から徐々に日が長く暖かくなっていく日もしくは期間は非常に重要視されていたと考えられる。これは多くの民族誌にも認められる事象であり，そこに象徴されるのは「死と再生」といった観念であろう。その日の日没や日出の象徴的意味が，儀礼に関わる施設と推測される環状列石という「場」の機能や，そこでの儀礼行為に取り込まれたのかもしれない。

　このように，縄文時代における周辺景観は，「時間」と「空間」を認識するうえで非常に重要な存在であったと推測される。このような自然の周辺環境を自らの世界観に取り込むことによって，「自然の社会化」が図られたのであろう。

終　章

縄文時代の社会変動期における精神文化

────────

1　はじめに

　本書では，縄文時代中期末葉から後期前葉における東北地方北部を中心として，「第二の道具」論と「景観論」の視点から議論を展開してきた。特に当該期は，文化的・社会的変動期であると考えられ，そういった時期における精神文化が，どのようなあり方を示すのか着目してきた。序章でも言及したように，中期末葉は中部・関東地方において気候冷涼化による大規模集落の解体や分散化が指摘されており，さらにこの時期に出現する大規模配石遺構はそのような背景のもとに儀礼行為の活発化を示すものとして評価されている（上野 1983a，鈴木保 1985，など）。前章まで，「第二の道具」を対象として，中期末葉から後期前葉にかけて，果たして儀礼行為が活発化するのかどうか検証を加えてきた。第7章では，環状列石と「第二の道具」の関係性についても議論を行った。

　ここでは，第1章から第8章までの議論を踏まえて，「第二の道具」論と「景観論」における現象面と方法論の整理を行い，最後に文化的・社会的変動期における儀礼行為などの精神文化がどのような影響を受けるのか現段階での結論を示しておきたい。

2　「第二の道具」論の方法と課題

a)「第二の道具」の盛衰現象

　縄文時代の「第二の道具」と呼ばれる遺物には，幾つかの特性が認められる。例えば，その存続時期と分布範囲は，相対的に分類すれば，**「長命型」**と**「短命型」**，**「広域型」**と**「局地型」**に分けることが可能である。多くの「第二の道具」は，「短命型」で「局地型」の性質を有している。このことは「第一の道具」とされる石器器種のほとんどが「長命型」で「広域型」であることと対照的である。つまり，道具のカタチの普遍性と関係していると理解され，「第二の道具」の多くが物理的に作用しない道具であるが故に，そのカタチに普遍性が乏しいためであると考えられる。加えて，その道具の持つ象徴的意味を共有する集団の広がりとも関わるためであると考えられる。一方で，縄文時代を代表する「第二の道具」には，土偶と石棒のように，「長命型」で広域的に広がるものも存在する。このような土偶においても，実際は縄文時代草創期に出現してから，その終末まで連綿と存続したわけではなく，草創期から前期までは分布域は限定されるばかりではなく，中期になって東日本に普及した後も，途中で衰退・消滅する地域や時期が存在することが明らかになっている。このような土偶や石棒で認められた**「衰退・消滅現象」**をどう捉えるかが課題である。

　一方で，これらの「第二の道具」には，**「断続型（点滅型）」**とみられる遺物が存在し，地域や時期に断絶がありながら，似たような形の遺物が出現する現象が認められる。具体的には，三角形土版や岩版，三角壔形土製品や土冠，さらには「第二の道具」とは言えないが，三脚石器があげられる。このような現象の背景として，（1）素材の転換により，骨角製品や木製品が存在する可能性，（2）継続的に共有されている何らかのイメージが具現化されたため，もしくは（3）偶然の類似で，ほぼ無関係に出現した可能性，が想定される。現状では，結論は出せないが，このような特性も「第二の道具」を研究するうえで，重要であると

考えられる。

このような道具の消長における，存続期間や分布域のあり方は，道具の性質を示す重要な要素であり，その現象面を明確にしていくことが，「第二の道具」を解明する一つの鍵になると考えられる。

b) 「第二の道具」の分布範囲とその意味

縄文時代の「第二の道具」は，土器や石器とは分布原理や普及（情報伝達など）する背景が異なると考えられる。多くの「第二の道具」は，前述のように，ごく局地的な分布域（「局所型」）を示し，広域的に広がることはあまりないことも特性の一つである。これらの分布において注目されるのが，土器型式分布圏ないしは様式圏との関係性である。例えば，十腰内I式期における「第二の道具」は，種類によって局所的な分布を示したり，分布域にやや違いが認められたりするものの，多くの場合は，土器型式分布圏内にある程度収まる傾向がある（第76図）。土器器種のように様式圏を越えて広がるものは，それほど多くはない。このような「第二の道具」と土器群との分布域の重なり合いから，例えば，成田滋彦が提示する「十腰内文化」のようなものが設定できるのか興味があるところである。少なくとも，「広域型」である土偶や鐸形土製品・石刀は，十腰内I式土器の広がりと密接な関係にあると理解される。このように同様な儀器を共有する集団の広がりは重要である。この地域には偏在性があるものの，環状列石や配石墓群等の造営や掘立柱建物など共通した文化要素の広がりが認められる。このような集落構成や構造，儀器を含めた文化の設定も今後の課題となる。

その一方で，主要な分布域から「飛地的」に出土する「第二の道具」が存在する。これらは，土器ではしばしば認められる現象であるが，「第二の道具」の場合はやや異なる背景を有していると推測される。例えば，中期末葉の斧状土製品であるが，岩手県域を中心とする分布圏から離れた石川県から2例出土している。また石刀は，後期前葉においては十腰内I式期に特徴的な石製品であり，同時期の関東・中部地方，北陸地方などには通常は存在していない。しかし，新潟県や長野県域に事例（第77図）が僅かに散見されるのである（阿部 2014）。これらは非常に客体的な存在であり，異系統の石製品であると言えるだろう。さらに，

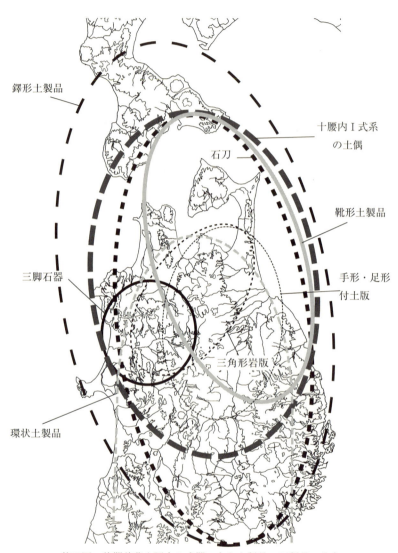

鐸形土製品

十腰内Ⅰ式系
の土偶

石刀

靴形土製品

三脚石器

手形・足形
付土版

環状土製品

三角形岩版

第76図　後期前葉十腰内Ⅰ式期の主な土製品・石製品の分布

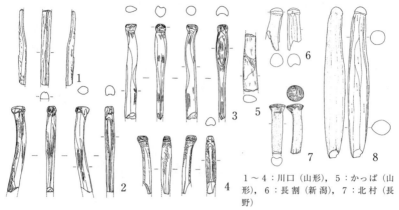

1〜4：川口（山形），5：かっぱ（山形），6：長割（新潟），7：北村（長野）

第77図　主要分布圏外から出土した後期前葉の石刀（阿部 2014）

山形県域でも十腰内Ⅰ式土器が多量に出土する川口遺跡（佐々木・阿部ほか 1990）があり，そこでは石刀が多出している。秋田県南部や岩手県南部では石刀分布は希薄であるものの，山形県北部にある川口遺跡で出土する状況も興味深いところである。このような「第二の道具」の移動は，たまたま間接的に遠隔地に移動した可能性も考えられなくはないが，人が直接移動した場合も想定されるだろう。もちろん，大形石棒や石刀，玉類など製作遺跡から周辺遺跡へと流通していた可能性も指摘されているが，翡翠の大珠以外は，せいぜい主要分布域を越えるほどの遠隔地移動は想定できない。また土製品は，なおさら在地で製作されて消費されたと考えられる。このような「第二の道具」の「**飛地的分布現象**」も，個々の「第二の道具」の性格などを解明するうえで重要である。

c)「第二の道具」の折衷・変容

　これまでの土偶研究のなかで，土偶型式が認識されてきたが，なかには折衷的な土偶形態や文様が認められる。土器では稀に認められる現象であるが，「第二の道具」においても折衷型が存在する。

　また，精神遺物における形態変化がある。このような「**変形現象**」の理解は，一律に捉えられるわけではなく，時期や地域によって意味が異なることが分かる。特に土偶有脚化や中空化は，重要な変化であると理解されるが，中期初頭における北陸地方での土偶有脚化と中空土偶の出

現と，後期前葉における東北北部での土偶有脚化は，異なる背景を有していると考えられる。後者の場合は，本章でも言及しているが，脚部は立像化するためではないことは明らかである。中空化も有脚化も大形土偶を製作するうえでは，必要な要素であり，特に中空化せずに大形土偶を製作するのは必要な粘土量や乾燥過程を考慮すれば，当然のことであろう。

　このような土偶の変形現象は，外的要因（他地域の土偶型式の影響）や内的要因（機能・用途による変形）などが想定されるが，系統変換も含めて，その要因の解明は今後の課題である。これについては，認知考古学的視点を含めて捉え直していく必要もあるだろう。

d) 「第二の道具」のライフサイクルの理解

　「第二の道具」の機能・用途を考えるうえで，重要になるのがライフサイクルやライフヒストリー的視点である。最近の研究では，製作技術の解明が進んできたが，機能や用途については不明なところが多い。そもそも，「第二の道具」の使用場所や使用方法は，ほとんど分かっていないのが現状である。これは「第二の道具」が，使用場所に遺棄された状態で出土することが稀であり，たいていは使用とは無関係の場所に廃棄されたためである。一方で，「第二の道具」と場との関係性を示す場合がある。例えば，火災住居跡床面や墓坑底面等から出土する場合である。これらは遺存状態にもよるが，完形品であれば意図的配置であることは間違いない。このような出土状況から，遺物の扱い方，そのモノへの観念を読み取ることも可能であろう。本章では，竪穴住居跡床面出土の徳利形土器や大形石棒などに言及しているが，大形石棒などは使用・設置場所を示している可能性が高い。これらの「第二の道具」には，「携帯型（装着型）」と「固定型（設置型）」が存在することが想定される。大形石棒などは後者であるが，前者については，土製垂飾品などが想定される。

　また遺跡における「第二の道具」の分布傾向は，当然のことながら集落遺跡に集中する傾向があり，その他の洞窟遺跡や小規模遺跡からはほとんど出土例は確認されていない。このことからも，装飾品（着装品）以外の多くが集落内で使用された可能性が想定される。本章でも言及し

ているが，東北北部の環状列石では，周囲から明確な竪穴住居跡が確認
できないことから，集落ではなく，「葬祭センター」であるという見方
が強まっている。この点については，それぞれの環状列石の分析から，
いわゆる屋外石組炉や焼土跡とされる遺構の評価や「拡散型集落」とい
う視点から反論を行っている（阿部 2011c）。さらに，環状列石のある遺
跡からは「第二の道具」が多出することも，「葬祭センター説」に追い
風になっている。しかし，多様な「第二の道具」のすべてが，環状列石
で行われた儀礼行為で使用されたとは考え難い。つまり，縄文人の行動
範囲や活動はより広範囲で複雑であり，すべての儀礼や儀器の使用が環
状列石に集約されると考えるには無理があるということである。著者は，
当地域の環状列石は廃棄場と強い関係性を有していると考えており，環
状列石近傍に小・中規模の廃棄場が形成されるのが特徴である。この周
辺の廃棄場に，「第二の道具」が集中する傾向も指摘できる。著者は，
これらの道具は使用場所とは異なる場所で廃棄された可能性が高いと理
解している。さらには，環状列石において，これらの道具の廃棄に伴う
儀礼行為が存在した可能性も想定される。その際に，種類によっては意
図的破壊行為が付随していたことも否定できない。加えて，このような
「第二の道具」を含めた遺物（廃棄物）は，環状列石内部からはあまり
出土しないことも明らかになっている。これが清掃行為の結果なのか，
もともと列石内部での使用や破壊行為は存在しなかったのかは不明であ
る。さらに，このような「第二の道具」における「意図的破壊」につい
ても，昔から議論されてきた問題であるが，遺物自体に明確な破壊痕が
確認できていないことからも結論は出ていない。土偶のように，その道
具の用途自体に破壊行為が伴うという見方もあるが，意図的破壊行為が
あったとしても，それが道具本来の用途の一部であるのか，廃棄に際し
て破壊されたのか，容易に結論が出ない問題である。

　このような道具の出土状況を解釈する場合，遺物や遺構と同様に，ラ
イフサイクルの視点で捉え直すことは重要である。これは，遺跡内から
の「第二の道具」の出土量や組成を比較するうえでも，欠くことのでき
ない視点である。

e）自然科学分析と実験考古学的手法の可能性

　本書のなかでも，自然科学分析や実験考古学的手法の利用について概略的に説明しているが，「第二の道具」の機能・用途解明のためにも必要である。自然科学分析に関しては，鐸形土製品のように特徴的な付着物があることにより分析可能であるが，たいていの土製品・石製品には付着物は認められない。しかし，今後の科学の発達によって，現在不可能なことも解明できることが増えていくことを期待したい。最近では，CTスキャンがX線写真よりも果かに製作技術や内部構造を解明できる分析法として利用されはじめており（宮尾 2009，西田・宮尾 2012など），3Dスキャンや3Dプリンターなどの活用，石器の使用痕分析等での電子顕微鏡の利用などがあげられる。このような手法も，可能な範囲で積極的に利用すべきであると考える。

　さらに，土偶の多くは赤彩されていた可能性が仮定できるが，実際の遺物では沈線の中に一部分残存しているだけの場合が多く，当時の土偶の姿が復原できているとは言いがたい。このような赤彩も土偶の持つ役割を示す重要な要素であることは間違いない。よって，このような赤色顔料の塗彩部位を特定できるような分析法などが開発されれば，研究の大きな前進につながるだろう。

　また実験考古学的手法は，自然科学分析などの比較試料の提供にも役立つが，今後は土偶などの破壊痕や紐ズレ痕，石棒類の破壊痕などを解明するためにも必要になってくると考えられる。

3　「景観論」の今後の展望

　「景観論」に関しては，まだ方法論など体系的に整理されていないところは多いが，本書では主に「人工的景観」と「観念的景観」について試論を展開した。そこでは，縄文人の世界観や空間認識が反映されやすいものとして竪穴住居跡を扱い，内部施設や床面出土遺物，入口方向といった要素を中心に検討を加えた。その結果，中期末葉と後期前葉では，床面出土遺物や場所に違いが見られたものの，中期末葉では屋内空間の

なかでも入口部・炉跡・奥壁部といった主軸ラインが重要であり，特に奥壁部からは壺やミニチュア土器，石棒などが出土することから，特殊な空間として意識されていたと考えられる。一方，後期前葉は事例が少ないこともあるが，入口部や奥壁部からの目立った遺物出土は認められないことからも，主軸線を中心とする屋内空間への意識が大きく変化した可能性が推測される。

　住居跡の入口方向（主軸線）に関しても，中期末葉と後期前葉では大きな違いが見られ，特に中期末葉における中央広場隣接地とそこから離れた場所では，住居跡主軸方向の求心性に違いが認められ，広場周辺では入口方向により求心性が見られたことは興味深い点である。これに対して，後期前葉の集落では，環状列石などの特定空間に住居跡の入口方向を向けるという傾向は確認できなかった。これも屋内空間における奥壁部への意識の希薄化にともない主軸線の指向性が大きく変化した蓋然性が高い。このような入口方向は，日照条件や地形・風位などと密接な関係にあるとされているが，それ以外の要素による規制も存在することから，さらに検討を深めていく必要があると考えられる。

　今回は，住居内部空間や集落構造を含めた体系的な空間認識までは論を進めることはできなかったが，コリン・レンフルー（2007）が提示する「認知地図」モデル（第78図）のように，居住する集団によって共有された世界観が存在していたと考えられる。第78図については，左は「それぞれの人間は個人的な認知地図（正方形で表わされている）を備えもっている。各個人はとっさに知覚で捉えた印象と，過去の世界の記憶（t − 1）と未来の世界の予測（t + 1）が内在された地図とのいずれにも反応する」。右は「ひとつの社会に共に住む各個人は，ある意味で同じ世界観を共有する。この世界観のような集団全体にとって認知地図について語ることは可能である」と説明されている（レンフルー 2007）。これらの「認識地図」の根本にあるのは，定住化によって養われた，「空間」と「時間」の認識であると考えられる。次第に，両者は彼らの世界観のなかで意味づけられて発展したものと推測される。定住地である集落周辺に存在する，食料や道具の材料等の多様な資源の活用とともに，その他の集団や集落・地域との交換・交易，婚姻などを通じた移動のために，必然的にそこへ至るルートやランドマーク（山・川・海・

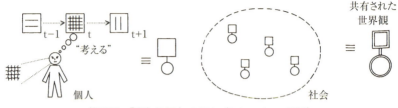

第78図　「認知地図」モデル（レンフルー 2007）

島・岩・太陽等）などの存在を認識することが必要になる。さらに，一年を通じた集団の生存のための資源利用や越冬などの居住サイクルにおいて，季節的な時間の観念や基準が創出されたと考えられる。太田原潤（2007など）が指摘する「山アテ暦」なども時間の基準の一つと考えられる。このような「時間」の認識なくして，季節的移ろいに対して計画的な生存戦略を講じるのは不可能であろう。

　「空間」と「時間」の認識において，集落周辺にある特定の山や川，海・湖などの景観や資源の「社会化」（小林編 1995）は重要である。景観論では，「観念的景観」のみならず，生態的な景観など多角的な研究の進展が必要であろう。そのためには，体系的な方法論の整理が必要不可欠である。

4　中期末葉における社会変動と精神文化のかかわり

a) 配石造営と「第二の道具」の動態の捉え方

　次に，縄文時代中期末葉から後期前葉にかけての文化的・社会的変動期における精神文化の影響関係についてであるが，当該期の大規模配石遺構の造営や「第二の道具」の多様化・多量化は，以前より気候冷涼化が背景にあると考えられることが多い（上野 1983a，藤本 1983，鈴木保1985など）。しかし，果たして配石遺構の造営や，「第二の道具」の多様化や多量化は，これに対する危機感や焦燥感による呪術や儀礼行為の活発化を示すのであろうか。一つの見方としては，儀礼行為の活発化によって儀礼に関わる施設が大規模化して，儀器が増加したという見解は完

全には否定できないが，その他の解釈も可能である。例えば，（1）儀礼行為の複雑化・細分化であり，行為が細分化されることで道具の種類が多様化した可能性である。また，（2）道具の使用がある特定個人の占有から，各世帯等へと保有と使用が拡大したことである。さらには，（3）道具の使用期間において，道具の製作から廃棄までのサイクルが短くなった可能性である。いずれも想定可能なモデルであり，あらゆる可能性を検証していくことが重要であろう。

　東北地方北部の後期前葉における配石遺構の造営に関しては，集落の分散化と小規模化を背景として，その中核となる「葬祭センター」という見方（秋元 2004・2005，佐々木 2002など）や，集落間の結束や紐帯を図る機能を有していたいう解釈（児玉 2004など）もある。この見方については，「拡散型集落」構造という観点と大湯環状列石などの分析から疑問を呈している（阿部 2011c・2014）。さらに，掘立柱建物跡が居住施設である可能性も指摘されており（石井 2004・2008など），後・晩期の集落構成を見ると，すべてではないにしても，この種の施設が居住機能を有していた可能性は極めて高いと考えられる。さらに，各事例の周辺地域では分散した小規模集落に該当するような事例も確認できていないのが現状である。配石遺構の造営時期は，中部・関東地方では中期末葉に始まり，後・晩期へとつながっていく。東北地方では中期末葉の事例も散見され，後期前葉になって本格化してその後には衰退する。つまり，出現・隆盛の時期差とともに盛衰に大きな地域差が存在するのである。配石遺構造営と「第二の道具」の多様化・多量化現象の背景については，これらの複合的な議論のなかで，その要因を検討していく必要があるだろう。

b）中期末葉から後期前葉の「第二の道具」の変化

　中期末葉における精神文化の一つの大きな変化は，東日本に広がった土偶の衰退・消滅現象である（第79図）。東北地方南部の一部の地域を除いて，ほぼ一時的に衰退ないしは消滅すると考えられる。縄文文化の代表的な精神遺物の土偶が消滅して存在しない時期があることは，重要な意味をもつ。現状では，衰退・消滅した原因は明らかではないが，当該期の文化的・社会的変化と密接に関わるものと理解される。後期前葉

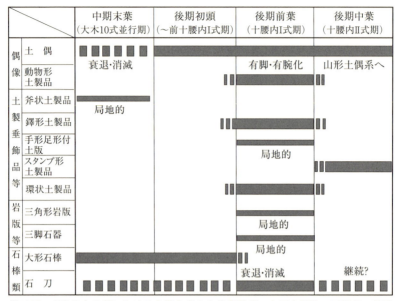

		中期末葉 (大木10式並行期)	後期初頭 (〜前十腰内I式期)	後期前葉 (十腰内I式期)	後期中葉 (十腰内II式期)
偶像	土　偶	▪▪▪▪▪ 衰退・消滅			
	動物形 土製品			▪▪▪　　有脚・有腕化	▪▪　山形土偶系へ
土製垂飾品等	斧状土製品	▪ 局地的			
	鐸形土製品			▪▪▪	▪▪
	手形足形付 土版			▪▪▪▪▪	
	スタンプ形 土製品			局地的	▪▪▪
	環状土製品			▪▪	
岩版等	三角形岩版			局地的	
	三脚石器			局地的	
石棒類	大形石棒	▪▪▪▪▪▪▪▪▪▪▪▪▪		局地的 ▪ 衰退・消滅	継続?
	石　刀	▪▪▪▪▪▪▪▪	▪▪▪▪▪▪		▪▪▪▪

第79図　東北地方北部における中期末葉から後期前葉の主要土製品・石製品の動態

になって，再び土偶が全国的に広がりをみせるが，より抽象化・象徴化されたデザインの土偶へと変貌する。また土偶における大きな変化は，形式・形態の変化であろう。本書では，東北北部を中心に分析を加えたが，土偶が有脚化するものの，ほとんどが自立しない土偶形態になる。関東や東北南部でも後期前半期のハート形土偶は安定した脚部をもつ自立形態が多いが，後頭部に把手を持つことや，その後の山形土偶やミミズク土偶は有脚土偶にもかかわらず，自立しないことは，この時期の土偶の特徴である。さらに後期前葉以降，大形土偶や屈折像土偶などが出現して，土偶形式の明確な分化が確認される。

　一方で，土偶が衰退する中期末葉の東北北部北上川流域や馬淵川流域を中心に，斧状土製品と呼ばれる土製垂飾品が出現する。このことも，土偶の衰退・消滅と関わる現象であると考えられるが，土偶と同じ機能の道具として出現したとは考えにくい。重要なのは，後期になって土偶が再度普及した後も，断続的に独特な土製垂飾品が出現していくことである。このように，吊るして使用できる土製垂飾品の出現は，道具や儀礼行為の複雑化を示す重要な変化であると捉えられる。同様に，後期前

葉の鐸形土製品も土製垂飾品と考えられるが，内面にスス状付着物を伴う特徴からも，本土製品が単なる土製垂飾品ではないことを示している。

　さらに，中期末葉における，徳利形土器のような小形土器の出現も重要な意味を内包していると理解される。これらは単なる通常の土器のミニチュアではなく，独自の器形を有している。これらの徳利形土器は，大木9式期と大木10式土器分布圏内に広がりをみせる。また火災住居跡などの床面上から出土することが多く，儀礼的側面がうかがわれる。小形土器は，儀礼的利用以外にも，漆やアスファルトなどに関わる容器としても利用されていることが分かってきている。これらの後期へのつながりは，まだ明確ではないが，後・晩期は小形土器が非常に多くなることとも，中期末葉から連続する現象であると考えられる。

　一方，後期前葉における石刀の顕在化も重要な事象である。中期末葉の東北北部においても，直状の石刀や青竜刀形石器，骨刀などが確認され，これが後期前葉になると顕在化して，十腰内Ⅰ式土器分布圏内に広がるとみられる。この石刀の顕在化は，必ずしも大きな変化とは言いがたいが，同時期に大形石棒が東北北部で衰退することも無関係ではないように思われる。この種の石製品は，大きさや重量からも使用時に携帯（手で握る等）する「携帯型」の道具であることが想定される。一方，東北南部や関東地方では，中形・小形石棒が広がり，東北北部の石刀とは対照的な分布を示す。

　以上のことから，「第二の道具」においても，東北北部では中期末葉から後期初頭にかけて，大きな変化が認められる。しかし，中期末葉における，東北南部以外での土偶の衰退は，気候悪化と儀礼行為の活発化の解釈とは合致しない現象である。「第二の道具」の多様化と多量化は，環状列石が造営される後期前葉の十腰内Ⅰ式期であり，どちらかと言えば気候冷涼化の4.3kaイベント後の十腰内Ⅰ式期であり，比較的安定した気候である可能性も指摘されている（工藤 2013など）。したがって，すべてこれらが気候冷涼化を契機とするものとは考えにくく，加えて新潟県信濃川上流域では，後期前葉には配石墓群を伴う大規模配石遺構が造営されるが，この時期に至っても中期末葉に衰退した「第二の道具」に多量化・多様化の兆しは認められないのである（長田 2012・2014）。このように，類似した大規模配石遺構を造営する地域においても，「第

二の道具」の種類や数には大きな地域差が認められる。このことからも，大規模配石遺構と「第二の道具」の動態を儀礼行為の盛衰と一概に捉えることができないことは明らかである。

　現状において，「気候冷涼化と儀礼行為の活発化」という図式にはやや無理があると言わざるを得ない。もしくは，儀礼の活発化は遺物や遺構の多様化や多量化には反映されないと理解することもできる。さらに，気候冷涼化・悪化に対する儀礼行為における対応には，大きな地域差・集団差が存在する可能性が大きいと捉えることも可能である。配石や「第二の道具」の消長における時期差や地域差を，どのように理解していくかが重要である。

c) 気候変動と縄文社会に関する最近の議論

　中期末葉から後期前葉の時期は，大きな画期が存在することから（第80図），その背景については，幾つかの解釈が示されている。最近では，安斎正人が縄文時代に関わる気候変動について，シンポジウムを開催するなど詳細な検討を加えている（安斎 2012，安斎編 2012・2013）。

　また最近の議論でも，例えば山本暉久（2013など）は，内的矛盾を重視する立場から，これまでの関東・中部地方の中期から後期への変化について個別集落，住居に現れた現象の検討から，「中期社会の崩壊は，気候変動という現象面からではなく，中期社会のもつ退嬰化が徐々に進行した結果もたらされたこと，すなわち，中期社会の矛盾の帰結として必然的なものであった」と結論づけている。

　一方，鈴木保彦は，対照的に外的要因として気候冷涼化を重視する立場であり，最近の地質学の研究成果や暦年較正年代の成果を用いて，縄文時代の気候変動と集落の盛衰について，再度検討を行っている（鈴木保 2014）。鈴木は，集落の急激な衰退現象には気候変動が深く関わっており，中期末葉に起こった気候の冷涼化とそれにともなう自然環境の変化は，堅果類の不作などの生業活動に重大な支障をきたすような事態をもたらしたものとみている。

　これらの中期末葉から後期前葉にかけての時期は，文化要素が大きく変化する時期であるが，地域間で生じる時間差も大きい。これらの一連の大規模変化は，一時期に突然起こったものではなく，数百年かけて漸

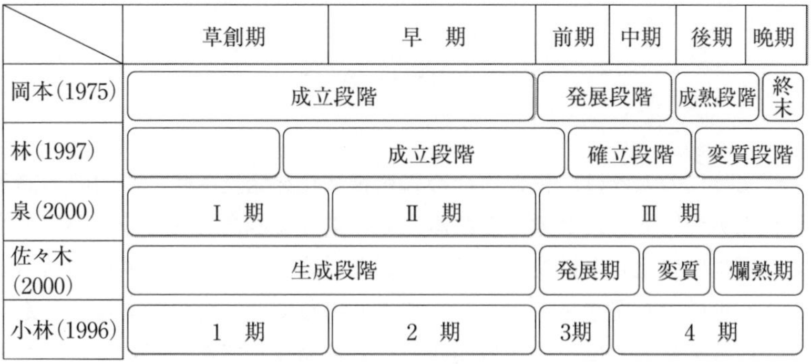

	草創期	早　期	前期	中期	後期	晩期
岡本(1975)	成立段階		発展段階		成熟段階	終末
林(1997)		成立段階	確立段階		変質段階	
泉(2000)	Ⅰ　期	Ⅱ　期	Ⅲ　期			
佐々木 (2000)	生成段階		発展期		変質	爛熟期
小林(1996)	1　期	2　期	3期	4　期		

第80図　縄文時代の文化的・社会的画期についての対比

移的に進行した現象である。中期末葉は，東日本においても文化要素における地域差が大きいが，次第に融合しながら，後期前葉にかけて収斂していくプロセスが認められる。これらは，気候・環境変化が契機になる部分も存在するかもしれないが，決して衰退や停滞という見方で捉えられる時期ではない。現段階では，中期末葉に顕在化する各地域における変革は，次第に東日本全体に波及して，地域間で影響関係を持ちながら，「後・晩期社会」を構成する新たな文化要素，居住・生業形態や信仰体系を生み出していったものと理解される。

　この議論は縄文研究のなかでも重要な問題であることからも，今後とも議論を積み重ねていく必要がある。今後の課題としては，列島内での気候変動や古環境データの充実により，どのような変化が生じたのかを明らかにするとともに，そのほかの要因となる火山や地震・洪水・土石流などを含めた自然災害や疫病などのデータを整理していくことも必要である。加えて，考古資料における基礎研究による変遷や消長の解明，機能・用途などの解明も不可欠である。さらには，これらがどのような関係性をもって生じる現象であるのか，また無関係なのか，解釈のための理論面の発展も必要である。そのためには，縄文時代中期から後期の社会変動期における儀礼行為の様相解明とその関係性についても，継続的検証が必要になるだろう。

5　おわりに

　縄文時代の人々は，生きるために精神文化を発達させて，周囲の諸現象を説明づけていたと考えられる。そのような観念的世界のなかで，次第に複雑に分化した儀礼行為は，多様な「第二の道具」や環状列石のような大規模配石遺構をデザインして生み出していったのである。しかし，これらは永続的ではなく，短期間のうちに発達して消えてしまう。つまりは，実用的に機能したものではなく，観念的に機能したものであることを意味していると考えられる。これらの世界観やコスモロジーは，縄文時代の人々の行動を規制していたであろうから，生業活動や居住活動などあらゆる行為を復原研究するうえで，その解明は必要不可欠となる。民族誌に描かれるような，世界観や儀礼行為，シャーマン等は非常に魅力的ではあるが，縄文時代研究ではそのような全容を具体的に復原できるはずもない。現段階では，理論的な解釈論の発展も重要な課題であるが，新たな分析法や体系的方法論の確立とともに，残された遺物・遺構の研究から事実を明らかにして積み重ねていくことが最善の策である。

　最後に，縄文時代研究における文化的・社会的画期についての議論は，研究者間で着目する資料や視点の違いによる見解の相違があるものの，多くは中期末から後期前葉のあいだに画期があるという意見で一致している（第80図：阿部 2008改変）。中期末葉から後期初頭はその後の「後・晩期」（3期）に繋がる変動期として捉えられるが，大きくは3期のなかに組み込まれるであろう。加えて，草創期初頭〜早期末葉（1期）の後，前期前葉から中葉にかけても大きな画期が存在し，前期中葉〜中期後葉（2期）に至る変動期と捉えることも可能である。今後の縄文研究では，約一万年間続いた時代をどのように理解していくのかが大きな課題となる。最近の研究では，「日本列島を一単位とした一律的な時代区分・時期区分にも限界があり，縄文文化・縄文時代という枠組みはその意味でも再考を求めることになる。時代区分・時期区分を見直す前提としてこれから重要になるのは，むしろ年代・地域・内容を限定しうる個々の地域文化の掌握である」ことが指摘されている（谷口 2011）。今

後はより世界史的，人類史的にグローバルな視点からの「縄文時代」の位置づけが重要になってくるであろう。しかし，「縄文時代」や「縄文文化」という用語は，学術的にも社会的・国際的にも認知度が高く，その変更には慎重な研究とある程度の総意を要することは言うまでもない。

　以上，今後も先史時代の儀礼行為の復原とともに，より精神文化の解明に努めて行きたい。この度，新潟大学人文学部研究叢書として刊行する機会を下さった人文学部の先生方，出版においてご尽力いただいた知泉書館の小山光夫氏，髙野文子氏に感謝申し上げたい。また本書をまとめるにあたっては，國學院大學名誉教授である小林達雄先生，同教授の谷口康浩先生，新潟大学人文学部の橋本博文先生，白石典之先生，橋谷英子先生，宮崎裕助先生，逸見龍生先生には，ご指導ご鞭撻を賜りました。これらの調査研究においては，各地域の方々や機関より多大なご協力とご教授を賜りました。文末ながら以下に記して感謝の意を表したい。

　新井達哉，安斎正人，安孫子昭二，石井　匠，伊藤正人，井上雅孝，
　今井哲哉，内川隆志，榎本剛治，大久保学，大野淳也，小笠原善範，
　長田友也，笠井洋祐，加藤里美，加藤元康，菅野紀子，川口　潤，
　國木田大，倉石広太，小林圭一，小林　克，児玉大成，斉藤慶吏，
　佐々木茂，佐々木雅裕，佐藤信之，佐藤雅一，設楽政健，白鳥文雄，
　新原佑典，菅原哲文，杉野森淳子，杉山林継，大工原豊，高田和徳，
　高橋　毅，冨樫泰時，富樫秀之，中島将太，中村　大，中村耕作，
　仲田大人，永瀬史人，成田滋彦，能登谷宜康，深澤太郎，藤井安正，
　宮尾　亨，山本暉久，吉田恵二，吉田邦夫
青森市教育委員会，青森県埋蔵文化財調査センター，
秋田県埋蔵文化財センター，
岩手県文化振興事業団埋蔵文化財センター，
大湯ストーンサークル館，北秋田市教育委員会，御所野縄文博物館，
滝沢村埋蔵文化財センター，十日町市教育委員会，
十和田市教育委員会，農と縄文の体験学習館なじょもん，
八戸市教育委員会，福島県文化センター白河館，福島市教育委員会，
盛岡市遺跡の学び館，山形県埋蔵文化財センター

引用・参考文献

赤羽　篤・赤羽義洋 1979「長野県上伊那郡辰野町出土の土偶」『信濃』第31巻第4
　　号　66〜71頁

赤羽正春 2006『鮭・鱒Ⅰ・Ⅱ』法政大学出版

秋元信夫 1989「環状列石と建物跡」『よねしろ考古』第6号　7〜23頁

─── 2000「大湯環状列石における遺跡の変遷」『青森県考古学』第12号
　　41〜46頁

─── 2004「環状列石の周辺」『月刊文化財』2月号　45〜48頁

─── 2005『石にこめた祈り　大湯環状列石』新泉社

浅川滋男 2000「竪穴住居の空間分節」『古代史の論点②女と男，家と村』100〜130
　　頁　小学館

麻生　優 1969「『原位置』論序説」『上代文化』第38輯　1〜5頁

─── 1975「『原位置』論の現代的意義」『物質文化』24　1〜14頁

安孫子昭二 1997「縄文中期集落の景観──多摩ニュータウン No.446遺跡」『東京
　　都埋蔵文化財センター研究論集』19〜55頁

─── 1998「背面人体文土器」『土偶研究の地平「土偶とその情報」研究論集
　　（2）』勉誠社　295〜320頁

阿部昭典 1998a「縄文時代の中期初頭の中空土偶」『越佐補遺些』第3号　36〜41
　　頁

─── 1998b「縄文時代の環状列石」『新潟考古学談話会会報』第18号　47〜67
　　頁

─── 1998c「縄文時代の卵形住居跡」『新潟考古学談話会会報』第19号
　　35〜49頁

─── 2000a「縄文時代中期末葉〜後期前葉の変動──複式炉を有する住居の消
　　失と柄鏡形敷石住居の波及」『物質文化』第69号　1〜39頁

─── 2000b「縄文集落遺跡研究の一試論」『新潟考古』第11号　33〜47頁

─── 2002a「土葺屋根の竪穴住居と居住形態」『新潟考古』第13号　91〜114頁

─── 2002b「栄町吉野屋遺跡出土の縄文中期の土偶」『越佐補遺些』第7号
　　23〜26頁

─── 2004「栄町吉野屋遺跡出土の縄文中期の土偶（2）」『越佐補遺些』第9
　　号　16〜19頁

─── 2005a「縄文時代中期末葉の壺形土器」『東アジアにおける新石器文化と
　　日本Ⅱ』國學院大學　221〜239頁

─── 2005b「栄町吉野屋遺跡出土の縄文中期の土偶（3）」『越佐補遺些』第
　　10号　26〜29頁

─── 2006a「縄文時代中期末葉の器種の多様化」『考古学』Ⅳ　103〜126頁

─── 2006b「縄文時代中期末葉の注口付浅鉢形土器の顕在化」『東アジアにお

222

ける新石器文化と日本Ⅲ』國學院大學　163〜179頁

───── 2007a「新潟県下越地方の縄文中期終末から後期初頭の諸様相」『第20回縄文セミナー中期終末から後期初頭の再検討』縄文セミナーの会

───── 2007b「縄文時代の『ベッド状遺構』の検討」『新潟考古』109〜126頁

───── 2008『縄文時代の社会変動論』（未完成考古学叢書 6 ）アム・プロモーション

───── 2009a「新潟県における縄文時代後期前葉集落と配石遺構の隆盛」『國學院大學考古学資料館紀要』第25輯　 1 〜20頁

───── 2009b「縄文時代における徳利形土器の祭祀的側面の検討」『國學院大學伝統文化リサーチセンター研究紀要』第 1 号　 1 〜14頁

───── 2009c「新潟県における縄文時代後期集落の様相」『月刊考古学ジャーナル』No.584　14〜18頁

───── 2009d「東北北部における『第二の道具』の多様化」『平成21年度フォーラム環状列石をめぐるマツリと景観』國學院大學伝統文化リサーチセンター　 1 〜12頁

───── 2009e「Secondary tools Circular stone alignments」『The archaeology of Jomon ritual and religion』workshop in Lomdon　43〜66頁

───── 2010a「縄文時代後期前葉における土偶の有脚化とその意義」『國學院大學伝統文化リサーチセンター研究紀要』第 2 号　17〜36頁

───── 2010b「東北地方北部における石刀の顕在化」『國學院大學学術資料館考古学資料館紀要』第26号　47〜69頁

───── 2010c「縄文時代の鐸形土製品に関する一考察」『椙山林継先生古希記念論集』雄山閣　 6 〜16頁

───── 2010d「東北北部の大形石棒にみる地域間交流」『縄文人の石神──大形石棒からみる祭儀行為-発表資料集』國學院大學考古学資料館　 1 〜16頁

───── 2010e「後期後葉から晩期前葉の集落構造と建物跡」『シンポジウム正面ヶ原 A 遺跡から垣間見る縄文社会』津南町教育委員会　 6 〜19頁

───── 2010f「環状列石における『第二の道具』」『縄文時代の精神文化　第11回研究集会発表要旨集・資料集』関西縄文文化研究会　74〜93頁

───── 2011a「土偶有脚化とその意義」『第 8 回土偶研究会発表要旨集』土偶研究会　 3 〜18頁

───── 2011b「前庭部付石組炉の出現と用途の検討」『平成21年度一戸町文化財年報』32〜50頁

───── 2011c「東北北部における環状列石の受容と集落構造」『古代文化』第63巻第 1 号　24〜44頁

───── 2011d「第 Ⅳ 章第 4 節 2 ．土製品」『堂平遺跡』津南町教育委員会237〜246頁

───── 2011e「縄文時代における儀礼行為の自然科学分析・実験考古学による復元研究」『高梨学術奨励基金 平成22年度研究成果概要報告』（財）高梨学術奨励基金　33〜40頁

――――― 2011f「Circular stone alignments and Landscape in Jomon Periods」『Shinto in Archaeology』CEEJA-Kientzheim

――――― ・加藤元康 2011「青森県平内町槻の木遺跡・一本松遺跡出土資料の研究」『國學院大學伝統文化リサーチセンター研究紀要』第3号　1～15頁

――――― ・國木田大・吉田邦夫 2011「縄文時代の鐸形土製品の自然科学分析」『日本考古学協会第77回総会研究発表要旨』日本考古学協会　38～39頁

――――― 2012a「東北北部の大形石棒にみる地域間交流」『縄文人の石神――大形石棒にみる祭儀行為』六一書房　183～208頁

――――― 2012b「東北地方における後期初頭の社会変動――越後から見る縄文社会」『公開シンポジウム予稿集　東北地方における中期／後期変動期　4・3 ka イベントに関する考古学現象①』東北芸術工科大学　1～16頁

――――― 2012c「縄文後期初頭における集落構造・住居形態の変容と地域間関係」『津南シンポジウムⅧ予稿集 三十稲場式土器文化の世界――4・3 ka イベントに関する考古学現象②』津南町教育委員会・信濃川火焔街道連携協議会 79～90頁

――――― 2012d「縄文土器の器種と用途の多様化」『縄文土器を読む』小林達雄編 アム・プロモーション　87～108頁

――――― 2013「土偶の美――その形と心」『別冊太陽　縄文の力』平凡社 86～113頁

――――― 2014「東北北部の環状列石と縄文後期社会」『縄文！岩手10000年のたび』大阪府立弥生文化博物館　82～89頁

阿部明彦 1994「山形の土偶」『東北・北海道の土偶Ⅰ』土偶シンポジウム2秋田大会資料　279～326頁

――――― 2009「蕨台遺跡出土の土偶――東北南半における縄文中期末～後期初頭土偶の一様相」『山形考古』第9巻第1号　1～18頁

阿部勝則 1998「岩手県における縄文時代中期中葉の底部穿孔埋甕について」『紀要』ⅩⅧ　岩手県文化振興事業団埋蔵文化財センター　29～36頁

――――― 2003「岩手県における縄文時代中期の剥片集中遺構について」『紀要』 XXII 岩手県文化振興事業団埋蔵文化財センター　1～16頁

――――― 2004「縄文時代中期の三角壔形土製品・三角壔形石製品について――岩手県内出土事例の検討」『紀要』XXIII　岩手県文化振興事業団埋蔵文化財センター　23～40頁

――――― 2005「大船渡市長谷堂貝塚における縄文時代中期の集落構造――掘立柱建物跡の検討を中心に」『紀要』XXIV　岩手県文化振興事業団埋蔵文化財センター　13～32頁

阿部博志・藤沼邦彦 1994「宮城県の土偶」『土偶シンポジウム2秋田大会　東北・北海道の土偶1』『土偶とその情報』研究会　165～221頁

安斎正人 2007『人と社会の生態考古学』柏書房

――――― 2012『気候変動の考古学』同成社

――――― 編 2012『公開シンポジウム予稿集　東北地方における中期／後期変動期

224

　　　　4・3ka イベントに関する考古学現象①』東北芸術工科大学

───── 編 2013『関東甲信越地方における中期／後期変動期　4.3ka イベントに関する考古学現象③』東北芸術工科大学・早稲田大学先史考古学研究所

───── 2013「気候変動と縄紋人──飛ノ台貝塚を残した人たち」『飛ノ台史跡公園博物館紀要』第10号　25〜44頁

安藤文一 1983「翡翠大珠」『縄文文化の研究9　縄文人の精神文化』雄山閣　218〜230頁

石井　匠 2010a「縄文時代における空間認識とモノづくり」『伝統文化リサーチセンター』第2号　59〜70頁

───── 2010b「物づくりにおける「モノ」とは何か──縄文土偶と現代フィギュアの比較から」『モノ学・感覚価値研究』第4号　118〜127頁

───── 2011「モノと心の先史人類学──『初原的同一性』と『エージェンシー』」『國學院大學伝統文化リサーチセンター研究紀要』第3号（第1分冊）39〜60頁

石井　寛 1992「縄文後期集落の構成に関する一試論」『縄文時代』第3号　77〜109頁

───── 2003「東北地方における礫石附帯施設を有する住居址とその評価」『縄文時代』第14号　31〜62頁

───── 2004「後晩期環状配列掘立柱建物跡群をめぐって──東北地方北部を中心に」『縄文時代』第15号　71〜94頁

───── 2007「後期集落における二つの住居系列──柄鏡形住居址系列と掘立柱建物跡系列」『縄文時代』第18号　51〜82頁

五十嵐一治 2000「環状列石構築直前の土壙墓と祭祀関連遺物」『青森県考古学』第12号　53〜61頁

磯前順一 1994『土偶と仮面・縄文社会の宗教構造』校倉書房

磯村　亨 1994「男鹿半島出土青竜刀石器新資料紹介」『秋田考古学』第44号　54〜56頁

市川金丸 1978「Ⅶ 分析と考察 1．遺構」『三内澤部遺跡』青森県教育委員会　340〜348頁

伊藤玄三・八巻正文 1968「福島市月崎出土の土偶」『考古学雑誌』第53巻第4号　30〜44頁

伊藤祐真 2014「第5章第1節（2）秋田県内における三脚石器の規格性」『石倉岱遺跡2012年度発掘調査報告書』國學院大學考古学研究室　136〜139頁

稲野裕介 1979「亀ヶ岡文化における石剣類の研究」『北奥古代文化』第11号　10〜18頁

───── 2002「岩手県北上市樺山遺跡」『縄文ランドスケープ』ジョーモネスクジャパン機構　16〜17頁

───── ・金子昭彦・熊谷常正・中村良幸 1992「岩手県の土偶──縄文時代後・晩期を中心に」『国立歴史民俗博物館研究報告』第37集　100〜111頁

今里悟之 2006『農山漁村の〈空間分類〉』京都大学学術出版

───── 2009「むらの景観の秩序」『季刊東北学』第20号　31〜45頁

今福利恵 1998「中部高地の縄文中期前半における土偶の基礎的把握」『土偶研究の地平「土偶とその情報」研究論集（2）』勉誠社　113〜139頁

───── 2002「山梨県牛石遺跡」『縄文ランドスケープ』ジョーモネスクジャパン機構　24〜25頁

岩崎義信 2002「山形県長者屋敷遺跡」『縄文ランドスケープ』ジョーモネスクジャパン機構　18〜19頁

───── 2009『第13回企画展　土偶展』長井市古代の丘資料館

上野修一 1990「ハート形土偶」『季刊考古学』第30号　28〜29頁

───── 1995「ハート形土偶の系譜とその周辺」『関東地方後期の土偶（山形土偶の終焉まで）』土偶シンポジウム・3栃木大会シンポジウム発表要旨　29〜32頁

───── 1997「東北地方南部における縄文時代中期後葉から後期初頭の土偶について──ハート形土偶出現までの諸様相」『土偶研究の地平「土偶とその情報」研究論集（Ⅰ）』勉誠社　73〜98頁

上野佳也 1983a『縄文人のこころ』日本書籍

───── 1983b「縄文人の信仰」『季刊考古学』第2号　23〜25頁

───── 1985『日本先史時代の精神文化』学生社

内山純蔵 2010「なぜ貝塚は消え去ったのか──移動する世界の中心」『水辺の多様性』昭和堂　120〜144頁

───── 2011「景観の三時代」『景観の大変容──新石器化と現代化』　昭和堂　1〜47頁

内山達也 2005「アイヌの他界観──他界観，その多様な構造と意味づけ」『物質文化研究』第2号　1〜26頁

───── 2007「アイヌの方位観──神窓方位と埋葬頭位に関する一疏試論（平取を中心に）」『物質文化研究』第4号　11〜36頁

───── 2008「アイヌの〈太陽〉に関する信仰について」『物質文化研究』第5号　1〜25頁

閏間俊明 2008「屋内炉に関わる廃棄行為について」『月刊考古学ジャーナル』No.578　19〜23頁

江坂輝彌 1952「青森県多名部町最花出土の土偶」『貝塚』42

───── 1960『土偶』校倉書房

───── 1965「青竜刀形石器考」『史学』第38巻第8号　75〜102頁

───── 1966「円筒式土器に伴う土偶」『考古学雑誌』第51巻第4号　1〜11号

エドマンド・バックレー 1919「日本における生殖器崇拝」『人類学雑誌』第34巻第2号　53〜84頁

植木 弘 1990「土偶の形式と系統について──東日本の後期前半における三形式の土偶をめぐって」『埼玉考古』第27号　27〜76頁

榎本剛治 2004「群集する環状列石」『月刊文化財』2月号　40〜44頁

───── 2005「秋田県における湯舟沢A式土器の検討」『北奥の考古学』

226

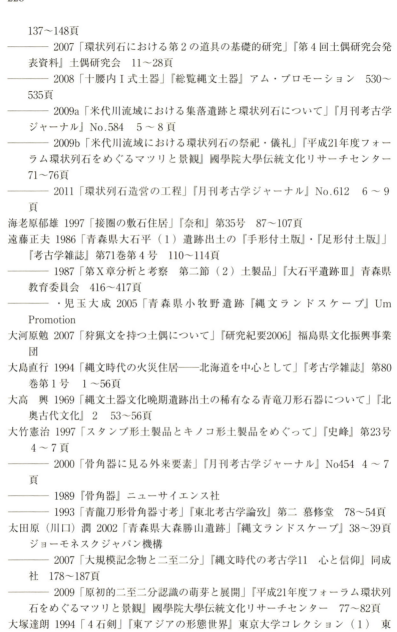

　　　　　　137〜148頁

――――― 2007「環状列石における第2の道具の基礎的研究」『第4回土偶研究会発表資料』土偶研究会　11〜28頁

――――― 2008「十腰内Ⅰ式土器」『総覧縄文土器』アム・プロモーション　530〜535頁

――――― 2009a「米代川流域における集落遺跡と環状列石について」『月刊考古学ジャーナル』No.584　5〜8頁

――――― 2009b「米代川流域における環状列石の祭祀・儀礼」『平成21年度フォーラム環状列石をめぐるマツリと景観』國學院大學伝統文化リサーチセンター　71〜76頁

――――― 2011「環状列石造営の工程」『月刊考古学ジャーナル』No.612　6〜9頁

海老原郁雄 1997「接圏の敷石住居」『奈和』第35号　87〜107頁

遠藤正夫 1986「青森県大石平（1）遺跡出土の『手形付土版』・『足形付土版』」『考古学雑誌』第71巻第4号　110〜114頁

――――― 1987「第Ⅹ章分析と考察　第二節（2）土製品」『大石平遺跡Ⅲ』青森県教育委員会　416〜417頁

――――― ・児玉大成 2005「青森県小牧野遺跡『縄文ランドスケープ』Um Promotion

大河原勉 2007「狩猟文を持つ土偶について」『研究紀要2006』福島県文化振興事業団

大島直行 1994「縄文時代の火災住居――北海道を中心として」『考古学雑誌』第80巻第1号　1〜56頁

大高興 1969「縄文土器文化晩期遺跡出土の稀有なる青竜刀形石器について」『北奥古代文化』2　53〜56頁

大竹憲治 1997「スタンプ形土製品とキノコ形土製品をめぐって」『史峰』第23号　4〜7頁

――――― 2000「骨角器に見る外来要素」『月刊考古学ジャーナル』No454　4〜7頁

――――― 1989『骨角器』ニューサイエンス社

――――― 1993「青龍刀形骨角器寸考」『東北考古学論攷』第二　慕修堂　78〜54頁

太田原（川口）潤 2002「青森県大森勝山遺跡」『縄文ランドスケープ』38〜39頁ジョーモネスクジャパン機構

――――― 2007「大規模記念物と二至二分」『縄文時代の考古学11　心と信仰』同成社　178〜187頁

――――― 2009「原初的二至二分認識の萌芽と展開」『平成21年度フォーラム環状列石をめぐるマツリと景観』國學院大學伝統文化リサーチセンター　77〜82頁

大塚達朗 1994「4石剣」『東アジアの形態世界』東京大学コレクション（1）　東京大学出版会　68〜71頁

大場磐雄 1963『祭祀遺跡について』月例美術講座 No.3　五島美術館

───── 1970「祭祀用小形土器」『祭祀遺跡』角川書店　100〜105頁

大林太良 1975「住居の民族学的研究」『家』社会思想社　11〜73頁

───── 1991『北方の民族と文化』山川出版社

───── 1994「太陽と火」『日本民俗文化体系2 太陽と月─古代人の宇宙観と死生観』小学館　49〜114頁

大西秀之 2011「植民都市「旭川」の建設による上川アイヌ社会の景観変動」『景観の大変容──新石器化と現代化』昭和堂　188〜210頁

小川岳人 2001「竪穴住居址の屋内空間」『神奈川考古』第37号　31〜49頁

岡村道雄 1979「旧石器時代遺跡の基礎的な理解について──廃棄と遺棄」『月刊考古学ジャーナル』No.167　10〜12頁

───── 2000『日本列島の石器時代』青木書店

───── 2009『縄文人の祈りの道具──その形と文様』日本の美術 No515　至文堂

───── 2010『ものが語る歴史20　縄文の漆』同成社

岡本　勇 1975「原始社会の生産と呪術」『講座日本歴史Ⅰ』岩波書店　75〜112頁

小笠原忠久 1982「ハマナス野遺跡」『縄文文化の研究8』雄山閣　62〜72頁

小笠原雅行 2005「三内丸山（6）遺跡の土偶──十腰内Ⅰ式前半期の土偶」『北奥の考古学』葛西勵先生還暦記念論文集刊行会　287〜301頁

小笠原善範 1997「縄文後期以前の石刀・石剣類について──青森県内の資料集成」『八戸市博物館研究紀要』第12号　1〜15頁

荻原眞子 1996『北方諸民族の世界観──アイヌとアムール・サハリン地域の神話・伝承』草風館

長田友也 2005「福島県飯館村稲荷塚B遺跡における石剣・石刀の製作技法」『福島考古』第46号　25〜32頁

───── 2008「大型石棒にみる儀礼行為」『月刊考古学ジャーナル』No.578　10〜13頁

───── 2009「東北地方における縄文時代前期の儀器と精神文化」『東北縄文社会と生態系史』日本考古学協会　289〜310頁

───── 2010a「元屋敷遺跡出土のミニチュア土器について1」『三面川流域の考古学』第8号　1〜12頁

───── 2010b「石棒──壊される石製品」『壊されるモノ──土偶・石棒・石皿からみた縄文祭祀』十日町市教育委員会　10〜12頁

───── 2012「三十稲場式期の儀器」『津南シンポジウムⅧ予稿集　三十稲場式土器文化の世界──4・3ka イベントに関する考古学現象②』津南町教育委員会・信濃川火焔街道連携協議会　91〜100頁

───── 2014「中期後半における儀器のあり方──沖ノ原式期を中心に」『津南シンポジウム予稿集　沖ノ原式期の文化様相』津南町教育委員会　121〜128頁

小田　亮 1994「第3章宗教と儀礼3．宗教儀礼の諸相」『宗教人類学』新曜社　116〜124頁

小野真一 1982『祭祀遺跡』ニュー・サイエンス社

228

小野正文 1984a「土偶の分割塊製作法資料研究（１）」『丘陵』11号　26〜34頁

─── 1984b「土偶の製作法について」『甲斐路』第50号　19〜22頁

─── 1990「土偶大量保有の遺跡」『季刊考古学』第30号　68〜71頁

小野美代子 1984『土偶の知識』東京美術

─── 1981「加曽利Ｂ式期の土偶について」『土曜考古』第４号　１〜６頁

押山雄三・日塔とも子 1995「鴨打Ａ・割田Ａ・向田Ａ遺跡の中期後葉〜後期前葉の土偶」『関東地方後期の土偶（山形土偶の終焉まで）』土偶シンポジウム３栃木大会シンポジウム発表要旨　86〜89頁

葛西　勵 1970「三角形岩版考」『うとう』第74号　32〜39頁

─── 1979「十腰内Ｉ式土器の編年的細分」『北奥古代文化』第11号　１〜９頁

─── 1986「十腰内Ｉ式土器に伴う土偶について」『撚糸文』第14号　１〜16頁

─── 2002『再葬土器棺墓の研究』「再葬土器棺墓の研究」刊行会

─── 2006『続・再葬土器棺墓の研究』「再葬土器棺墓の研究」刊行会

片岡由美 1983「貝輪」『縄文文化の研究９　縄文人の精神文化』雄山閣　231〜241頁

カティ・リンドストロム・内山純蔵2010「景観と歴史」『水辺の多様性』昭和堂　１〜33頁

加藤元康 2009「クマ意匠」『國學院大學伝統文化リサーチセンター研究紀要』第１号　15〜24頁

─── ・阿部昭典ほか 2011a「秋田県北秋田市石倉岱遺跡の調査概報」『國學院大學伝統文化リサーチセンター研究紀要』第３号（第１分冊）　87〜128頁

─── ・阿部昭典ほか 2011b「石倉岱遺跡の調査・研究」『第77回日本考古学協会総会発表要旨』日本考古学協会　186〜187頁

金井安子 1993「竪穴住居の間取り」『季刊考古学』第44号　28〜31頁

─── 1997「縄文人と住まい──炉の処遇をめぐって」『青山考古』第14号　１〜17頁

金子昭彦 1993「Ⅵ．考察②土製品」『新山権現社遺跡』岩手県文化振興事業団埋蔵文化財センター

─── 1996「十腰内Ｉ式の三細分についての考え方」『岩手考古学』第８号　41〜60頁

─── 2008「土偶破壊説の再検討──遠距離接合を中心に」『第５回土偶研究会発表資料』67〜76頁

─── 2009「北日本の祭りの施設と用具組成」『季刊考古学』第107号　30〜33頁

金子拓男 1983「三角形土版・三角形岩版」『縄文文化の研究９　縄文人の精神文化』雄山閣　114〜127頁

金子浩昌・忍沢成視 1986『骨角器の研究（縄文編Ⅱ）』慶友社

神村　透 1995「炉縁石棒樹立住居について」『王朝の考古学』大川清博士古稀記念会　20〜31頁

茅野嘉雄 2013「三内丸山遺跡の石刀類・石棒について」『特別史跡三内丸山遺跡年

　　報16』青森県教育委員会　17〜28頁

川口重一 1956「大湯環状列石の配置の意義」『若木考古』第41号　6頁

川崎　保 1998「玦状耳飾と管玉の出現――縄文時代早期末・前期初頭の石製装身
　　具セットの意義」『考古学雑誌』第83巻第3号　1〜29頁

─── 2004「玦状耳飾」『季刊考古学』第89号　17〜20頁

河田弘幸 2004「小又川流域における縄文時代の竪穴住居跡について（1）」『秋田
　　県埋蔵文化財センター研究紀要』第18号　34〜61頁

川名広文 1985「柄鏡形住居址の埋甕にみる象徴性」『土曜考古』第10号　73〜95頁

菅野和郎 2008「ミニチュア土器」『総覧縄文土器』アム・プロモーション
　　1089〜1091頁

菅野智則 2011「北上川流域の縄文集落遺跡」『季刊東北学』第26号　84〜101頁

北上市教育委員会1983「坊主峠遺跡発掘調査報告」『北上市立博物館研究報告』第
　　4号　1〜32頁

喜田貞吉 1926「奥羽地方のアイヌ族の大陸交通が既に先秦時代にあるか」『民族』
　　第1巻第2号　83〜94頁

桐原　健 1978「土偶祭祀私見」『信濃』第30巻第4号　1〜15頁

─── 1982「炉から見た縄文住居の性別分割」『月刊考古学ジャーナル』
　　No.207　24〜26頁

櫛原功一 1995「柄鏡形住居の柱穴配列」『帝京大学山梨文化財研究所研究報告』第
　　6集　1〜40頁

─── 1998「山梨県の縄文時代中期土偶――有脚立像土偶の出現をめぐって」
　　『土偶研究の地平「土偶とその情報」研究論集（2）』勉誠社　61〜86頁

─── 2009「縄文時代中期の竪穴住居内における空間区分」『帝京大学山梨文化
　　財研究所研究報告』第13集　95〜110頁

工藤伸一・鈴木克彦 1998「キノコ形土製品について」『研究紀要』第3号　青森県
　　埋蔵文化財調査センター　68〜73頁

工藤雄一郎 2013「縄文時代中期から後期の環境史と土器の年代」『関東甲信越地方
　　における中期／後期変動期　4.3kaイベントに関する考古学現象③』東北芸術
　　工科大学・早稲田大学先史考古学研究所　1〜16頁

國木田大 2008「東北地方北部におけるトチノキ利用の変遷」『環境文化史研究』1
　　号　7〜26頁

─── 2009「東日本におけるトチノキ利用の変遷年代と環境変動」『平成21年度
　　フォーラム環状列石をめぐるマツリと景観』國學院大學伝統文化リサーチセン
　　ター　29〜34頁

─── 2012「縄文時代中・後期の環境変動とトチノキ利用の変遷」『公開シンポ
　　ジウム予稿集　東北地方における中期／後期変動期　4・3kaイベントに関する
　　考古学現象①』東北芸術工科大学　85〜94頁

久保寺逸彦 1968「アイヌの建築儀礼について」『北方文化研究』第3号　213〜274
　　頁

熊谷常正 1997「岩手県の土偶――その発現期から遮光器土偶成立前夜まで」『土偶

研究の地平「土偶とその情報」研究論集（1）』勉誠社　411〜428頁

───── 2007「岩手県貝鳥貝塚の鳥形土製品」『考古学の深層』瓦吹堅先生還暦記念論文集刊行会　71〜78頁

───── ・中村良幸・稲野裕介・金子昭彦 1994「岩手の土偶」『東北・北海道の土偶Ⅰ』土偶シンポジウム２秋田大会資料　75〜164頁

───── ・児玉大成・武藤祐浩 2014「東北地方北部の縄文集落の信仰・祭祀」『シリーズ縄文集落の多様性Ⅳ　信仰・祭祀』雄山閣　89〜114頁

黒尾和久 1988「縄文中期の居住形態」『歴史評論』No.454　9〜21頁

───── 1995「接合資料の検討からみた縄文中期の居住景観」『縄文集落研究の新地平〔発表要旨・資料〕』縄文中期集落研究グループ　77〜122頁

小島俊章 1986「鍔を持つ縄文中期の大型石棒」『大境』第10号　25〜40頁

───── 1995「彫刻石棒について」『飛騨みやがわシンポジウム　石棒の謎をさぐる』45〜57頁

小杉　康 2003『縄文のマツリと暮らし』岩波書店

───── 2004「縄文時代に戦争は存在したのか──棍棒をもつ社会」『文化の多様性と比較考古学』考古学研究会　215〜224頁

───── 2007「Ⅰ総論　縄文文化の宗教的観念と社会秩序」『縄文時代の考古学』同成社　3〜16頁

───── 編 2006『心とカタチの考古学──認知考古学の冒険』同成社

児玉大成 1997「三角形岩版について──小牧野遺跡を中心として」『青森県考古学』第10号　17〜30頁

───── 1999「小牧野遺跡における環状列石の「構築時期」」『青森県考古学』第11号　15〜32頁

───── 2001「縄文後期前半の岩版類と大型配石遺構」『渡島半島の考古学』南北海道考古学情報交換会　79〜108頁

───── 2004a「第５章土製品」『稲山遺跡発掘調査報告書Ⅴ（分析・総括編）』青森市教育委員会

───── 2004b「環状列石にみる縄文時代の土木技術」『月刊文化財』２月号　31〜35頁

───── 2006「第５章出土遺物」『小牧野遺跡発掘調査報告書Ⅸ』青森市教育委員会　129〜165頁

───── 2009a「縄文時代における環状列石の石材運搬について」『研究紀要』青森県埋蔵文化財調査センター　1〜14頁

───── 2009b「青森県における環状列石と祭祀・儀礼」『平成21年度フォーラム　環状列石をめぐるマツリと景観』國學院大學伝統文化リサーチセンター　65〜70頁

後藤和民 1983「縄文集落の概念」『縄文文化の研究8　社会・文化』雄山閣　20〜48頁

───── 1985「馬蹄形貝塚の再吟味」『論集日本原史』吉川弘文堂　373〜408頁

後藤信祐 1986「縄文後晩期の刀剣形石製品の研究（上)」『考古学研究』第33巻第

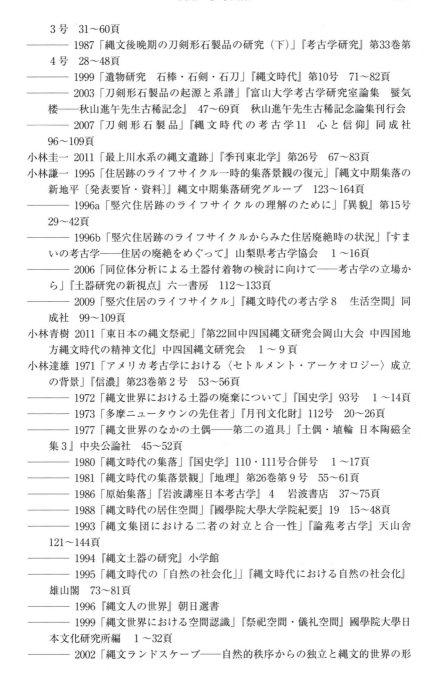

　　　3号　31〜60頁
──── 1987「縄文後晩期の刀剣形石製品の研究（下）」『考古学研究』第33巻第
　　　4号　28〜48頁
──── 1999「遺物研究　石棒・石剣・石刀」『縄文時代』第10号　71〜82頁
──── 2003「刀剣形石製品の起源と系譜」『富山大学考古学研究室論集　蜃気
　　　楼──秋山進午先生古稀記念』　47〜69頁　秋山進午先生古稀記念論集刊行会
──── 2007「刀剣形石製品」『縄文時代の考古学11　心と信仰』同成社
　　　96〜109頁
小林圭一 2011「最上川水系の縄文遺跡」『季刊東北学』第26号　67〜83頁
小林謙一 1995「住居跡のライフサイクル一時的集落景観の復元」『縄文中期集落の
　　　新地平〔発表要旨・資料〕』縄文中期集落研究グループ　123〜164頁
──── 1996a「竪穴住居跡のライフサイクルの理解のために」『異貌』第15号
　　　29〜42頁
──── 1996b「竪穴住居跡のライフサイクルからみた住居廃絶時の状況」『すま
　　　いの考古学──住居の廃絶をめぐって』山梨県考古学協会　1〜16頁
──── 2006「同位体分析による土器付着物の検討に向けて──考古学の立場か
　　　ら」『土器研究の新視点』六一書房　112〜133頁
──── 2009「竪穴住居のライフサイクル」『縄文時代の考古学8　生活空間』同
　　　成社　99〜109頁
小林青樹 2011「東日本の縄文祭祀」『第22回中四国縄文研究会岡山大会　中四国地
　　　方縄文時代の精神文化』中四国縄文研究会　1〜9頁
小林達雄 1971「アメリカ考古学における〈セトルメント・アーケオロジー〉成立
　　　の背景」『信濃』第23巻第2号　53〜56頁
──── 1972「縄文世界における土器の廃棄について」『国史学』93号　1〜14頁
──── 1973「多摩ニュータウンの先住者」『月刊文化財』112号　20〜26頁
──── 1977「縄文世界のなかの土偶──第二の道具」『土偶・埴輪　日本陶磁全
　　　集3』中央公論社　45〜52頁
──── 1980「縄文時代の集落」『国史学』110・111号合併号　1〜17頁
──── 1981「縄文時代の集落景観」『地理』第26巻第9号　55〜61頁
──── 1986「原始集落」『岩波講座日本考古学』4　岩波書店　37〜75頁
──── 1988「縄文時代の居住空間」『國學院大學大学院紀要』19　15〜48頁
──── 1993「縄文集団における二者の対立と合一性」『論苑考古学』天山舎
　　　121〜144頁
──── 1994『縄文土器の研究』小学館
──── 1995「縄文時代の「自然の社会化」」『縄文時代における自然の社会化』
　　　雄山閣　73〜81頁
──── 1996『縄文人の世界』朝日選書
──── 1999「縄文世界における空間認識」『祭祀空間・儀礼空間』國學院大學日
　　　本文化研究所編　1〜32頁
──── 2002「縄文ランドスケープ──自然的秩序からの独立と縄文的世界の形

成」『縄文ランドスケープ』3～7頁　ジョーモネスクジャパン機構

──── 編 2002『縄文ランドスケープ』ジョーモネスクジャパン機構

──── 編 2005『縄文ランドスケープ』アム・プロモーション

──── 2007「縄文文化と神道」『神道と日本文化の国学的研究発信の拠点形成研究報告Ⅰ』1～21頁

──── 2008『縄文の思考』ちくま新書

──── 2012「縄文土偶の誕生，そして大変身」『土偶・コスモス』MIHO MUSEUM編　222～226頁

小林正史 2008「黒斑からみた縄文土器の野焼き方法」『総覧縄文土器』アム・プロモーション　950～959頁

──── 2008「スス・コゲからみた縄文深鍋による調理方法」『総覧縄文土器』アム・プロモーション　1015～1020頁

──── 編 2011『土器使用痕研究──スス・コゲからみた縄文・弥生土器・土師器による調理方法の復元』

小林　克 1988「内村遺跡出土土器と住居群の変遷」『秋田県埋蔵文化財センター研究紀要』第3号　33～61頁

──── 2007「環状列石（東北・北海道地方）」『縄文時代の考古学11　心と信仰』同成社　145～157頁

──── 2009「『サケ石』を訪ねて」『縄文人の祈りの道具──その形と文様』日本の美術No.515　至文堂　86～98頁

──── 2010「環状列石と建物遺構」『比較考古学の新地平』同成社　125～136頁

──── 2011「米代川流域の縄紋社会史」『季刊東北学』第26号　23～43頁

駒形敏朗 1998「新潟県の縄文中期土偶」『土偶研究の地平2』勉誠社　87～100頁

駒木野智寛 2008「縄文時代岩手県における住居址出入口の方向について」『季刊地理学』vol.60 no.1　43～44頁

──── 2009「北東北の縄文集落の研究」『紀要』XXVIII　（財）岩手県文化振興事業団埋蔵文化財センター　25～52頁

小松和彦 1978「第4章宗教と世界観」『現代文化人類学』弘文堂入門双書　159～203頁

小山逸彦 1997「縄紋時代の狩猟文土器について」『青森県考古学』第10号　1～16頁

斎藤　岳 2002「青森県における石器石材の研究について」『青森県考古学』第13号　63～81頁

斎野裕彦 2006「狩猟文土器と人体文」『原始絵画の研究　論考編』六一書房　233～271頁

斎藤直巳 1985「北上川流域の土偶について」『日高見国』菊池啓治郎学兄還暦記念会　109～145頁

佐賀桃子 2014「第5章第1節（2）東北地方における環状土製品についての検討」『石倉岳遺跡2012年度発掘調査報告書』國學院大學考古学研究室　130～133頁

桜井準也 2004『知覚と認知の考古学　先史時代のこころ』雄山閣

笹森健一 1990「住まいのかたち」『季刊考古学』第32号　17〜24頁

佐々木雅裕 2009「三内丸山遺跡における環状配石墓の造営と祭祀・儀礼」『平成21年度フォーラム環状列石をめぐるマツリと景観』國學院大學伝統文化リサーチセンター　51〜57頁

佐々木藤雄 1984「方形柱穴列と縄文時代の集落」『異貌』第11号　113〜139頁

───── 2001「環状列石と地域共同体」『異貌』19号　54〜69頁

───── 2002「環状列石と縄文式階層社会」『縄文社会論（下）』同成社　3〜50頁

───── 2005「環状列石初源考（上）」『長野県考古学会誌』109号　1〜18頁

───── 2007「環状列石初源考（下）」『長野県考古学会誌』120号　1〜28頁

佐々木　勝 1994「岩手県における縄文時代の掘立柱建物について」『岩手県博物館研究報告書』第12号　29〜44頁

佐藤広史 1987「住居跡の床面遺物について──東北地方の縄文時代後・晩期を中心として」『福島考古』第28号　43〜50頁

佐藤雅一 2003「新潟県における土偶研究の視点」『新潟考古』第14号　7〜60頁

───── 2011「信濃川水系　活動痕跡の動態から」『季刊東北学』第26号　102〜117頁

佐野　隆 2008「縄文時代の住居廃絶に関わる呪術・祭祀行為」『月刊考古学ジャーナル』No.578　30〜34頁

澤田　敦 2003「石器のライフヒストリー研究と使用痕分析」『古代』第113号　41〜55頁

設楽博巳 1983「土製耳飾」『縄文文化の研究9　縄文人の精神文化』雄山閣　206〜217頁

澁谷昌彦 2007「石棒の型式分類と石剣・石刀の問題」『列島の考古学Ⅱ』渡辺誠先生古稀記念論文集　383〜396頁

───── 2009『縄文時代の交易と祭祀の研究──主に出土遺物観察を中心として』六一書房

清水昭俊 1974「火の民族学」『火』社会思想社　11〜95頁

白石光太郎 1886「貝塚より出でし土偶の考」『人類学会報告』第1巻第2号　26〜29頁

白鳥文雄 1998「まとめ6）石製品について」『見立山（1）遺跡　弥次郎窪遺跡Ⅱ』322頁　青森県教育委員会

───── 2000「縄文時代の灯明皿？──小型土器の用途のひとつとして」『研究紀要』第5号　青森県埋蔵文化財調査センター　39〜41頁

───── 2003「エックス線透過撮影の各種遺物への利用」『研究紀要』第8号　青森県埋蔵文化財調査センター　21〜26頁

菅　豊 1994「呪具としての魚叩棒・呪術としての魚叩行為（アイヌ編）」『動物考古学』第3号　21〜54頁

───── 1995a「呪具としての魚叩棒・呪術としての魚叩行為（北米北西海岸ネイティヴ編）」『動物考古学』第4号　53〜80頁

234

――― 1995a「呪具としての魚叩棒・呪術としての魚叩行為（日本編）」『動物考古学』第5号　39～68頁

椙山林継 1991「4 祭器」『古墳時代の研究3　生活と祭祀』雄山閣　161～166頁

鈴木克彦 1980「土偶の研究序説――風韻堂コレクション資料編」『青森県立郷土館調査研究年報』第6号　65～103頁

――― 1984「小型土器の考察」『考古風土記』第9号　1～30頁

――― 1987「風韻堂コレクションの石棒・石刀・石剣」『青森県立郷土館調査研究年報』第11号　101～122頁

――― 1992「青森県の土偶――その基礎的研究」『国立歴史民俗博物館研究報告』第37集　71～98頁

――― 1994「青森の土偶」『東北・北海道の土偶Ⅰ』土偶シンポジウム2秋田大会資料　23～74頁

――― 1999a「大木系（土器）文化の土偶の研究――土偶の研究（3）」『土偶研究の地平　「土偶とその情報」研究論集（3）』勉誠社　95～122頁

――― 1999b「十腰内文化の土偶の研究――土偶の研究（4）」『土偶研究の地平「土偶とその情報」研究論集（3）』勉誠社　143～168頁

――― 2000「岩手，秋田県北部の後期初頭土器の編年――湯舟沢A式の設定と提唱」『岩手考古学』12号　1～21頁

――― 2001『北日本の縄文後期土器編年の研究』雄山閣

――― 2008「縄文時代の村落共同体に関する試論」『縄文時代』第19号　79～102頁

――― 2009a「東北地方北部の集落・村落の変遷と構造の事例研究」『縄文時代』第20号　105～135頁

――― 2009b「東北地方の縄文集落の社会組織と村落」『縄文集落の多様性Ⅰ集落の変遷と地域性』雄山閣　51～94頁

――― 2010「縄文時代のシャマニズム，シャマンとその墓と家」『縄文時代』第21号　143～165頁

――― 2014「総論　信仰・祭祀施設に関する諸問題」『シリーズ縄文集落の多様性Ⅳ　信仰・祭祀』雄山閣　1～15頁

鈴木素行 1995「縄文集落を解析する」『縄文人の時代』新泉社　153～178頁

――― 2002「本覚遺跡の途」『茨城県考古学協会誌』第14号　89～118頁

――― 2005『本覚遺跡の研究』

鈴木保彦 1985「縄文集落の衰退と配石遺構の出現」『八幡一郎先生頌寿記念論文集――日本史の黎明』六興出版　75～97頁

――― 1986「中部・南関東地域における縄文集落の変遷」『考古学雑誌』第71巻第4号　30～53頁

――― 1991「第二の道具としての石皿」『縄文時代』第2号　17～39頁

――― 2006『縄文時代集落の研究』雄山閣

――― 2014「晩氷期から後氷期における気候変動と縄文集落の盛衰」『縄文時代』第25号　1～28頁

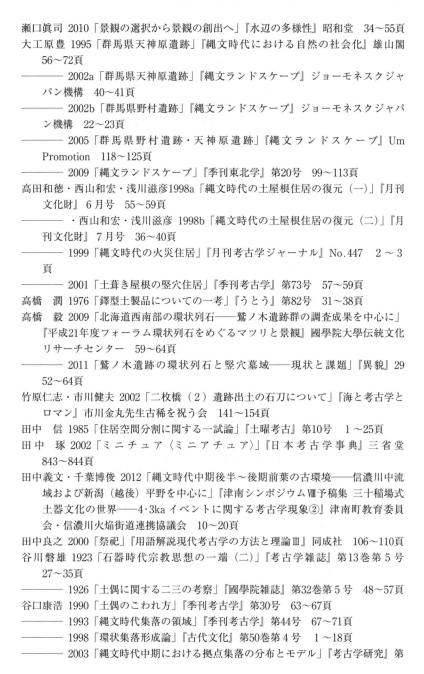

瀬口眞司 2010「景観の選択から景観の創出へ」『水辺の多様性』昭和堂　34〜55頁

大工原豊 1995「群馬県天神原遺跡」『縄文時代における自然の社会化』雄山閣　56〜72頁

──── 2002a「群馬県天神原遺跡」『縄文ランドスケープ』ジョーモネスクジャパン機構　40〜41頁

──── 2002b「群馬県野村遺跡」『縄文ランドスケープ』ジョーモネスクジャパン機構　22〜23頁

──── 2005「群馬県野村遺跡・天神原遺跡」『縄文ランドスケープ』Um Promotion　118〜125頁

──── 2009「縄文ランドスケープ」『季刊東北学』第20号　99〜113頁

高田和徳・西山和宏・浅川滋彦1998a「縄文時代の土屋根住居の復元（一）」『月刊文化財』6月号　55〜59頁

──── ・西山和宏・浅川滋彦 1998b「縄文時代の土屋根住居の復元（二）」『月刊文化財』7月号　36〜40頁

──── 1999「縄文時代の火災住居」『月刊考古学ジャーナル』No.447　2〜3頁

──── 2001「土葺き屋根の竪穴住居」『季刊考古学』第73号　57〜59頁

高橋　潤 1976「鐸型土製品についての一考」『うとう』第82号　31〜38頁

高橋　毅 2009「北海道西南部の環状列石──鷲ノ木遺跡群の調査成果を中心に」『平成21年度フォーラム環状列石をめぐるマツリと景観』國學院大學伝統文化リサーチセンター　59〜64頁

──── 2011「鷲ノ木遺跡の環状列石と竪穴墓域──現状と課題」『異貌』29　52〜64頁

竹原仁志・市川健夫 2002「二枚橋（2）遺跡出土の石刀について」『海と考古学とロマン』市川金丸先生古稀を祝う会　141〜154頁

田中　信 1985「住居空間分割に関する一試論」『土曜考古』第10号　1〜25頁

田中　琢 2002「ミニチュア〈ミニアチュア〉」『日本考古学事典』三省堂　843〜844頁

田中義文・千葉博俊 2012「縄文時代中期後半〜後期前葉の古環境──信濃川中流域および新潟（越後）平野を中心に」『津南シンポジウムⅧ予稿集 三十稲場式土器文化の世界──4・3ka イベントに関する考古学現象②』津南町教育委員会・信濃川火焔街道連携協議会　10〜20頁

田中良之 2000「祭祀」『用語解説現代考古学の方法と理論Ⅲ』同成社　106〜110頁

谷川磐雄 1923「石器時代宗教思想の一端（二）」『考古学雑誌』第13巻第5号　27〜35頁

──── 1926「土偶に関する二三の考察」『國學院雑誌』第32巻第5号　48〜57頁

谷口康浩 1990「土偶のこわれ方」『季刊考古学』第30号　63〜67頁

──── 1993「縄文時代集落の領域」『季刊考古学』第44号　67〜71頁

──── 1998「環状集落形成論」『古代文化』第50巻第4号　1〜18頁

──── 2003「縄文時代中期における拠点集落の分布とモデル」『考古学研究』第

49巻第4号　39～57頁

――― 2005『環状集落と縄文社会構造』学生社

――― 2008「コードとしての祭祀・儀礼――行為の再現性と反復性」『月刊考古学ジャーナル』No.578　3～4頁

――― 2009a「縄文時代の生活空間――『集落論』から『景観の考古学』へ」『縄文時代の考古学8　生活空間』同成社　3～24頁

――― 2009b「縄文時代竪穴住居にみる屋内空間のシンボリズム」『平成21年度フォーラム環状列石をめぐるマツリと景観』國學院大學伝統文化リサーチセンター　41～49頁

――― 2010「縄文時代の竪穴家屋にみる空間分節とシンボリズム」『國學院大學伝統文化リサーチセンター研究紀要』第2号　37～47頁

――― 2011『縄文文化起源論の再構築』同成社

千野裕道 1993「縄文集落の景観」『季刊考古学』第44号　72～76頁

土屋千恵子 1992「第6章2.石器」『堀株1・2遺跡』北海道文化財研究所　624～642頁

坪田敏男・山崎晃司編 2011『日本のクマ　ヒグマとツキノワグマの生物学』東京大学出版

角田猛彦 1881「陸奥國東津軽郡石器時代の遺跡探究報告」『東京人類学会雑誌』第6巻第64号　359～362頁

角田　学 1995「第3編福島県出土縄文時代中期末の板状土偶について」『常葉・富岡遺跡の研究』常葉町教育委員会　78～89頁

津村宏臣・小林謙一・坂口　隆・建石　徹・西本豊弘 2002a「縄文集落の生態論（2）」『動物考古学』第18号　1～37頁

――― ・小林謙一・坂口　隆・建石　徹・西本豊弘 2002b「縄文集落の生態論（3-1）」『動物考古学』第19号　39～71頁

――― ・小林謙一・坂口　隆・建石　徹・西本豊弘 2003「縄文集落の生態論（3-1）」『動物考古学』第20号　41～64頁

――― 2003「遺跡間視認性の時系列動態とセトルメントパターンの影響」『セツルメント研究』4号　1～28頁

寺崎康史 1998「旧石器時代の垂飾と玉」『季刊考古学』第89号　47頁

富樫秀之 2011「三面川流域の遺跡景観」『季刊東北学』第26号　118～132頁

冨樫泰時 1983「青竜刀形石器」『縄文文化の研究9　縄文人と精神文化』雄山閣　197～205頁

――― 1994「秋田の土偶」『東北・北海道の土偶Ⅰ』土偶シンポジウム2秋田大会資料　223～278頁

――― 1995「秋田県大湯遺跡」『縄文時代における自然の社会化』雄山閣　30～41頁

――― ・武藤祐浩 1992「秋田県の土偶」『国立歴史民俗博物館研究報告』第37集　136～153頁

土井　孝 1982「特殊な用途の土器」『日本の美術』190号　至文堂　57～59頁

──── 1985「儀礼と動物──縄文時代の狩猟儀礼」『季刊考古学』第11号
　　51〜57頁

──── 2010「鐸形土製品・靴形土製品の機能・用途について」『月刊考古学ジャ
　　ーナル』No.607　33〜36頁

土井義夫 1985「縄文時代の集落論の原則的問題」『東京考古』第3号　1〜11頁

──── ・黒尾和久 2001「東京都における縄文時代集落の諸様相」『列島におけ
　　る縄文時代集落の諸様相』縄文時代文化研究会　315〜338頁

戸田哲也 2009「最古の石棒」『月刊考古学ジャーナル』No.590　34〜37頁

鳥居龍蔵 1919「考古学民族学研究・千島アイヌ」『東京帝国大學理科大學紀要』第
　　42冊第1編

──── 1922「日本石器時代民衆の女神信仰」『人類学雑誌』第37巻第11号
　　371〜383頁

──── 1976『鳥居龍蔵全集』第7巻　朝日新聞社

長崎元広 1973「八ヶ岳西南麓の縄文中期集落における共同祭式のありかたとその
　　意義（上）」『信濃』第25巻第4号　14〜35頁

中島将太 2008「石皿に関わる儀礼行為」『月刊考古学ジャーナル』No.578
　　14〜18頁

永瀬福男 1984「秋田県における円筒土器文化」『考古風土記』第9号　31〜54頁

永瀬史人 2011「新石器時代の土偶に関する比較考古学的研究」『高梨学術奨励基金
　　平成22年度研究成果概要報告』（財）高梨学術奨励基金　265〜272頁

長沼　孝 2010「装飾品と顔料」『講座日本の考古学2旧石器時代（下）』青木書店
　　201〜225頁

中野修秀 1984「土器捨て場考（Ⅰ）」『日本考古学研究所集報』Ⅵ　14〜44頁

永峯光一 1977「呪的形象としての土偶」『日本原始美術大系3』講談社　155〜171
　　頁

──── 1981「縄文時代の信仰」『神道考古学講座』第一巻前神道期　49〜57頁

中村耕作 2010「土器のカテゴリ認識と儀礼行為──「モノと心」研究の一視点と
　　その方法論」『國學院大學伝統文化リサーチセンター研究紀要』第2号　1
　　〜16頁

──── 2011「Jomon pottery as liminality」『The archaeology of Jomon ritual
　　and religion』workshop in Lomdon　29〜42頁

中村　大 2010「祭祀考古学における分析手法の開発：クロス・コンテクスチュア
　　ル分析法と多量スケール分析」『國學院大學伝統文化リサーチセンター研究紀
　　要』第2号　49〜58頁

──── 2011「祭祀考古学における多変量解析とGISの活用」『國學院大學伝統
　　文化リサーチセンター研究紀要』第3号（第1分冊）　27〜38頁

中村慎一 1999「農耕の祭り」『古代史の論点⑤神と祭り』小学館　85〜110頁

中村良幸 1995「北上川流域における縄文後期土偶の変遷」『早池峰文化』8号
　　16〜37頁

──── 1999「東北地方北部の後期前半土偶──板状形からの脱却」『土偶研究の

238

地平「土偶とその情報」研究論集（3）』勉誠社　169〜197頁

──── 2008「土器文様と土偶文様」『総覧縄文土器』アム・プロモーション　1201〜1204頁

中山誠二 2010『植物考古学と日本の農耕の起源』同成社

成田英子 1974「日本石器時代における土版・岩版の研究」『遮光器』8号　87〜99頁

成田滋彦 1981「青森県の土器」『縄文文化の研究4　縄文土器2』123〜131頁　雄山閣

──── 1989「入江・十腰内式土器様式」『縄文土器大観4後期・晩期・続縄文』2小学館　77〜280頁

──── 1996「後期土版考」『研究紀要』第1号　青森県埋蔵文化財調査センター　39〜48頁

──── 1997「深浦町一本松遺跡の土偶」『青森県史研究』第1号　27〜30頁

──── 1999「目立たない土偶──第Ⅰ章」『土偶研究の地平「土偶とその情報」研究論集（3）』勉誠社　123〜141頁

──── 2000「縄文時代住居跡の出入り口──青森県の事例を中心として」『研究紀要』第5号　25〜38頁　青森県埋蔵文化財調査センター

──── 2002a「目立たない土偶──第Ⅲ章──遺構内出土の土偶を考える」『青森県考古学』第13号　15〜39頁

──── 2002b「土偶の製作──青森県埋蔵文化財調査センター収蔵資料から」『研究紀要』第7号　青森県埋蔵文化財調査センター　15〜28頁

──── 2002c「大型土偶の分割について」『海と考古学とロマン』市川金丸先生古希を祝う会　121〜131頁

──── 2005「青森県内の鳥形土器について」『動物考古学』第22号　73〜78頁

──── 2006「四ツ石（1）遺跡」『新青森市史』資料編1考古　青森市史編集委員会　342〜353頁

──── 2007「十腰内文化概説」『三浦圭介華甲記念考古論集』三浦圭介華甲記念考古論集刊行委員会　27〜54頁

──── 2008「北上川流域における十腰内土偶」『第5回土偶研究会』土偶研究会　55〜66頁

──── 2009a「大湯環状列石の土偶・土製品」『竹石健二先生・澤田大多郎先生記念論文集』六一書房　47〜63頁

──── 2009b「後期土製品考」『八戸市風張（Ⅰ）遺跡合掌土偶国宝指定記念シンポジウム発表資料集』青森県埋蔵文化財調査センター

──── 2011「北海道・東北北部における土偶型式──縄文時代中期後葉〜末葉」『研究紀要』第16号　青森県埋蔵文化財調査センター　23〜32頁

新津　健 1985「石剣考──中部，関東を中心とした出土状況から」『研究紀要』2　山梨県立考古博物館・山梨県埋蔵文化財センター　23〜42頁

新美倫子 2009「クリ」『縄文時代の考古学3　縄文時代の古生態系』同成社　149〜159頁

西秋良宏 1994「旧石器時代における遺棄・廃棄行動と民族誌モデル」『先史考古学研究』3　83〜97頁

西秋良宏 1995「放棄行動に関する最近の考古学的研究」『東海大学校地内遺跡調査団報告』5　151〜171頁

西田泰民 2004「混和材としての土器片の利用について」『火炎土器の研究』同成社　220〜225頁

──── 2006「炭化物の生成実験」『新潟県立歴史博物館研究紀要』第7号　25〜50頁

──── ・宮尾　亨 2012「第Ⅲ章2 透視術」『アルケオメトリア　考古遺物と美術工芸品を科学の眼で透かし見る』東京大学総合研究博物館　119〜136頁

西本豊弘 1996「動物儀礼」『季刊考古学』第55号　33〜37頁

──── ・津村宏臣・小林謙一・坂口　隆・建石　徹 2001「縄文集落の生態論（1）」『動物考古学』第17号　73〜82頁

──── 2005「餅ノ沢遺跡の鳥形土器について」『動物考古学』22号　79〜82頁

西脇対名夫 1991「青竜刀形石器ノート」『北海道考古学』第27輯　81〜92頁

──── 1998「石剣ノート」『野村崇先生還暦記念論集 北方の考古学』野村崇先生還暦記念論集刊行会　209〜224頁

丹羽佑一 1978「縄文時代中期における集落の空間構成と集団の諸関係」『史林』第61巻第2号　100〜138頁

──── 1988「縄文集落の住居配置はなぜ円いのか」『網干善教先生華甲記念　考古學論集』網干善教先生華甲記念会　145〜188頁

──── 1993「環状集落の構造と類型」『季刊考古学』第44号　32〜36頁

──── 1994「縄文集落の基礎単位の構成員」『文化財学論集』文化財学論集刊行会　221〜228頁

沼田　真 1996「1.景相生態学の基礎概念と方法」『景相生態学』　1〜7頁

野村　崇・杉浦重信 1978「棍棒形石器について」『物質文化』30　1〜9頁

──── 1983「石剣・石刀」『縄文文化の研究9　縄文人と精神文化』雄山閣　181〜195頁

──── 1984「青竜刀形石器と棍棒石器」『河野広道博士没後二十年記念論文集』河野広道博士没後二十年記念論文集刊行会　337〜345頁

──── 1985a「北海道出土の青竜刀形石器とその系譜」『論集日本原史』吉川弘文堂　303〜327頁

──── 1985b「北部日本における縄文時代晩期の石刀について」『北海道縄文時代終末期の研究』みやま書房　125〜148頁

橋本　正 1975「竪穴住居の分類と系統」『考古学研究』第2巻第3号　37〜72頁

畠山　昇 1993「第Ⅳ章第1節（2）特殊施設について」『富ノ沢（2）遺跡Ⅳ発掘調査報告書（3）』青森県教育委員会　948〜961頁

浜野美代子 1991「土偶の製作技法」『埼玉考古学論集──設立10周年記念論文集』埼玉県埋蔵文化調査事業団　435〜444頁

──── 1992「土偶の破損」『研究紀要』第9号　埼玉県埋蔵文化調査事業団

43～58頁

──────── 1997「東北地方南部における山形土偶──東北南部後期中葉から後葉に
かけての土偶」『土偶研究の地平「土偶とその情報」研究論集（1）』勉誠社
149～168頁

林　謙作 1974「縄文期の集団領域」『考古学研究』第20巻第4号　12～19頁

──────── 1978「縄文期の葬制──第Ⅱ部・遺体の配列，特に頭位方向」『考古学雑
誌』第63巻第3号　1～36頁

──────── 1979「縄文時代の集落と領域」『日本考古学を学ぶ（3）』有斐閣　108～
127頁

──────── 1979b「縄文期の村落をどうとらえるか」『考古学研究』第26巻第3号
1～16頁

──────── 1980「東日本縄文期墓制の変遷（予察）」『人類学雑誌』第88巻第3号
269～284頁

──────── 1983「縄文の集落──集落論の新しい出発をめざして」『季刊考古学』第
7号　14～19頁

原　毅彦 2001「南アメリカ2」『方位読み解き事典』柏書房　342～348頁

原田昌幸 2009「土偶祭祀の構造」『季刊考古学』第107号　23～26頁

──────── 2010a『土偶とその周辺Ⅰ（縄文草創期～中期)』日本の美術 No.526
至文堂

──────── 2010b『土偶とその周辺Ⅱ（縄文後期～晩期)』日本の美術 No.527　至
文堂

播磨芳紀・小林　克 2008「能代市杉沢台遺跡の土坑埋納土偶──遺体変形と土偶
祭祀」『秋田県埋蔵文化財センター研究紀要』第22号　30～45頁

春成秀爾 1999「狩猟・採集の祭り」『古代史の論点⑤神と祭り』小学館　53～84頁

樋口清之 1933「鐸状土製品」『史前学雑誌』第5巻第5号　83～84頁

久武哲也 2001「北アメリカ」『方位読み解き事典』柏書房　298～313頁

平出一治 1979「縄文時代の石皿について──こわれた石皿をめぐって」『信濃』第
30巻第4号　44～52頁

福田友之 1989「『狩猟文土器』考」『青森県立郷土館調査研究年報』第13号
83～94頁

──────── 1998「狩猟文土器再考」『北方の考古学』野村崇先生還暦記念論文集刊行
会　115～125頁

藤沼邦彦 1992「宮城県の土偶」『国立歴史民俗博物館研究報告』第37集　112～135
頁

藤村東男 1985「岩手県九年橋遺跡出土石剣類の損壊について」『古代』第80号
241～257頁

藤本　強 1983「総論」『縄文文化の研究9　縄文人の精神文化』雄山閣　3～10頁

──────── 1985「縄文文化の精神的側面の手がかりを求めて」『信濃』第37巻第4号
1～10頁

藤本英夫 1972「埋葬頭位の方向性について──一つの仮説」『北海道考古学』第8

　　　輯　33〜37頁

藤本幸男 2007「第5章伊勢堂岱遺跡における環状列石構成礫について」『伊勢堂岱遺跡発掘調査報告書VI』北秋田市教育委員会　67〜79頁

藤森英一 1969「縄文の呪性」『伝統と現代』第13号　40〜45頁

細谷　葵 2010「コメ倉──水稲文化のランドマーク」『水辺の多様性』昭和堂　56〜81頁

本田嘉之 1986「亀ヶ岡文化期における葬制──秋田県内の遺跡例を中心として」『法政考古学』第11集　1〜27頁

松崎憲三 1984「景観の民俗学──山麓農村の景観」『国立歴史民俗博物館研究報告』第4集　71〜95頁

松下　亘 1965「北海道出土の青竜刀形石器」『考古学雑誌』第50巻第4号　298〜302頁

松藤和人 2010「東アジアにおける後期旧石器文化の成立」『講座日本の考古学2旧石器時代（下）』青木書店　583〜606頁

松本　茂 1988「第2編岩下A遺跡　第3章考察」『真野ダム関連遺跡発掘調査報告書XI』福島県文化センター　141〜150頁

松本直子 2000『認知考古学の理論と実践的研究』九州大学出版会

──── 2006「縄文のイデオロギーと物質文化」『心と形の考古学──認知考古学の冒険』同成社　79〜100頁

──── 2007「宗教的観念の発達過程（比較文化論）」『縄文時代の考古学11心と信仰──宗教的観念と社会秩序』同成社　210〜220

水野正好 1969「縄文時代集落研究への基礎的操作」『古代文化』第21巻第3・4号　1〜21頁

──── 1974「集落」『月刊考古学ジャーナル』No.100　35〜39頁

──── 1978「埋甕祭式の復元」『信濃』第30巻第4号　16〜25頁

──── 1986「縄文集落の構造と他界観」『鳥越憲三郎博士古稀記念論文集　村構造と他界観』59〜81頁

宮尾　亨 2002「ミニチュア土器」『日本考古学事典』三省堂　844頁

──── 2009「コラム　火焔土器をみる」『火焔土器の国新潟』新潟日報事業社　62〜64頁

──── 2011「記念物としての配石──縄文時代の配石遺構」『月刊考古学ジャーナル』No.612　16〜21頁

宮本長二郎 1993「ベッド状遺構と屋内施設」『季刊考古学』第44号　58〜62頁

向坂鋼二 1958「土器型式の分布圏」『考古学手帖』2　1〜2頁

村木　淳 2011「新井田川下流域における縄文・弥生集落」『季刊東北学』第26号　44〜66頁

村越　潔 1988「東北北部における石器・石製品の出現と消滅」『月刊考古学ジャーナル』No.287　29〜34頁

村田文夫 1985「V. 住居空間と考古学」『縄文集落』ニュー・サイエンス社　64〜83頁

242

目黒吉明 1997「キノコ形土製品について」『福島考古』第38号　12〜14頁

森貞次郎 1977「新・天手抉考」『國學院雑誌』第78巻第9号　1〜28頁

――― 1981「弥生時代の遺物にあらわれた信仰の形態」『神道考古学講座　第一巻神道期』雄山閣　184〜235頁

守矢昌文 2003「第Ⅵ章調査の成果と課題第2節第70号土坑出土大形土偶の製作法について」『中ッ原遺跡』茅野市教育委員会　80〜82頁

八木勝枝 2010a「北上川上・中流域における中期末〜後期初頭の土偶について」『シンポジウム土偶研究の現状と課題』栃木県立博物館　127〜138頁

――― 2010b「東北地方における縄文時代中期末から後期の土偶」『月刊考古学ジャーナル』No.608　12〜15頁

安田安市 1991「秋田県御所野丘陵部遺跡群について」『よねしろ考古』第7号　62〜84頁

八幡一郎 1922「三脚石器」『人類学雑誌』第47巻第4号　161〜162頁

――― 1927「鐸形土製品」『人類学雑誌』第42巻第12号　478〜480頁

――― 1933「石刀の分布」『人類学雑誌』第48巻第4号　233頁

山内利秋 2000「景観」『現代考古学の方法と理論Ⅱ』同成社　71〜79頁

山内幹夫 1992「福島県の土偶」『国立歴史民俗博物館研究報告』第37集　154〜174頁

山口　晋 1999「福島県の後期土偶」『土偶研究の地平「土偶とその情報」研究論集（3）』勉誠社　199〜229頁

山口義伸 2005「太師森遺跡の立地環境について」『北奥の考古学』葛西勵先生還暦記念論文集刊行会　33〜61頁

山田悟郎 2009「雑穀」『縄文時代の考古学3　縄文時代の古生態系』同成社　160〜168頁

山田孝子 1994『アイヌの世界観』講談社

山田昌久 1990a「『縄紋文化』の構図（上）」『古代文化』第42巻第9号　13〜25頁

――― 1990b「『縄紋文化』の構図（下）」『古代文化』第42巻第12号　32〜44頁

――― 2008「実験考古学の射程」『月刊考古学ジャーナル』No.574　3〜5頁

山田安彦編 2001『方位読み解き事典』柏書房

山本暉久 1979a「石棒祭祀の変遷（上）」『古代文化』第31巻11号　1〜41頁

――― 1979b「石棒祭祀の変遷（下）」『古代文化』第31巻12号　1〜24頁

――― 1981「縄文時代中期末における配石面の存在について」『小田原考古学研究会会報』第10号　1〜14頁

――― 1983「石棒」『縄文文化の研究9 縄文人の精神文化』雄山閣　170〜180頁

――― 1986「縄文時代後期前葉の集落」『神奈川考古』第22号　187〜224頁

――― 1996「柄鏡形（敷石）住居と埋甕祭祀（上）」『神奈川考古』第32号　133〜152頁

――― 1997「柄鏡形（敷石）住居と埋甕祭祀（下）」『神奈川考古』第33号　49〜83頁

――― 2000「外縁部の柄鏡形（敷石）住居」『縄文時代』第11号　1〜40頁

——— 2002『敷石住居の研究』六一書房

——— 2006「浄化された石棒」『神奈川考古』第42号　37～65頁

——— 2007「屋内祭祀の性格」『縄文時代の考古学11　心と信仰』同成社　221～232頁

——— 2010『柄鏡形（敷石）住居と縄文社会』六一書房

——— 2012「縄文時代社会の変質」『那須の縄文社会が変わるころ——縄文時代中期から後期へ』栃木県教育委員会・大田原市教育委員会　17～21頁

——— 2013「Ⅰ総論　縄文時代中期大規模環状集落盛衰のもつ意味」『シンポジウム山梨・茅ヶ岳山麓における縄文時代中期文化の盛衰発表要旨・資料集』昭和女子大学文化史学会　1～10頁

——— ・長岡文紀・恩田　勇・松田光太郎 2001「神奈川県における縄文時代集落の諸様相」『列島における縄文時代集落の諸様相』縄文時代文化研究会　339～364頁

山本典幸 2009「環状木柱列と祖霊（上）」『史観』第161冊　93～115頁

吉川昌伸 2013「縄文中期から後期の植生史と人為的な生態系の形成」『関東甲信越地方における中期/後期変動期　4.3ka イベントに関する考古学現象③』東北芸術工科大学・早稲田大学先史考古学研究所　1～16頁

吉田恵二 2003「日本古代祭祀遺物の再検討」『神道と日本文化の国学的研究発信の拠点形成』國學院大學21世紀COEプログラム研究センター　70～77頁

吉田邦夫 2006「煮炊きして出来た炭化物の同位体分析」『新潟県立歴史博物館研究紀要』第7号　51～58頁

吉田泰幸 2007「縄文時代における『土製腕輪』の研究」『古代文化』第59巻第4号　23～40頁

米田耕之助 1983「動物形土製品に関する一考察——西広貝塚出土例を中心として」『古代』第74号　35～51頁

——— 1984『土偶』ニュー・サイエンス社

米村善男衛 1974「ギリヤークの創生紀」『オロッコ・ギリヤーク民俗資料調査報告書』北海道教育委員会　27～30頁

渡辺　仁 1980「第三章考察　第一節屋内生活空間の聖・俗（男・女）2分制」『ライトコロ川口遺跡』東京大学文学部　85～97頁

——— 1990『縄文式階層化社会』六興出版

——— 2001『縄文土偶と女神信仰』同成社

渡辺　誠 1999「第5編狩猟文の研究」『大越・江ノ上B遺跡』大越町教育委員会　103～117頁

アモス・ラポポート（山本正三・佐々木史郎・大嶽幸彦訳）1987『住まいと文化』大明堂

アルノルト・ファン・ヘネップ（綾部恒雄・裕子訳）1977『通過儀礼』弘文堂

Ashmore, W. and Knapp, A. B. 1999: Archaeological Landscapes: Constructed, Conceptualized, Ideational, Archaeologies of Landscape: Contemporary Perspectives. London: Blackwell.

244

ブルース.G.トリッガー（川西宏幸訳）2001『初期文明の比較考古学』同成社

コリン・レンフルー（小林朋則訳・溝口孝司監訳）2008『先史時代の心の進化』講談社

コリン・レンフルー，ポール・バーン（池田裕・常木晃・三宅裕ほか訳）2007『考古学-理論・方法・実践』東洋書林

クロード・レヴィ・ストロース（大橋保夫訳）1976『野生の思考』みすず書房

ダグラス・フレイザー（渡辺洋子訳）1984『未開社会の集落』井上書院

ジョイ・ヘンドリー（桑山敬己訳）2002『社会人類学入門　異民族の世界』法政大学出版局

Kaner, S. 2007: Cult in Context in Jomon Japan, Cult in Context; Reconsidering Ritual in Archaeology. Oxbow Books.

マリア・ギンヴタス（鶴岡真弓訳）1998『古ヨーロッパの神々』言叢社

ニコラス・ウェイド（依田卓巳訳）2011『宗教を生み出す本能―進化論からみたヒトと信仰―』NTT出版

ポール・オリバー2004（藤井明監訳）『世界の住文化図鑑』東洋書林

パスカル・ボイヤー（鈴木光太郎・中村潔訳）2008『神はなぜいるのか？』NTT出版

スティーヴン・ミズン（松浦俊輔・牧野美佐緒訳）1998『心の先史時代』青土社

スティーヴン・ミズン（熊谷淳子訳）2006『歌うネアンデルタール：音楽と言語から見るヒトの進化』早川書房

Tilley, C. 1994: A Phenomenology of Landscape: Places, pathes and Monuments. London: Berg.

ヴィクター・W・ターナー（富倉光雄訳）1976『儀礼の過程』思索社

Whitehouse, H. 2007: Toward an Integration of Ethnography: History and the Cognitive Science of Religion, Religion, Anthropology, and Cognitive Science. Carolina Academic Press.

イー・フー・トゥアン（小野有五・阿部一訳）2008『トポフィリア-人間と環境』ちくま学芸文庫

【発掘調査報告書】※道県市町村別・年代順
〈北海道〉
石橋孝夫・工藤義衛・西方麻由 2005『石狩紅葉山49号遺跡』石狩市教育委員会

西本豊弘・古屋敷則雄ほか 1993『戸井貝塚Ⅲ』戸井町教育委員会

田原良信 1999『石倉貝塚』函館市教育委員会

野村　崇・中田幹雄ほか 1976『札苅』北海道開拓記念館

土屋千恵子ほか 1992『堀株1・2遺跡』北海道文化財研究所

高杉博章・高橋　毅ほか 2008『鷲ノ木遺跡――縄文時代後期前葉の環状列石と竪穴墓域』森町教育委員会

三浦孝一・柴田信一ほか 1983『栄浜――八雲町栄浜1遺跡発掘調査報告書』八雲町教育委員会

西本豊弘ほか 2000『礼文町船泊遺跡発掘調査報告書』礼文町教育委員会

〈青森県〉

鈴木克彦ほか 1975『中の平遺跡発掘調査報告書』青森県教育委員会

三浦圭介・成田滋彦ほか 1975『近野遺跡発掘調査報告書（Ⅱ）』青森県教育委員会

高橋　潤・畠山　昇ほか 1976『千歳遺跡（13）』青森県教育委員会

工藤泰博・新谷　武ほか 1976『白山堂　妻の神遺跡調査報告書』青森県教育委員会

杉山　武・成田滋彦 1977『近野遺跡発掘調査報告書（Ⅲ）　三内丸山（Ⅱ）遺跡発掘調査報告書』青森県教育委員会

杉山　武・成田滋彦 1977『近野遺跡発掘調査報告書（Ⅲ）　三内丸山（Ⅱ）遺跡発掘調査報告書』青森県教育委員会

市川金丸ほか 1977『三内沢部遺跡』青森県教育委員会

桜田　隆・石岡則雄ほか 1978『青森市三内遺跡』青森県教育委員会

成田滋彦 1983『長者森遺跡』青森県教育委員会

北林八洲晴・成田滋彦ほか 1985『大石平遺跡』青森県教育委員会

遠藤正夫・畠山　昇ほか 1986『大石平遺跡Ⅱ』青森県教育委員会

遠藤正夫・一条秀雄ほか 1987『大石平遺跡Ⅲ』青森県教育委員会

遠藤正夫・白鳥文男・三浦圭介ほか 1988『上尾駁（2）遺跡Ⅱ』青森県教育委員会

白鳥文雄・石戸谷悟ほか 1989『館野遺跡』青森県教育委員会

一町田工・畠山　昇 1989『一ノ渡遺跡』青森県教育委員会

岡田康博・成田茂彦ほか 1991『富ノ沢（2）遺跡Ｖ発掘調査報告書』青森県教育委員会

三浦孝仁・成田　悟ほか 1992『野場（5）遺跡』青森県教育委員会

成田滋彦・中島友文ほか 1994『泉山遺跡』青森県教育委員会

青森県教育委員会 1995『槻ノ木（1）遺跡』

成田滋彦・上野茂樹ほか 2001『三内丸山（6）遺跡Ⅲ』青森県教育委員会

白鳥文雄・神　康夫 1998『見立山（1）遺跡・弥次郎窪遺跡Ⅱ』青森県教育委員会

工藤　大・木村　高ほか 1998『隈無（1）遺跡・隈無（2）遺跡・隈無（6）遺跡』青森県教育委員会

成田滋彦・相馬信吉ほか 2000『三内丸山（6）遺跡Ⅱ』青森県教育委員会

太田原潤・野村信生 2000『餅ノ沢遺跡』青森県教育委員会

畠山　昇 2001『安田（2）遺跡Ⅱ』青森県教育委員会

工藤由美子・永嶋　豊 2001『上野尻遺跡Ⅱ』青森県教育委員会

中嶋友文・竹内誠司 2001『宮本（2）遺跡』青森県教育委員会

成田滋彦・小笠原雅行ほか 2002『三内丸山（2）遺跡』青森県教育委員会

坂本真弓・成田滋彦・小笠原雅行ほか 2002『三内丸山（6）遺跡Ⅳ』青森県教育委員会

中嶋友文・平山明寿ほか 2002『朝日山（2）遺跡Ｖ』青森県教育委員会

工藤由美子・水野一夫ほか 2003『松石橋遺跡』青森県教育委員会

小田川哲彦・平山明寿 2005『楢館遺跡Ⅱ』青森県教育委員会

杉野森淳子・伊藤由美子ほか 2006『近野遺跡Ⅸ』青森県教育委員会

岡本　洋・平野　祐 2009『長久保（2）遺跡Ⅲ・糠塚小沢遺跡Ⅱ・中居林遺跡Ⅱ』
　　青森県教育委員会

成田滋彦・佐々木雅裕 2009『中平遺跡』青森県教育委員会

中村哲也・宮嶋　豊 2009『山田（2）遺跡』青森県教育委員会

塩谷隆正・小笠原幸範ほか 1983『四戸橋遺跡』青森市教育委員会

上野隆博・児玉大成ほか 1996『小牧野遺跡発掘調査報告書』青森市教育委員会

小野貴之・児玉大成 2004『稲山遺跡発掘調査報告書Ⅴ』青森市教育委員会

児玉大成 2006『小牧野遺跡発掘調査報告書Ⅸ』青森市教育委員会

青森市史編纂委員会 2006『新青森市史　資料編1 考古』

瀧澤幸長・松山　力 1995『松ヶ沢遺跡他14遺跡』五戸町教育委員会

上野　司 2007『二ッ森貝塚──範囲確認調査報告書』七戸町教育委員会

瀬川　滋 2001『向田（24）遺跡・有戸鳥井平（4）遺跡・有戸鳥井平（5）遺跡』
　　野辺地町教育委員会

小笠原善範・藤田亮一ほか 1986『丹後谷地遺跡』八戸市教育委員会

坂川　進・宇部則保 1988「丹後平（2）遺跡」『八戸新都市区域内埋蔵文化財発掘
　　調査報告書Ⅶ』八戸市教育委員会

藤田亮一・宇部則保ほか 1988『田面木平遺跡』八戸市教育委員会

藤田亮一ほか 1990『風張（1）遺跡Ⅰ』八戸市教育委員会

藤田亮一ほか 1991『風張（1）遺跡』八戸市教育委員会

村木淳 1994「松ケ崎遺跡」『八戸市内遺跡発掘調査報告書6』八戸市教育委員会

小保内裕之・小笠原善範 1994『八戸市内遺跡発掘調査報告書7』八戸市教育委員
　　会

小笠原善範 1995「松ケ崎遺跡」『八戸市内遺跡発掘調査報告書8』八戸市教育委員
　　会

宇部則保 1998『西長根遺跡──平成9年度発掘調査』八戸市教育委員会

小笠原善範 2003『重地遺跡』八戸市教育委員会

葛西励・高橋　潤・山岸英夫ほか 1983『木戸口遺跡』平賀町教育委員会

今井富士雄・磯崎正彦 1969「第16節十腰内遺跡」『岩木山』弘前市教育委員会

新谷雄蔵・桜井有一ほか 1980『深浦町一本松遺跡（第二次発掘調査報告書）』深浦
　　町教育委員会

〈岩手県〉

高田和徳ほか 1983『馬場平2遺跡』一戸町教育委員会

高田和徳ほか 1983『一戸バイパス関係埋蔵文化財調査報告書Ⅳ──田中1遺跡，
　　田中2遺跡，田中5遺跡』一戸町教育委員会

高田和徳ほか 1993『御所野遺跡Ⅰ』一戸町教育委員会

高田和徳・中村明央ほか 2003『田中遺跡』一戸町教育委員会

高田和徳ほか 2006『大平遺跡』一戸町教育委員会

高田和徳・久保田滋子ほか 2004『御所野遺跡Ⅱ』一戸町教育委員会

中村明央・久保田滋子 2008『下地切遺跡・蒔前遺跡・野里遺跡・一戸城跡』一戸
　町教育委員会

桐生正一・桜井芳彦ほか 1986『湯舟沢遺跡』滝沢村教育委員会

菅原弘太郎 1979『五十瀬神社前遺跡』岩手県教育委員会

遠藤勝博・高橋義介ほか 1982『田代遺跡発掘調査報告書』岩手県埋蔵文化財セン
　ター

上野　猛・中川重紀ほか 1982『御所ダム建設関連遺跡発掘調査報告書』岩手県埋
　蔵文化財センター

高橋文夫ほか 1980『松尾村長者屋敷遺跡（Ⅰ）』岩手県埋蔵文化財センター

高橋文夫ほか 1981『松尾村長者屋敷遺跡（Ⅱ）』岩手県埋蔵文化財センター

上野　猛・中川重紀ほか 1982『御所ダム建設関連遺跡発掘調査報告書』岩手県埋
　蔵文化財センター

三浦謙一 1983『湯沢遺跡』岩手県埋蔵文化財センター

小平忠孝・三浦謙一ほか 1983『叺屋敷Ⅰa遺跡発掘調査報告書』岩手県文化振興
　事業団埋蔵文化財センター

田鎖寿夫・高橋義介ほか 1984『江刺家遺跡発掘調査報告書』岩手県埋蔵文化財セ
　ンター

工藤利幸・田村壮一ほか 1986『馬場野Ⅱ遺跡発掘調査報告書』岩手県文化振興事
　業団埋蔵文化財センター

高橋与右衛門ほか 1986『水神遺跡発掘調査報告書』岩手県文化振興事業団埋蔵文
　化財センター

玉川英喜・三浦謙一ほか 1986『関沢口遺跡発掘調査報告書』岩手県文化振興事業
　団埋蔵文化財センター

佐々木嘉直・酒井宗孝ほか 1987『親久保Ⅰ・Ⅱ・Ⅲ・Ⅳ遺跡発掘調査報告書』岩
　手県文化振興事業団埋蔵文化財センター

田鎖壽夫・石川長喜ほか 1988『馬立Ⅰ・太田遺跡発掘調査報告書』岩手県文化振
　興事業団埋蔵文化財センター

菊池利和・高橋義介ほか 1988『馬立Ⅱ遺跡発掘調査報告書』岩手県文化振興事業
　団埋蔵文化財センター

三浦謙一・佐藤嘉広 1988『平沢Ⅰ遺跡発掘調査報告書』岩手県文化振興事業団埋
　蔵文化財センター

高橋与右エ門・酒井宗孝ほか 1990『夏本遺跡発掘調査報告書』岩手県文化振興事
　業団埋蔵文化財センター

小田野哲憲ほか 1992『林崎館遺跡発掘調査報告書』岩手県文化振興事業団埋蔵文
　化財センター

金子昭彦ほか 1993『新山権現社遺跡発掘調査報告書』岩手県文化振興事業団埋蔵
　文化財センター

神　敏明ほか 1994『倍田Ⅳ遺跡発掘調査報告書』岩手県文化振興事業団埋蔵文化
　財センター

佐々木清文・阿部勝則ほか 1995『上米内遺跡発掘調査報告書』岩手県文化振興事業団埋蔵文化財センター

千葉孝雄 1995『上八木田Ⅰ遺跡発掘調査報告書』岩手県文化振興事業団埋蔵文化財センター

小原眞一 1995『柳上遺跡発掘調査報告書』岩手県文化振興事業団埋蔵文化財センター

佐々木清文ほか 1996『山ノ内Ⅱ遺跡発掘調査報告書』岩手県文化振興事業団埋蔵文化財センター

鎌田　勉 1996『横町遺跡発掘調査報告書』岩手県文化振興事業団埋蔵文化財センター

金子昭彦・高橋與右衛門 1998『浜岩泉Ⅰ遺跡発掘調査報告書』岩手県文化振興事業団埋蔵文化財センター

星　雅之ほか 1998『本内Ⅱ遺跡発掘調査報告書』岩手県文化振興事業団埋蔵文化財センター

松本建速 1999『下舘銅屋遺跡発掘調査報告書』岩手県文化振興事業団埋蔵文化財センター

酒井宗孝・阿部勝則 2000『上野平遺跡発掘調査報告書』岩手県文化振興事業団埋蔵文化財センター

佐々木琢・鈴木浩二 2000『秋浦Ⅱ遺跡発掘調査報告書』岩手県文化振興事業団埋蔵文化財センター

宮本節子 2000『相ノ沢遺跡発掘調査報告書』岩手県文化振興事業団埋蔵文化財センター

古舘貞身 2001『秋浦Ⅰ遺跡発掘調査報告書』岩手県文化振興事業団埋蔵文化財センター

阿部勝則・平めぐみ 2001『長谷堂貝塚発掘調査報告書』岩手県文化振興事業団埋蔵文化財センター

佐藤淳一・高木　晃 2001『南畑遺跡発掘調査報告書』岩手県文化振興事業団埋蔵文化財センター

中村直美・北田　薫 2002『仁昌寺Ⅱ遺跡・仁昌寺遺跡発掘調査報告書』岩手県文化振興事業団埋蔵文化財センター

村上　拓 2002『清水遺跡発掘調査報告書』岩手県文化振興事業団埋蔵文化財センター

小原眞一 2003『清田台遺跡発掘調査報告書』岩手県文化振興事業団埋蔵文化財センター

八木勝枝・新井田えり子ほか 2006『大橋遺跡発掘調査報告書』岩手県文化振興事業団埋蔵文化財センター

須原　拓・戸根貴之 2008『裳帯遺跡発掘調査報告書』岩手県文化振興事業団埋蔵文化財センター

星　雅之・菅野紀子 2009『川目A遺跡第6次発掘調査報告書』岩手県文化振興事業団埋蔵文化財センター

中村良幸 1986『観音堂遺跡——第1～6次発掘調査報告書』大迫町教育委員会

本堂寿一 1978『八天遺跡　図版編』北上市教育委員会

鈴木明美 1996『樺山遺跡』北上市教育委員会

稲村晃嗣 1997『横欠遺跡』北上市教育委員会

稲野裕介・菊池寛子 2006『横町遺跡』北上市立埋蔵文化財センター

小野寺哉志子ほか 1997『中野台』大東町教育委員会

佐藤浩彦 2006『張山遺跡』遠野市教育委員会

藤井敏明・橋本征也 1998「久田野II遺跡」『平成9年度花巻市内遺跡発掘調査報告書』花巻市教育委員会

中村良幸・千葉　悟ほか 2008『久田野II遺跡——平成5年度～13年度発掘調査報告書』花巻市教育委員会

桐生正一・桜井芳彦ほか 1986『湯舟沢遺跡』滝沢村教育委員会

高橋亜貴子・桐生正一 1988『外久保I遺跡』滝沢村教育委員会

佐藤浩彦 2006『張山遺跡』遠野市教育委員会

武田将男・高橋文明・高橋憲太郎 1982『柿ノ木平遺跡——昭和50・51年度発掘調査報告』岩手大學考古学研究室・盛岡市教育委員会

八木光則・千田和文ほか 1981『大館遺跡群——昭和55年度発掘調査概報』盛岡市教育委員会

八木光則・千田和文ほか 1983『大館遺跡群　大新町遺跡——昭和57年度発掘調査概報』盛岡市教育委員会

八木光則ほか 1983『柿ノ木平遺跡——昭和57年度発掘調査概報』盛岡市教育委員会

八木光則ほか 1984『繋遺跡——昭和58年度発掘調査概報』盛岡市教育委員会

似内啓邦・千田和文・八木光則 1985『柿ノ木平遺跡——昭和59年度発掘調査概報』盛岡市教育委員会

千田和文・八木光則・似内啓邦 1986『繋遺跡——昭和60年度発掘調査概報』盛岡市教育委員会

千田和文・八木光則ほか 1989『小山遺跡群——昭和63年度発掘調査報告』盛岡市教育委員会

千田和文・八木光則ほか 1993『大館遺跡群　大館町遺跡——平成4年度発掘調査概報』盛岡市教育委員会

三浦陽一ほか 1995『繋遺跡——平成5・6年度発掘調査概報』盛岡市教育委員会

津嶋知弘・富野秀文・黒坂知弘 1996『繋遺跡——平成7年度発掘調査概報』盛岡市教育委員会

似内啓邦・太田代由美子ほか 1997『大館遺跡群　大館町遺跡——平成6・7年度発掘調査概報』盛岡市教育委員会

津嶋知弘ほか 1998『繋遺跡——平成8年度発掘調査概報』盛岡市教育委員会

神原雄一郎・佐々木紀子・佐々木亮二ほか 2008『柿ノ木平遺跡・堰根遺跡』盛岡市教育委員会

佐藤正彦 1992『門前貝塚』陸前高田町教育委員会

菊池徹夫・山本暉久・渡辺清志ほか 1997『館石野Ⅰ遺跡発掘調査報告書』早稲田大学文学部考古学研究室

〈秋田県〉
冨樫泰時・田村　栄 1979『塚の下遺跡発掘調査報告書』秋田県教育委員会
冨樫泰時・橋本高史 1980『才の神遺跡発掘調査報告書』秋田県教育委員会
畠山憲司 1981『内村遺跡発掘調査報告書』秋田県教育委員会
庄内昭男・柴田陽一郎ほか 1981『国道103号線バイパス工事関係遺跡　萩峠遺跡』秋田県教育委員会
冨樫泰時・高橋忠彦ほか 1981『藤株遺跡発掘調査報告書』秋田県教育委員会
熊谷太郎・永瀬福男ほか 1983『真壁地遺跡・蟻ノ台遺跡』秋田県教育委員会
利部　修 1986『東北横断自動車道秋田線発掘調査報告書ⅩⅥ 上谷地遺跡』秋田県教育委員会
小畑　巌・桜田　隆 1988『袖ノ沢遺跡・横沢遺跡』秋田県教育委員会
小林　克・高橋　学ほか 1989『八木遺跡』秋田県教育委員会
柴田陽一郎・小畑　巌 1990『高屋館跡』秋田県教育委員会
櫻田　隆ほか 1993『萩ノ台Ⅱ遺跡』秋田県教育委員会
五十嵐一治 1994『冷水山根遺跡・寒沢Ⅱ遺跡』秋田県教育委員会
高橋　学・五十嵐一治 1995『家の下遺跡（1）』秋田県教育委員会
和泉昭一 1998『烏野遺跡第7次発掘調査概報』二ツ井町教育委員会
五十嵐一治 1999『伊勢堂岱遺跡』秋田県教育委員会
本田嘉之・船木義勝ほか 1999『小袋岱遺跡』秋田県教育委員会
藤原　司 2000『奥椿岱遺跡』秋田県教育委員会
柴田陽一郎 2001『松木台遺跡Ⅲ』秋田県教育委員会
宇田川浩一 2001『盤若台遺跡』秋田県教育委員会
吉川　孝・佐々木政任ほか 2001『江原嶋Ⅰ遺跡』秋田県教育委員会
高橋　学・渡邊慎一・工藤直子 2001『井戸尻台Ⅰ遺跡』秋田県教育委員会
牧野賢美・吉田英亮 2001『桐内B遺跡　桐内D遺跡』秋田県教育委員会
石澤宏基・利部　修 2002『古館堤頭Ⅱ遺跡』秋田県教育委員会
柴田陽一郎・小林芳行 2003『ヲフキ遺跡』秋田県教育委員会
斉藤重隆 2004『堀量遺跡』秋田県教育委員会
山本起嗣・菅原一彦ほか 2006『森吉家ノ前A遺跡』秋田県教育委員会
新海和広・吉川寿朗ほか 2006『烏野上岱遺跡』秋田県教育委員会
菅野美香子・利部　修ほか 2011『漆下遺跡』秋田県教育委員会
菅原俊行ほか 1976『小阿地　下堤遺跡・坂ノ上遺跡発掘調査報告書』秋田市教育委員会
菅原俊行・安田忠市 1984『秋田臨空港新都市開発関係埋蔵文化財発掘調査報告書　坂ノ上E遺跡・湯ノ沢C遺跡・湯ノ沢H遺跡』秋田市教育委員会
菅原俊行・安田忠市 1986『秋田新都市開発関係埋蔵文化財発掘調査報告書　地蔵田B遺跡　台A遺跡　湯ノ沢Ⅰ遺跡　湯ノ沢F遺跡』秋田市教育委員会
安田忠市 1992『秋田新都市開発関係埋蔵文化財発掘調査報告書　狸崎B遺跡　秋

　　大農場南遺跡』秋田市教育委員会

菅原俊行・安田忠市ほか 1993『秋田新都市開発関係埋蔵文化財発掘調査報告書
　　下堤 G 遺跡　野畑遺跡　湯ノ沢 B 遺跡』秋田市教育委員会

安田忠市・進藤　靖 1996『秋田市秋田新都市開発整備事業関係埋蔵文化財遺構確
　　認調査報告書　地蔵田 B 遺跡』秋田市教育委員会

板橋範芳 1986『玉林寺跡発掘調査報告書』大館市教育委員会

児玉　準ほか 1979『大畑台遺跡発掘調査報告書』男鹿市教育委員会

秋元信夫ほか 1984『天戸森遺跡』鹿角市教育委員会

斉藤　忠ほか 1953『大湯町環状列石』（埋蔵文化財調査報告第 2）文化財保護委員
　　会

秋元信夫・藤井安正ほか 2005『特別史跡大湯環状列石』鹿角市教育委員会

藤井安正・三浦貴子ほか 2010『特別史跡大湯環状列石（II）』鹿角市教育委員会

奥山一絵 2000『伊勢堂岱遺跡詳細分布調査報告書（3）』鷹巣町教育委員会

榎本剛治 2005『伊勢堂岱遺跡発掘調査報告書IV』鷹巣町教育委員会

榎本剛治 2011『史跡伊勢堂岱遺跡発掘調査報告書』北秋田市教育委員会

冨樫泰時 1974『一丈木遺跡第 3 次発掘調査概報』千畑村教育委員会

阿部昭典・中村耕作編 2014『石倉岱遺跡2012年度発掘調査報告書』國學院大學考
　　古学研究室

田村　栄・本間　宏 1986『本道端遺跡発掘調査報告書』比内町教育委員会

細田昌史 2003『平成13年度埋蔵文化財発掘調査報告書　二重鳥 C・G 遺跡』森吉
　　町教育委員会

〈山形県〉

阿部明彦 1999『小山崎遺跡──第 2 次発掘調査概報』山形県立博物館

佐藤鎮夫・佐藤正俊 1976『小林遺跡』山形県教育委員会

佐々木洋治・阿部明彦ほか 1988『原の内 A 遺跡第 3 次発掘調査報告書』山形県教
　　育委員会

佐々木洋治・阿部明彦ほか 1990『川口遺跡発掘調査報告書』山形県教育委員会

佐藤庄一・佐藤正俊ほか 1992『山形西高敷地内遺跡第 4 次発掘調査報告書』山形
　　県教育委員会

黒坂雅人 1994『西ノ前遺跡発掘調査報告書』山形県埋蔵文化財センター

斉藤　守 1994『蕨台遺跡』山形県埋蔵文化財センター

氏家信行・志田純子 1998『山居遺跡』山形県埋蔵文化財センター

須賀井新人ほか 2000『野向遺跡・市野々向原遺跡・千野遺跡』山形県埋蔵文化財
　　センター

佐竹桂一ほか 2002『中川原 C 遺跡　立泉川遺跡』山形県埋蔵文化財センター

黒坂雅人・豊野潤子 2003『釜淵 C 遺跡発掘調査報告書』山形県埋蔵文化財センタ
　　ー

菊池政信・手塚　孝 1994『塔ノ原発掘調査報告書』米沢市教育委員会

〈宮城県〉

後藤勝彦ほか 1978『東北自動車道遺跡調査報告書 I 上深沢遺跡』宮城県教育委員

252

会

丹羽茂・阿部博志ほか 1982「菅生田遺跡」『東北自動車道遺跡調査報告Ⅶ』宮城県
　　教育委員会

真山　悟ほか 1985『七ヶ宿ダム関連遺跡発掘調査報告Ⅰ　小梁川東遺跡』宮城県教
　　育委員会

相原淳一ほか 1988『大梁川遺跡・小梁川遺跡』宮城県教育委員会

結城慎一・主浜光朗 1989『上野遺跡』仙台市教育委員会

〈福島県〉

西戸純一・新井達哉ほか 2003『和台遺跡』飯野町教育委員会

金崎佳生・鈴木雄三ほか 1982『河内下郷遺跡群Ⅱ　仁井町遺跡　上納豆内遺跡』
　　郡山市教育委員会

吉田幸一・鈴木雄三ほか 1983「馬場中路遺跡」『郡山東部Ⅲ』郡山市教育委員会

佐藤常雄・高松俊雄ほか 2003『阿武隈川築堤関連　馬場小路遺跡（第2次）など』
　　郡山市教育委員会

押山雄三ほか 1997『一ッ松遺跡』郡山市教育委員会

西戸純一・新井達哉ほか 2003『和台遺跡』飯野町教育委員会

梅宮　茂・八巻一夫・目黒吉明 1975『東北自動車道遺跡調査報告』福島県教育委
　　員会

鈴鹿良一ほか 1984『真野ダム関連遺跡発掘調査報告Ⅴ　上ノ台A遺跡（1次）』福
　　島県文化センター

福島雅儀 1985『小田口D遺跡』福島県文化センター

山岸英夫ほか 1989『三春ダム関連遺跡発掘調査報告書1　仲平遺跡　柴原館遺跡』
　　福島県文化センター

福島雅儀 1991『仲平遺跡（第3次）』福島県文化センター

鈴鹿良一ほか 1991『真野ダム関連遺跡発掘調査報告書　上ノ台A遺跡（第2次調
　　査）』福島県文化センター

福島雅儀 1991『三春ダム関連遺跡発掘調査報告書4　仲平遺跡（第3次）』福島県
　　文化センター

松本　茂・山岸英夫ほか 1991『法正尻遺跡』福島県文化センター

大河原勉ほか 2003『阿武隈川右岸築堤遺跡発掘調査報告　高木・北ノ脇遺跡』福
　　島県文化振興事業団

原　充広 1994『飯坂南部土地区画整備事業関連遺跡調査報告Ⅲ　月崎A遺跡（第
　　7～9・11～13次調査）』福島市振興公社

原　充広 1994『飯坂南部土地区画整備事業関連遺跡調査報告Ⅳ　月崎A遺跡（第
　　10・15・17・18次調査）』福島市振興公社

原　充広・安中　浩 1997『飯坂南部土地区画整備事業関連遺跡調査報告Ⅴ　月崎
　　A遺跡（第6・16・18～26次調査）』福島市教育委員会

斎藤義弘・堀江　格ほか 2006『宮畑遺跡』福島市振興公社

〈新潟県〉

富樫秀之・赤羽正春 1991『奥三面ダム関連遺跡発掘調査報告書Ⅱ　下クボ遺跡』朝

日村教育委員会

富樫秀之・金内　元ほか 2002『奥三面ダム関連遺跡発掘調査報告書XⅢ　アチヤ平遺跡（上段)』朝日村教育委員会

佐藤雅一・長澤展生ほか 1998『原遺跡』塩沢町教育委員会

石沢寅二 1975『苗場山麓地域国営総合農地開発事業区域内遺跡調査報告書』津南町教育委員会

佐藤雅一・阿部昭典ほか 2005『道尻手遺跡』津南町教育委員会

佐藤雅一・阿部昭典ほか 2011『堂平遺跡』津南町教育委員会

菅沼　亘・石原正敏 1998『笹山遺跡発掘調査報告書』十日町市教育委員会

高橋　保・高橋保雄ほか 1992『関越自動車道関係発掘調査報告書　五丁歩遺跡・十二木遺跡』新潟県教育委員会

〈石川県〉

景山和也 2001『笠舞A遺跡　第7次発掘調査報告書』金沢市教育委員会

【図版出典】

〈第1章〉

第1図1・6：阿部・藤沼 1994，2：佐々木・阿部ほか 1988，3・16：松本・山岸ほか 1991，4：阿部・藤沼 1994，5：駒形 1998，7・12：原・安中 1997，8：阿部明 1994，9・11：氏家・志田 1998，10・13・14：相原ほか 1988，15：，17：福島 1985，18：西戸・新井ほか 2003，19：吉田・鈴木ほか 1983，20：大河原ほか 2003，21・22：丹羽・阿部ほか 1982，23・24：佐藤・佐藤ほか 1992，25：佐竹ほか 2002，第2図1・21：太田原・野村 2000，2：成田・相馬ほか 2000，3：中嶋・平山ほか 2002，4：小笠原・斉藤ほか 1996，5・6：冨樫・磯村 1994，7：中村・千葉ほか 2008，8：熊谷・中村・稲野・金子 1994，9：鈴木克 1994，10：秋元ほか 1984，11・13：柴田・小林 2003，12：菅原 1979，14：庄内・柴田ほか 1981，15：田村・本間 1986，16：神原・佐々木ほか 2008，17：高橋・五十嵐 1995，18：鈴木克 1994，19：成田 1997，20：中村・宮嶋 2009

〈第2章〉

第5図：葛西 1986，第6図：鈴木克 1999b，第7図1：伊藤・八巻 1968，2：松本・山岸ほか 1991，3：福島 1991，4：西戸・新井ほか 2003，5福島 1985，6：金崎・鈴木ほか 1982，7：大河原ほか 2003，8：後藤ほか 1978，9・10：相原ほか 1988，11：氏家・志田 1998，12・13：佐藤庄・佐藤俊ほか 1992，14：佐竹ほか 2002，第8図1：田村・本間 1986，2：高橋・五十嵐 1995，3：小畑・桜田 1988，4：菅原 1979，5・6：村上 2002，7：三浦 1983，8：高橋・畠山ほか 1976，9：鈴木克 1994，10：成田 1983，11：鈴木克 1994，12：成田 1997，第9図1：三浦・成田ほか 1992，2：佐々木・鈴木 2000，3：成田・相馬ほか 2000（確認)，4：成田・中島ほか 1994，5：小原 2003，6：田鎖・石川ほか 1988，7：高橋・畠山ほか 1976，8：牧野・吉田 2001，9：畠山 2001，10：工藤・木村ほか 1998，第10図1：白鳥・石戸谷 1989，2：阿部 2010，3：成

田・相馬ほか 2000（確認），4：五十嵐 1999，5：塩谷・小笠原ほか 1983，第11図1：北林・成田ほか 1985，2・7：上野・児玉ほか 1996・児玉 2006，3：遠藤・白鳥 1988，4：瀬川 2001，5：杉山・成田 1977，6：冨樫・田村 1979，第12図1：成田 1997，2：三浦 1983，3：菅原 1979，菅原 1979，4：村上 2002，5：田村・本間 1986，田村・本間 1986，6：三浦・成田ほか 1992，7・12：成田・相馬ほか 2000，8：佐々木・鈴木 2000，9：高橋・畠山ほか 1976，10：畠山 2001，11・14：五十嵐 1999，13：阿部 2010，15：瀬川 2001，瀬川 2001，16：北林・成田ほか 1985，17：遠藤・白鳥ほか 1988，18：上野・児玉ほか 1996，19：冨樫・田村 1979，20：杉山・成田 1977，21：藤井・三浦ほか 2010，22：熊谷 1997，23：冨樫・高橋ほか 1981，24：遠藤・一条ほか 1987，25：鈴木克 1994，第13図：『土偶とその情報』研究会 1995，第14図3：白井 1886

〈第3章〉

第19図1：村木 1994，2・3：白鳥 1995，4・5：秋元ほか 1984，6：畠山 1981，7〜9：冨樫・高橋 1980，10：細田 2003，11：菅原・安田 1984，12：安田・進藤 1996，13：柴田 2001，14・15：冨樫 1974，16・17：後藤ほか 1978，18：影山 2001，第20図1〜6：佐々木・鈴木 2000，7〜9・13：高田ほか 1993，高田・久保田ほか 2004，10・16〜19：神原・佐々木ほか 2008，11：高田ほか 1983，12：中村・北田 2002，14：神ほか 1994，15：中村・久保田 2008，第21図1・5・6：神原・佐々木ほか 2008，2〜4・7・8：佐々木・阿部ほか 1995，9・11：津嶋ほか 1998，10：八木・佐々木ほか 1984，12：上野・中川ほか 1982，13：千田・八木ほか 1993，14：八木・千田ほか 1983，15：三浦 1983，16：似内・太田ほか 1997，17：千田・八木ほか 1989，18：星・菅原 2009，第22図1〜3：須原・戸根 2008，4：稲野・菊池 2006，5・6：藤井・橋本 1998，7〜10：中村・千葉ほか 2008，11：菅原 1979，12：村上 2002，13・14・16：佐藤 2006，15：酒井・阿部 2000，17：阿部・平 2001，第23図1・7：佐々木・鈴木 2000，2：中村・千葉ほか 2008，3：高田ほか 1983，4・5：須原・戸根 2008，6・9：佐々木・阿部ほか 1995，8・10：神原・佐々木ほか 2008，第24図1：高田ほか 1983，2：五十嵐 1999，3：遠藤・一条ほか 1987，4・5：菅野・利部ほか 2011

〈第4章〉

第27図1〜3・7・11・21〜23：秋元・藤井ほか 2005，4・20：冨樫・田村 1979，5・6・8〜10・12・14〜19・24・25：五十嵐 1999，13：熊谷・永瀬ほか 1983，26・28・30・31・33・34・39〜44・50・52：成田・相馬ほか 2000，坂本・成田ほか 2002など，27・37・45〜48：小野・児玉 2004，29・35・38・49：児玉 2006，32・36：三浦・成田ほか 1975，55〜57・64・65：遠藤・畠山ほか 1986，53・58・59・61・63・66・67・69遠藤・一条ほか 1987，54・60・62・68・70：遠藤・白鳥ほか 1988，71〜74：小笠原・藤田ほか 1986，75：藤田ほか 1991，76：田鎖・石川ほか 1988，77：佐々木・酒井ほか 1987，78：佐藤 1992，79：村上 2002，第28

図1：遠藤・一条ほか 1987

〈第5章〉
第30図1：秋元ほか 1984，2：宇田川 2001，3：高橋・酒井ほか 1990，4：氏家・志田 1998，5：三浦・成田ほか 1992，6：藤原 2000，7：富樫・金内ほか 2002，8・13〜15・18・23：高田・久保田ほか 2004など，9：著者実測，10：菅沼・石原 1998，11：鈴鹿ほか 1990，12：福島 1991，16：利部 1986，17：石澤・利部 2002，19：相原ほか 1988，20：須賀井ほか 2000，21：佐々木・鈴木 2000，22：斉藤 2004，24：富樫・赤羽 1991，第31図1・4：新海・吉川ほか 2006，2・8・19・26・27・33：石澤・利部 2002，3・7・10・17・20・21・25・28・29・37：秋元ほか 1984，5：高橋・渡邊ほか 2001，6：安田 1992，9：佐々木・鈴木 2000，11：宇部 1998，12・13・16・22：高田・久保田ほか 2004など，14：小笠原・藤田ほか 1986，15：高橋ほか 1986，18：安田 1992，23：菅原・安田ほか 1993，24：菊池・山本ほか 1997，30：利部 1986，32：松本 1999，33：五十嵐 1999，34：中村 1986，35：小原 1995，36：畠山 1981，第32図1・2：高田・久保田ほか 2004，3：三浦・成田ほか 1992，4：秋元ほか 1984，5：新海・吉川ほか 2006，6：小笠原・藤田ほか 1986，第33図1：小平・三浦ほか 1983，2・7：秋元ほか 1984，3：菅原・安田 1986，4：佐々木ほか 1996，5：押山ほか 1997，6：小保内・小笠原 1994，8・19：相原ほか 1988，9：千葉 1995，10：佐藤・佐藤 1976，11：梅宮・八巻・目黒 1975，12：山岸ほか 1989，13：真山ほか 1985，14：佐藤・高松ほか 2003，15：菊池・手塚 1994，16：鈴鹿ほか 1984，17：富樫・赤羽 1991，18：斎藤・堀江 2006，第35図1・2：太田原・野村 2000，3：黒坂・豊野 2003，4：桜田・石岡ほか 1978，5：高田ほか 2006，6：鈴鹿ほか 1984，7・8：坂本・成田ほか 2002

〈第6章〉
第38図1：児玉 2006，2〜5：小野・児玉 2004，6：成田・佐々木 2009，7〜9：坂本・成田・小笠原ほか 2002，10・11・15：遠藤・白鳥ほか 1988，12〜14：遠藤・一条ほか 1987，第39図1〜3：小笠原・藤田ほか 1986，4：藤田・宇部ほか 1988，5：高田ほか 2006，6：桐生・桜井ほか 1986，7：高橋・桐生 1988，8：宮本 2000，9：小原 2003，第40図1：1〜13：藤井・三浦ほか 2010，14〜17：五十嵐 1999，18：奥山 2000，19：山本・菅原ほか 2006，第42図1〜3：白鳥・神 1998，4：三浦・成田ほか 1992，5：白鳥・石戸谷ほか 1989，第43図：長田 2005，第44図1：高橋ほか 1980，2：小平・三浦ほか 1983，3：高田・中村ほか 2003，4：三浦・柴田ほか 1983，5：上野 2007，6・7：西本・古屋敷ほか 1993，8：小原 1995，第45図：小平・三浦ほか 1983，遠藤・白鳥ほか 1988，小原 1995，八木・新井田 2006，玉川・三浦ほか 1986，第46図1：遠藤・白鳥ほか 1988，2：成田・佐々木 2009，3：高橋・桐生 1988，4：桐生・桜井ほか 1986，5：宮本 2000，6・18・20〜22・24：藤井・三浦ほか 2010，7・10・13・15：遠藤・一条ほか 1987など，8・9・11・30：小笠原・藤田ほか

256

1986, 12・27：五十嵐 1999, 14：阿部 2010b, 16：小原 2003, 17：三浦・成田
ほか 1975, 19・25：小野・児玉 2006, 23：青森市史編纂委員会 2006, 26：藤
田・宇部ほか 1988, 28：坂本・成田・小笠原ほか 2002, 31：山本・菅原ほか
2006, 第47図左：著者が撮影した写真（青森県埋蔵文化財調査センター所蔵），
右：野村・中田 1976

〈第 7 章〉
第50図右：白鳥・神 1998, 三浦・成田ほか 1992, 第51図 1：第12図と同じ文献，
第51図 5 - 1：本田・船木ほか 1999, 5 - 2：畠山 2001, 5 - 3：牧野・吉田 2001,
5 - 4：白鳥・石戸谷ほか 1989, 5 - 5：坂本・成田・小笠原ほか 2002, 5 - 6：
高橋・畠山ほか 1976, 5 - 7：工藤・木村ほか 1998, 5 - 8：児玉 2006, 5 - 9：
遠藤・一条ほか 1987, 5 -10：遠藤・白鳥ほか 1988, 第54図 2：阿部・國木田・
吉田 2011, 3：五十嵐 1999に加筆, 第55図 1・6・12・13：秋元ほか 1984, 2
〜 4：高田ほか 1993, 5：小保内・小笠原 1994, 7：三浦・成田ほか 1992,
8・9：高田・久保田ほか 2004, 10：秋元ほか 1984, 11：宇田川 2001, 14：田
鎖・高橋ほか 1984, 15：太田原・野村 2000, 16：高田ほか 2006, 17：小笠原・
藤田ほか 1986, 18・19・23：阿部・加藤 2011, 20・22：五十嵐 1999, 21：小
野・児玉 2004, 24：岡本・平野 2009, 25：工藤・新谷ほか 1976, 27：坂本・成
田ほか 2002, 28：工藤・水野ほか 2003, 第57図 1 - 1：高田・久保田ほか 2004,
1 - 2：杉野森・伊藤由美子ほか 2006, 1 - 3：柴田・小林 2003, 1 - 4：八木・
新井田ほか 2006, 1 - 5：成田・相馬ほか 2000, 1 - 6・8・15：（富ノ沢 2），
1 - 7・14：成田・中島ほか 1994, 1 - 9・11：高田ほか 1983, 1 -10：似内・太
田代ほか 1997, 1 -12・19：八木・佐々木 1984, 1 -13：瀧澤・松山 1995, 1 -
16：星ほか 1998, 1 -17：吉川・佐々木ほか 2001, 1 -18：五十嵐 1994, 1 -20・
22：石澤・利部 2002, 1 -21：菅原・安田 1984, 10-23：遠藤・高橋ほか 1982,
第57図 2 -①：似内・太田代ほか 1997, 2 -②：高田・久保田ほか 2004, 2 -③：
菅原ほか 1876, 第58図 2 - 1：成田・佐々木 2009, 2 - 2：阿部 2010b, 2 - 3：
遠藤・一条ほか 1987, 2 - 4：遠藤・白鳥ほか 1988, 2 - 5：桐生・桜井ほか
1986, 2 - 6：高橋・桐生 1988, 2 - 7：宮本 2000, 2 - 8：藤井・三浦ほか 2010,
2 - 9：五十嵐 1999, 第59図 1：第46図と同じ文献, 3：第47図と同じ文献, 第60
図 1 - 1・2：菅野・利部ほか 2011, 1 - 3・4：加藤・阿部ほか 2011a, 2 - 1：
藤井・三浦ほか 2010, 2 - 2：成田・佐々木 2009, 2 - 3：熊谷・永瀬ほか 1983,
2 - 4：菅野・利部ほか 2011, 3 - 1：児玉 2006, 3 - 2：坂本・成田ほか 2002,
3 - 3・4：加藤・阿部ほか 2011a, 第 62 図 1：児玉 2006, 2：播磨・小林
2008・五十嵐 1999, 3：小野・児玉 2006に加筆, 4：瀬川 2001, 第63図：遠
藤・一条ほか 1987などに加筆。第64図 1・2：佐藤・阿部ほか 2005

〈第 8 章〉
第65図 1：冨樫 1995, 2：小林達 1996, 3：大工原 1995, 4：太田原 2005,
5：遠藤・児玉 2005, 6：西本ほか 2001, 7：内山 2011, 第66図 1 〜 3：水野

1969, 4：山本 1979, 5：村田 1985, 6：田中 1985, 7・8：小笠原 1982, 9：佐藤 1987, 10：浅川 2000, 11：小川 2001, 12：谷口 2010, 第67図1：鳥居 1976, 2：谷口 2010・高倉 1968, 3：米村 1974, 4：P・オリバー 2004, 第68図1：三浦ほか 1995, 2：田村・本間 1986, 3：中村・北田 2002, 4・7・9：高田・久保田ほか 2004, 5：秋元ほか 1984, 6：板橋 1986, 8：三浦・成田ほか 1992, 第69図1：小笠原 2003, 2：遠藤・白鳥ほか 1988, 3：遠藤・畠山ほか 1986, 4：児玉 2006, 5：西本ほか 2000, 6：畠山 2001, 7：藤田ほか 1990, 8：工藤・田村ほか 1986, 第71図1・2：高田・久保田ほか 2004に加筆, 第72図4：秋元・藤井ほか 2005に加筆, 第73図：遠藤・一条ほか 1987に加筆。

〈終章〉
第74図1：阿部 2000改変, 3：高橋・高橋ほか 1992, 第77図：阿部 2014, 第78図：レンフルー 2007

索　引

阿部 昭典（あべ・あきのり）

1973年，山形県生まれ。1996年，國學院大學文学部史学科卒業。2004年，同大学院博士課程後期修了。2008年〜2012年，國學院大學伝統文化リサーチセンター客員研究員。2012年，新潟大学人文学部助教，現在に至る。博士（歴史学）。専門は先史考古学。
〔主要業績〕『縄文時代の社会変動論』（アム・プロモーション，2008年），「沖ノ原式土器」，「有孔鍔付土器」（『総覧縄文土器』所収，アム・プロモーション，2008年），「東北北部の大形石棒にみる地域間交流」（『縄文人の石神』所収，六一書房，2012年），「縄文土器の器種と用途の多様化」（『縄文土器を読む』所収，アム・プロモーション，2012年），「土偶の美──その形と心」（『別冊太陽　縄文の力』所収，平凡社，2013年），ほか。

〈新潟大学人文学部研究叢書12〉

〔縄文の儀器と世界観〕　　　　　　　　　　　　　ISBN978-4-86285-208-3

2015 年 3 月 25 日　　第 1 刷印刷
2015 年 3 月 30 日　　第 1 刷発行

著　者　阿　部　昭　典

発行者　小　山　光　夫

印刷者　藤　原　愛　子

発行所　〒113-0033 東京都文京区本郷 1-13-2　　株式　知泉書館
　　　　電話03(3814)6161振替00120-6-117170　　会社
　　　　http://www.chisen.co.jp

Printed in Japan　　　　　　　　　　　　　　　　印刷・製本／藤原印刷

新潟大学人文学部研究叢書の
刊行にあたって

　社会が高度化し，複雑化すればするほど，明快な語り口で未来社会を描く智が求められます。しかしその明快さは，地道な，地をはうような研究の蓄積によってしか生まれないでしょう。であれば，わたしたちは，これまで培った知の体系を総結集して，持続可能な社会を模索する協同の船を運航する努力を着実に続けるしかありません。

　わたしたち新潟大学人文学部の教員は，これまで様々な研究に取り組む中で，今日の時代が求めている役割を果たすべく努力してきました。このたび刊行にこぎつけた「人文学部研究叢書」シリーズも，このような課題に応えるための一環として位置づけられています。人文学部が蓄積してきた多彩で豊かな研究の実績をふまえつつ，研究の成果を読者に提供することを目ざしています。

　人文学部は，人文科学の伝統を継承しながら，21世紀の地球社会をリードしうる先端的研究までを視野におさめた幅広い充実した教育研究を行ってきました。哲学・史学・文学を柱とした人文科学の分野を基盤としながら，文献研究をはじめ実験やフィールドワーク，コンピュータ科学やサブカルチャーの分析を含む新しい研究方法を積極的に取り入れた教育研究拠点としての活動を続けています。

　人文学部では，2004年4月に国立大学法人新潟大学となると同時に，四つの基軸となる研究分野を立ち上げました。人間行動研究，環日本海地域研究，テキスト論研究，比較メディア研究です。その具体的な研究成果は，学部の紀要である『人文科学研究』をはじめ各種の報告書や学術雑誌等に公表されつつあります。また活動概要は，人文学部のWebページ等に随時紹介しております。

　このような日常的研究活動のなかで得られた豊かな果実は，大学内はもとより，社会や，さらには世界で共有されることが望ましいでしょう。この叢書が，そのようなものとして広く受け入れられることを心から願っています。

2006年3月

新潟大学人文学部長

芳　井　研　一